O
N
E
WEEK

THE ONE-WEEK MARKETING PLAN

일러두기

• 전문가의 감수를 거쳐 국내 실정에 맞지 않거나 불필요한 정보는 덜어내고 한국 독자들에게 꼭
필요한 정보를 추가했습니다.
• 각종 웹페이지 상의 글이나 소프트웨어 이용 시 나타나는 메뉴글, 지시문 등의 우리말 번역은
원서의 내용과 일부 다를 수 있습니다.

ONE
WEEK

마크 새터필드 지음 ― 안시열 옮김 ― 박찬우 감수 ― 원 위크

billybutton
빌리버튼

제 2 부 매출을 10배 상승시키는 마케팅 부스트 12

돈 안 쓰고도 잘 파는
마케터의 마케팅 노하우

내게는 '인내'라는 단어가 새겨진 돌이 하나 있다. 나에게 인내라는 덕목이 필요하다고 느낀 사람이 주었던 것일 텐데, 정작 누구에게 받은 것인지는 잘 기억이 나지 않는다. 아내였던가, 멘토였던가, 아니 어느 이웃이었던가.

사실 인내의 덕목을 갖춰야 하는 사람이 나만은 아닐 것이다. 크게 인내할 필요 없이 쉽게 실천에 옮길 수만 있다면, 어마어마한 업적을 이룩할 인물이 수두룩하다. 나도 그중 하나다.

하지만 불행하게도, 대개의 경우 쉬운 답은 쉬운 문제에나 존재한다. 물론 예외도 있겠지만 문제가 어려울수록 더 게임에 몰입해야 한다고 체스의 명인들은 말한다.

새 고객을 유치하는 문제를 예로 들어보자. 어떻게 하면 전혀 모르는 사람을 나의 고객으로 만들 수 있을까? 언뜻 대답은 간단해 보인다. 가서 부탁하는 것이다.

"아이고, 반갑습니다. 초면이라 잘 모르시겠지만, 이거 사시겠어요?"

물론 좀 더 품위 있게 말할 수도 있을 것이다. 그런데 이게 그렇게 마음 편한 방법은 아닌 것 같다. 특히 나는 이 방법이 좀 꺼림칙하다. 이런 걸 '낯선 이에게 영업을 한다'고 말한다. 이게 먹히냐고? 물론 먹힌다. 단, 당신은 매우 많은 사람들에게 말을 걸 각오가 되어 있어야 한다. 이는 1970년대 디스코장에서 여자들에게 데이트 신청을 하던 전략과 비슷하다. 그래서 그 전략이 효과가 있었는가? 물론 있었다. 아니 조금 더 솔직하게 말하면 '간혹' 있었다. 그럼 그 효과의 품질은 어땠을까? 글쎄…… 그건 좀 의심스럽다.

기본적으로 낯선 이에게 가서 거래를 트자고 요구하는 것이 전략이라면 거절을 수도 없이 당하는 것은 물론이거니와 다양한 고객과 일할 기회를 잡을 수 있을지 의문이다. 물론 지금 당장 고객이 없다면 어떤 종류의 고객이든 있기만 하면 더 바랄 게 없을 수도 있다. 하지만 우리의 목표는 양과 질 모두를 잡는 것이다.

그렇다면 어떻게 해야 할까?

바로 '시스템'을 구축해야 한다. 상대에 대해서는 몰라도, 내게 확실한 계획만 있다면 다음 단계가 뭔지는 알 수 있다. 그러면 경로를 이탈하지 않고 끝까지 순항할 가능성이 커진다. 반대로, 나아가는 도중에 다음 단계를 궁리해내야 한다면 한 단계만 넘어서도 곧 포기하거나 초점을 잃고 헤맬 가능성이 크다.

당신의 마케팅 노력이 의도는 좋은데 결실이 없다면 이 책이 제안하는 '원 위크 마케팅 플랜One Week Marketing Plan'을 시도해보라. 5일 동안만 나를 잘 따라오면 앞으로 영원히 고객의 꽁무니를 쫓아다닐 필요가 없을 것이다.

당연한 말이지만, 기업의 성공은 새로운 잠재 고객을 꾸준히 유치하는 데 달려 있다. 안타깝게도, 너무 많은 기업이 기존의 고객층과 리퍼럴referral(잠재 고객을 추천·소개하는 것을 의미하며 리드lead보다 구매 니즈와 의사가 더욱 구체적이고 확실하다.—옮긴이)에만 의존해서 일감을 받는다. 이렇게 하면 단기적 성공은 거둘 수 있겠지만 일 잔치와 보릿고개를 오가는 들쭉날쭉한 비즈니스 패턴을 벗어나지 못할 것이다.

내가 갖고 있는 이상적인 마케팅에 대한 믿음은 이런 것들이다.

- 마케팅이란 돈과 시간이 많이 들 필요도, 헷갈릴 만큼 어려울 필요도 없다.
- 닷새 만에 매우 효과적인 마케팅 시스템을 구축하는 데 필요한 모든 일을 할 수 있다.
- 관련성 없는 일련의 활동이 아닌 시스템에 초점을 두는 것이 관건이다.
- 궁극적으로 성공적인 마케팅이란 관계 구축이 우선이고, 그 뒤로 판매가 따른다.
- 마케팅은 전문가뿐 아니라 누구나 할 수 있다.

이 책을 읽으면 마케팅 시스템을 어떻게 구축할지 정확히 알 수 있다. 단, 제시된 각 단계를 잘 따라야 한다. 1단계를 다 마치기 전에는 2단계를 걱정하지 말라. 두말하면 잔소리 같지만 그런 우를 범하는 사람이 많다.

내가 하라는 대로만 하면 당신의 다음 고객이 어디서 올까 걱정할 일이 결코, 다시는 없을 것이다. 너무 과감한 선언이라고? 내가 대체 누구인데 이런 주장을 하냐고? 사실 많은 면에서 나는 당신과 별반 다르지 않다. 오랫동안 일 잔치와 보릿고개를 오가는 기복 심한 비즈니스 사이클로 고생했고, 내가 고객들 꽁무니를 쫓아다니기를 그만두고 그들이 알아서 나를 찾아오는 날이 과연 올까 걱정하기도 했다.

월급쟁이로만 살다가 사업을 처음 시작하게 되면 사장 노릇하기가 녹록지 않음을 인정하게 된다. 나는 펩시코Pepsico와 크래프트 하인즈Kraft Heinz에서 오랫동안 일하면서 나름 커리어를 잘 쌓아왔다고 생각했었다. 그런데 막상 회사 밖을 나와보니 내 인맥은 놀라울 정도로 좁았다. 내가 아는 사람 대부분은 같은 직장에 다니던 사람들뿐이었고 그 사람들이 일감 좀 연결해달라는 내 전화를 몇 차례씩 받는 데는 그리 오랜 시간이 걸리지 않았다.

많은 사람들이 그렇듯, 잠재 고객을 만나는 데는 네트워킹 이벤트가 적격이라는 소리를 나도 들었다. 그래서 여러 모임들에 가입하고, 상공회의소 회의에도 참석하고, 로터리클럽도 몇 군데 가보았다. 문제는 내 성격이 '만나서 어울리는' 모임에 맞지 않는다는 것이었다.

그러다 보니 별 소득이 없었다. 내가 만난 사람들은 대부분 그런 곳에서 일감을 많이 딴다고 하는데, 어떤 이유에선지 나는 한 번도 그런 종류의 이벤트에서 재미를 못 보았다. 나는 다시 내가 이미 아는 소수의 사람들하고만 어울리는 우를 범하고 있었다.

절박한 심정에 여러 책들을 뒤지기 시작했고 댄 케네디^{Dan Kennedy}의 《자석 같은 마케팅^{Magnetic Marketing}》이라는 책을 읽게 됐다. 나는 여기에서 '직접 반응 마케팅^{Direct Response Marketing}'이라는 걸 처음 접하게 되었다. 이는 간단히 말하면 공짜로 뭔가를 주고 잠재 고객을 끌어들인 뒤 계속 메시지를 주고 신뢰를 쌓음으로써 공짜 고객을 유료 고객으로 전환^{conversion}시키는 마케팅 방식이다. 이 기법은 즉각적으로 결과를 추적할 수 있어서 마케팅 비용이 낭비되지 않는다는 장점이 있다.

솔직히 처음에 난 이 방식에 저항감이 들었다. 사례에 등장한 사람들이 모두 식당 주인이나 배관공들이었기 때문이다. '내 고객은 달라, 내 고객은 이런 종류의 마케팅으로 대하기에는 너무 세련되었다고!' 하는 외침이 마음속에서 들려왔다.

그러나 정말로 맘에 든 대목도 있었다. 무료로 정보를 제공해서 잠재 고객을 끌어들이고는 미리 짜놓은 드립 마케팅^{drip marketing}(정해진 일정에 따라 잠재 고객에게 자동으로 이메일이 발송되도록 하는 직접 마케팅 전략. 자동화 이메일 캠페인^{automated email campaign}, 마케팅 자동화^{marketing automation}라고도 부른다.—옮긴이) 시퀀스를 이용해서 신뢰를 구축하고 마침내 잠재 고객을 진짜 고객으로 만든다는 부분이었다. 잃을 게 하나도 없어 보였다.

나는 여기서 배운 것을 나의 틈새시장 구성원들에 맞게 약간 수정해 보았다(나의 틈새시장 구성원들은 귀중한 조언과 서비스를 제공하는 컨설턴트 등으로 이루어져 있다).

어쨌든, 결론만 말하자면 그 방법이 먹혔다. 그것도 아주 제대로. 4만 5,000달러를 벌다가 다음 해에 9만 7,000달러를 벌었으니 말이다. 나 같은 사람에게는 엄청난 매출 증대였다. 그리고 사업은 더욱 번창했다.

나는 이후 여러 아이디어들을 계속 실험했다. 어떤 건 효과가 없었고 어떤 건 결과가 좋았다. 2년 후 매출은 약 25만 달러까지 뛰었다. 그게 2002년이다. 기억하는지 모르겠지만 그때 인터넷이 막 부상했다. 갑자기 웹사이트 만들기가 쉽고 값싸졌다.

나는 소득이 50퍼센트 늘었다. 그리고 또 그렇게 늘었다. 대단한 일이 아닐 수 없다. 네트워킹 모임에 가서 낯선 이들과 말을 섞으려고 애쓰지 않았는데도 내 손에는 나와 일하고자 기다리는 대기 고객 명단이 쥐어져 있었다. 다시 말해서, 나는 수수료를 올릴 수도 있었고 같이 일하고 싶은 고객을 선택할 수도 있게 되었다. 모든 것이 완전히, 극적으로 달라진 것이다.

그렇게 3년이 더 흘렀다. 좋은 시절이었다. 그런데 세상이 변하면서 내게도 변화가 찾아왔다. 그 변화의 계기가 된 것은 어느 국제 경영 컨설팅 회사와의 만남이었다. 당시 그 회사는 힘든 시기를 보내고 있었다. 놀랍게도 매출 10억 달러대의 회사인데도 마케팅 활동은 덩치에 어울리지 않게 거의 전무했고, 회사의 비즈니스는 대부분이 기존 고객층과 리퍼럴에 의존해서 돌아가고 있었다. 다수의 장기 고객이 계약을 갱신하지 않고 리퍼럴의 씨가 마르면서 매출이 삐걱거리기 시작했던 것이다. 회사는 어떻게 새로운 일을 수주해야 할지 고민에 빠졌다.

그러던 중 시니어 파트너 한 명이 내가 쓴 마케팅 방법론에 대한 기사를 읽고, 거기에 소개된 비강압적 판매법non-hard-selling approach이 마음에 든다며 나를 뉴욕으로 초청했다. 그렇게 만나 대화를 나눈 것이 5년짜리 업무가 되었고, 나는 그 회사에 있는 350명의 파트너 중 275명에게 앞으로 우리가 닷새 동안 다루게 될 내용을 교육했다. 이 일로 나는 입소문을 타게 되었다. 의기양양한 세월이었다. 그러나 새로운 깨달음의 때가 다가오고 있었다.

일은 주로 유럽에서 했다. 처음에는 모든 게 참 근사했다. 그 무엇과도 바꾸기 싫은 멋진 경험이었다. 그러나 아무리 멋진 일이라도 싫증은 찾아오게 마련이다. 나의 11번째 뒤셀도르프 행은 지겹도록 긴 컨설팅 출장이었다. 이런 싫증에 더해 세계 최고의 컨설팅 회사들과 즐겁게 일하면서, 좀 더 친밀한 환경에서 이 마케팅 방법론을 가르치고 적용하고 싶다는 욕구가 생겼다. 틈새시장에서 흔적을 남기기를 진정으로 원하는 작은 회사들과 함께 일하고 싶은 욕망이 내 안에서 솟아오르고 있었다. 그리고 나는 그렇게 일할 때 가장 신이 났다.

그렇게 하여 지금의 내가 탄생하게 되었다. 지금 나의 고객들은 컨설팅, 보험, 금융서비스, 부동산, 교육 훈련 등의 분야에서 틈새시장을 공략한다. 그들은 모두 상대가 원치 않는 전화질 즉, 콜드 콜링cold calling이나 강매hard selling 없이 대기 고객 명단을 확보하길 원한다는 공통점을 갖고 있다. 당신이 그렇듯이, 이들 역시 마케팅에 투자할 시간과 돈은 충분치 않지만 신규 고객을 더 꾸준하게 유치하기를 바라는 강한 열망을 넘치게 갖고 있다.

이 책에서 나는 가장 뜨거운 반응을 보일 틈새시장을 파악하도록 돕고, 그곳 고객들이 나 여기 있다면서 손을 들고 나서서 당신과 당신의 제품 그리고 서비스에 관심을 표명하도록 유도하는 방법을 알려줄 것이다. 또한 일련의 자동화된 메시지를 이용하여 그들을 '간만 보는' 잠재 고객에서 실제 돈을 내는 유료 고객으로 전환하는 법을 알려주겠다(글에 소질이 없는 사람도 걱정할 필요가 없다. 전체 과정을 쉽게 실행할 수 있도록 템플릿을 제공해줄 테니까).

이 잠재 고객들이 당신의 '드립 커뮤니케이션drip communication' 시스템에 발을 들여놓는 순간 그들과의 관계 구축이 시작된다. 그들은 당신과 일면식이 없다 하더라도 서로 안다는 느낌을 받게 될 것이다. 영업 훈련 전문가인 그레타 슐츠는 무료 온라인 영상으로 신규 고객을 끌어들이는데, 고객들과 처음 대면할 때 보통 이런 소리를 듣는다고 한다. "전부터 알고 지내던 사람처럼 느껴져요." 그리고 고객들은 영상에서 슐츠가 했던 말들을 인용하곤 한다. 변호사인 브라이언 미트맨은 이런 종류의 마케팅을 장애 수당을 받아야 하는 사람들을 위해 만들어진 사이트 'thedisabilityguide.com'에서 이용하고 있다. 여기서 미트맨은 고객들의 청구 절차를 도와주면서 그들이 자연스럽게 자신의 고객이 되도록 만든다. 미트맨은 이렇게 말한다. "고객들은 제가 제공하는 정보를 일단 읽고 오히려 제게 이 건에 관심이 있는지 물어봅니다."

'원 위크 마케팅'은 바로 이런 것이다. 틈새시장에서 당신이 하는 비즈니스의 가시성^{visibility}을 높이고(즉, 경쟁사들에 비해 눈에 잘 띄게 해주고), 당신이 해결하는 문제에 대한 사람들의 이해도를 높이고, 고객이 '스스로 당신에게 연락'을 해서 도움을 청하게 한다.

이 방법은 내게 효과가 있었고, 내가 함께 일했던 작은 회사들에게 효과가 있었으며, 심지어는 10억 달러 규모의 컨설팅 회사에도 효과가 있었다. 이제 당신이 그 효과를 볼 차례다.

우리의 닷새 일정은 다음과 같다.

첫째 날: 앞으로 집중할 틈새시장을 결정하는 날이다. 신규 고객을 많이 확보하려면 특정 집단을 향해 직접적으로 말하는 마케팅 메시지가 있어야 한다. 가장 반응이 좋은 틈새시장을 어떻게 파악해야 하는지, 그리고 그런 틈새시장이 둘 이상이라면 어떤 시장을 선택해야 하는지 알려줄 것이다.

둘째 날: 잠재 고객이 요청하고 싶을 만큼 호소력 있는 무료 리포

트^{free offer} 만드는 법을 알려주겠다. 이 무료 리포트는 고객 유치 과정의 첫 단계다. 하루 만에 당신만의 무료 리포트를 작성할 수 있도록 도와줄 종합적인 템플릿도 제공할 예정이다.

셋째 날: 이제 당신의 무료 리포트를 홍보하고 이메일 주소를 모을 한 페이지짜리 간단한 웹사이트를 개발하게 될 것이다. 웹사이트라는 말에 걱정부터 앞서는 사람이 있겠지만 걱정하지 말라. 셋째 날할 일이라곤 그저 웹페이지에 올릴 카피를 쓰는 것뿐이다. 이 책을 쓰는 지금 나는 60개 이상의 웹사이트를 보유 중이고, 각각의 웹사이트가 무료 리포트를 내놓아 신규 잠재 고객을 끌어들이고 있다. 하지만나는 'HTML'의 철자도 헷갈리는 수준의 '컴맹'이다. 그러니 당신도 할수 있다. 한 걸음 한 걸음씩 인도해주겠다.

넷째 날: 넷째 날에는 드립 마케팅 메시지를 대여섯 개 쓰게 될 것이다. 복잡하게 생각할 것 없이 내가 제공하는 템플릿을 이용하면 된다. 잠재 고객이 무료 리포트를 요청하면 그 메시지들이 자동으로 전달된다. 드립 마케팅 메시지의 역할은 두 가지다. 신뢰 관계 구축과 잠재 고객의 유료 고객 전환이다.

다섯째 날: 여기가 재미있는 대목이다. 웹사이트로 사람들을 끌어모으고 더 많은 고객을 얻는 것이다. 다섯째 날에는 광고를 쓰고(이

것 역시 내가 제공하는 템플릿들을 이용하면 된다), 그 광고를 구글, 페이스북, 링크드인 같은 곳에 올릴 것이다. 필요한 것이라곤 50~100달러 정도의 광고비가 전부다. 다섯째 날 황혼이 깃들 무렵이면 당신의 웹사이트를 니즈가 맞는 사람들이 기웃거리고 있을 것이다.

목표는 일주일 내로 마케팅 캠페인이 굴러가게 하는 것이지만 시간이 조금 더 걸린다 치더라도 별 문제는 아니다. 뒤로 잡아당기는 관성에 자신도 모르게 주춤거리지 않도록만 주의하라. 내가 설명할 작업 중 직접 하기 싫은 것은 외주를 주면 된다.

여기에 더해, 소셜미디어, 영상마케팅, 퍼블리시티^{publicity}('PR'과 'publicity'는 차이가 있기에 이 책에서는 publicity를 '홍보'로 번역하지 않고 음역하여 '퍼블리시티'로 표기하기로 한다.—옮긴이), 조인트벤처$^{joint\ venture}$(이 책에서의 조인트벤처는 주로 서로 리퍼럴을 해주는 관계를 뜻한다. 자세한 내용은 뒤에서 따로 다루고 있다.—옮긴이)를 도구로 활용하여 더 많은 사람들을 웹사이트로 불러들이고 무료 리포트를 요청하게끔 만드는 방법도 알려주겠다.

이런 일을 할 때면 미루고 싶은 마음이 주기적으로 고개를 들이밀며 당신을 유혹할 것이고, 꼭 해야 할 일을 죽어도 하기 싫은 날(적어도 하루 중 몇 시간)도 있을 것이다. 누구나 한두 번은 이런 경험을 하기 마련인지라, 이를 위한 마지막 팁을 만들었다. '알고도 실천하지 못하는 심드렁한 마케터'를 위한 방법론이다. 여기에는 여러분이 고객

유인 시스템 구축이라는 목표에서 떨어져나가지 않도록 잡아줄 활동이 두 가지 들어 있다. 아무래도 일이 손에 안 잡힐 때 활용하면 분명 도움이 될 것이다.

닷새 동안의 여정을 시작할 준비가 되었는가? 그럼 호흡을 가다듬고 이제 출발해보자.

ONE

제 1 부

잠재 고객을
단골로 만드는
일주일 실행 계획

WEEK

첫 째 날

집중 공략할
틈새시장을 선택하라

틈새마케팅이라는 말을 들으면 일단 거부감부터 보이는 회사들이 많다. 틈새시장에 집중하다가 다른 영역에서의 기회를 놓치면 어쩌나 하는 우려 때문이다. 그러나 진짜 비즈니스의 현실은 좀 다르다. 틈새에 마케팅 역량을 집중하면 경쟁자들보다 돋보일 수 있다. 또한 당신 회사 문 앞에서 잠재 고객을 망설이게 만들던 원인들이 깨끗이 사라진다.

영리한 틈새마케팅의 한 사례를 살펴보자.

오하이오 베레아에서 광고마케팅 에이전시를 운영하던 매트 손할터는 2009년 비즈니스의 초점을 B2B 산업 제조업체들에서 전문 판매자들을 대상으로 제품을 파는 기업들로 옮겼다. 바꿔 말해서, 직접 손을 움직여 일하는 사람들, 전기 기술자, 기계 기술자, 설비 관리자에 게 제품을 파는 기업들이 이제 그의 고객이다. 그는 심지어 새로운 카테고리를 설정하기까지 했다. 그는 자기 회사를 B2B 기업으로 정의하는 대신(즉, 수많은 B2B 기업 중 하나로 남는 대신), 세계 최초의 B2T^{business-to-tradesmen} 기업이라고 부른다.

이렇게 틈새를 집중 공략한 결과는 어마어마했다. 어찌나 성공적이었던지 〈BtoB〉라는 잡지는 2009년부터 2012년까지 4년 연속 최고 에이전시 중 하나로 손할터를 꼽았다. 2012년에는 "당신의 에이전시는 기름때가 묻었습니까?^{Is Your Agency Dirty?}"라는 슬로건의 광고를 냈다 (이 슬로건은 그의 고객들이 직접 손에 기름때를 묻혀가며 일하는 사람들에게 물건을 판다는 사실을 가리킨다). 새로운 일감 문의의 20퍼센트가 이 광고를 보고 들어왔다. 그뿐 아니라 손할터는 영예로운 데이비 어워드 ^{Davey Award}를 손에 쥐게 되었다. 데이비 어워드는 소규모 광고회사가 제작한 최고의 광고에 주어지는 상이다.

이렇게 틈새를 집중 공략함으로써 손할터 광고회사는 같은 틈새시장을 노리는 거대한 글로벌 기업까지 고객으로 맞이하게 되었다. 이 회사가 겨우 여덟 명으로 돌아가는 작은 광고회사라는 점을 감안하면 매우 인상적인 성과다.

손할터는 이런 큰 고객이 연락을 먼저 취해올 때 수주까지의 길은 그리 험하지 않다고 말했다. "제안서를 작성하거나 기나긴 자격 요건 관련 절차를 거칠 필요가 없습니다. 우리의 해박한 시장 이해를 이미 알고 연락하는 거니까요."

틈새 공략이 꼭 광고와 같은 서비스에서만 통하는 건 아니다. 상품에도 똑같이 먹힌다. 달린 테네스가 경영하고 있는 '까사큐'는 라틴 시장을 겨냥한 크리스마스 장식품을 디자인한다. 까사큐는 쉽게 얻을 수 없는 큰 기회를 잡아 미국에서도 손꼽히는 대형 백화점에 입점하게 되었는데, 모두 틈새 고객들을 집중 공략한 덕이었다.

어느 날 테네스는 라티나 스타일 비즈니스 시리즈^{Latina Style Business Series}의 오찬 모임에 참석했는데, 마침 기조 연설자가 메이시스^{Macy's} 백화점 사람이었다. 오찬이 끝나자마자 테네스는 그에게 가서 자기 제품에 대해 30초 동안 소개했다. 자기 제품이 잘나가는 경쟁 브랜드의 것과 비슷해 보일지 모르지만 라틴풍이 가미되었다고 설명했다.

메이시스의 바이어였던 기조 연설자는 흥미를 느꼈고 테네스에게 명함을 건넸다. "곧장 사무실로 돌아가서 샘플 상자를 꾸리고 손글씨로 메모를 곁들였습니다. 그가 우리 제품 라인을 보고는 무척 좋아하더군요."

결과는 성공적이었다. 그는 8개월 뒤 메이시스 백화점에 입점했다. 테네스는 시장에 나와 있는 모든 제품과 경쟁하는 길을 선택하지 않았다. 라틴 틈새시장을 공략함으로써 차별화된 크리스마스 장식품을 디자인하고 최고의 유통 경로를 찾아 판매할 수 있었다. 미국 인구의 16퍼센트를 차지하는 라틴계 사람들에게 심미적 호소력을 지닌 크리스마스 장식품은 테네스 제품뿐이었다.

틈새 공략은 선택과 집중의 문제

매트 맥코믹은 전자기기 전문 수리 회사 'JDC 리페어'의 소유주다. JDC 리페어는 워싱턴주와 시카고에 소매점 네 곳을 가지고 있다. "다양한 휴대전화를 수도 없이 고쳤었죠. 하지만 약 9개월 전에 큰 결심을 했습니다. 미국인들이 가장 많이 쓰는 애플 제품만 수리하기로 한 거죠." 이제 JDC 리페어는 아이폰과 아이패드만 고친다.

초기에는 기대 반 우려 반이었다. 그렇게 작은 틈새에만 집중하다가 비즈니스를 접게 되는 게 아닐까? 그러나 1년 만에 매출이 50만 달러에서 110만 달러로 두 배 이상 늘었다. 이제 종업원들은 한 제품 라인의 수리만 익히면 되었다. 결과적으로 일을 더 잘, 더 빨리 하게 되었다. "서비스 품질은 급격히 높아지고, 고객은 활짝 웃고, 문제는 덜 생깁니다."

작은 틈새시장 공략으로 신규 직원 교육도 쉬워졌다. "기술자 교육이 두어 주면 끝나요. 예전에는 6~7주씩 걸리던 게 말이죠. 이전에는 주요 수리 여섯 가지에 더해 부수적 수리 20가지를 배워야 했다면 이제는 주요 수리 여섯 가지만 배우면 되니까요."

틈새마케팅에 대해 지적할 중요한 점이 하나 있다. 그것은 틈새에 집중한다고 해서 다른 비즈니스를 포기할 필요가 없다는 것이다. 그럼에도 원 위크 마케팅을 구현하다 보면 특정 집단의 사람들에게 완벽하게 집중할 때 더 큰 성과를 얻을 수 있음을 알게 된다.

비즈니스의 명운을 송두리째 그 한 고객층에 걸어도 될 만큼 크나큰 성공을 거둘 수도 있다. 물론, 다수의 틈새마케팅 캠페인을 오랜 시간에 걸쳐 연속적으로 개발하고 실행할 수도 있을 것이다. 그 결정은 각자 알아서 하면 된다.

결국 어떤 길을 선택하든 자신에게 맞는 마케팅 플랜을 수립하려면 하나의 구체적인 틈새시장을 공략하여 캠페인을 개발해야 한다. 내가 이렇게 하나의 틈새시장을 선택하라고 강조하는 것에는 이유가 있다. 새 고객을 얻는 데는 두 가지 기본 단계가 있기 때문이다. 초기에 관심을 끄는 단계와 거래를 트도록 동기를 부여하는 단계가 그것이다.

많은 사람들이 두 번째 단계가 어려울 것이라고 생각하지만 잠재 고객의 초기 관심 획득이 전체 과정 중 가장 힘든 부분일 때가 많다. 수많은 마케팅 메시지로 시끄러운 세상에서 그 소음을 뚫고 당신의 목소리를 들려준다는 게 만만찮은 일이기 때문이다.

모두에게 팔지 마라. 한 사람이면 충분하다

틈새마케팅을 하면 시장에 맞는 메시지를 만들기가 쉽다. 모든 소비자를 상대로 그중 몇 퍼센트만이라도 당신 메시지에 관심을 가져주길 간절히 바랄 필요가 없다. 틈새에 집중하면 당신이 해결할 수 있는 문제들에 대한 매우 구체적인 메시지를 전달할 수 있다.

즉각적인 신뢰 구축도 가능하다. 당신이 상대의 문제를 이해하고 있다는 걸 보여주면 상대는 당신이 그 문제의 해답도 갖고 있다고 여기게 된다. 잠재 고객이 당신이 만든 마케팅 자료를 읽다가 거기서 자신의 모습을 발견하게 되면 당신이 어떤 해결책을 제시할 수 있는지 무척 궁금해할 것이다.

기업들(특히 서비스 기업)은 툭하면 "그렇지만 우린 상황이 달라요"라고 말하곤 한다. 하지만 매우 구체적인 잠재 고객 집단에 마케팅 역량을 집중한다면 이런 볼멘소리는 금세 사라질 것이다. 예를 들어 당신이 실리콘밸리에서 일하는 엔지니어고, 스타트업인 직장에서 옵션으로 돈을 좀 만지게 되었다 하자. 그런데 이런 경사스런 일은 처음인지라 세금 처리를 어떻게 해야 할지 모른다. 전에도 스타트업에서만 일했는데 하나같이 땀 흘린 보람도 없이 폭삭 망했기 때문이다. 당신은 걱정이 태산인 상태로 인터넷을 뒤지다 두 가지 게시글을 보게 된다. 하나는 제목이 '일곱 가지 절세법'이고 다른 하나는 '스톡옵션 수익 관련 7대 세무 실수'다. 둘 중 어떤 글에 더 관심이 가겠는가? 두말할 것도 없이 두 번째다. 마치 당신을 위해 작성된 글처럼 느껴질 테니까.

어디에나 있고, 누구나 찾을 수 있다

대부분의 기업들에게 틈새시장을 찾는 일은 어렵지 않다. 사실 가장 큰 난관은 '어느 틈새'에 먼저 집중할지를 결정하는 것이다. 내 경험에 비추어본다면 누구든 자기가 하는 일에 높은 관심을 보여줄 훌륭한 틈새시장을 찾을 수 있다.

그럼 몇 가지 다른 관점에서 틈새시장 개발을 해부해보자. 우선 틈새시장은 크게 두 카테고리로 나뉜다.

1. 산업^{industry}: 이건 이해가 쉽다. 특정 산업의 기업들을 겨냥하는 것이다. 한국에서는 공략할 산업을 검토하는 데 한국표준산업분류(http://kssc.kostat.go.kr/)를 참조하면 좋다. 이때 잠재 고객이 흔히 하는 질문 중 하나가 "우리 분야에서 어느 고객이랑 일해보았습니까?"라는 걸 명심해야 한다. 이렇게 산업 틈새에 집중하는 것이 가장 흔한 틈새마케팅 방법이다.

2. 기능^{function}: 틈새를 고를 때 상대의 산업이 아니라 '직무'를 기준으로 삼는 방법이다. 예를 들어 상대가 어떤 산업에 종사하든(소매업이든 소프트웨어 산업이든) 상관없이 인사 담당 직원의 인터뷰 기술 향상을 위한 교육 프로그램을 제공한다면, 그 교육 프로그램은 인사관리자의 업종에 따라 달라질 필요가 없다.

틈새시장은 산업과 기능을 겹쳐서 운영할 수도 있다. 즉, 소매 산업만을 대상으로 인터뷰 직무 수행 교육 프로그램을 제공하는 방안이 있다. 최고로 반응성이 좋은 틈새를 파악하는 요령은 되도록 틈새를 작게 잡되(그래서 해당 틈새시장의 구성원이 자신에게 닥친 문제의 해결책을 당신이 갖고 있다는 것을 알 수 있도록), 경제성이 없을 정도로 작게 정의

해서는 안 된다. 틈새시장 크기 결정은 궁극적으로 알아서 판단할 부분이 크다. 원 위크 마케팅 플랜을 세울 때, 특히 처음 수립해보는 사람이라면 더욱더 틈새시장이 작을수록 초점을 맞추기가 쉽다.

미국 퀸즈주, 아스토리아에 있는 부티크 PR 및 마케팅 에이전시인 '화이트게이트 PR'의 다나 험프리는 특정 산업에 특화된 서비스를 제공한다. 2007년 처음 회사를 시작할 때만 해도 험프리는 특화와는 거리가 멀었다. 예술가, 음악가, 소비재 생산자, 심지어는 올리브 오일 생산자 등 두루두루 다양한 클라이언트와 일했다. 자신이 어떤 고객과 일할 때 가장 즐거운지를 한참 성찰하던 험프리는 반려동물 산업에 집중하기로 결정했다. "매년 대규모 반려동물 용품 무역박람회에 참가합니다. 2월에는 플로리다에서 열리는 글로벌 펫 엑스포Global Pet Expo에, 여름에는 라스베이거스에서 개최되는 슈퍼 쥬Super Zoo에 가죠."

험프리에 따르면, 미국에 1만 개가 넘는 반려동물 용품 회사가 있지만 이 틈새시장에 특화된 PR 회사는 단 여섯 곳밖에 없다. 덕분에 험프리의 회사는 해당 분야에서 선도적인 위치를 점하고 있으며 신규 사업을 시작할 때 치열한 경쟁에 시달리지 않아도 된다.

당신의 틈새시장을 찾기 위한 질문

그렇다면 이제 당신의 틈새시장을 찾아보자. 그러고 나서 찾아낸 틈새시장을 위한 마케팅 캠페인도 함께 기획해볼 것이다. 이미 틈새시장에서 비즈니스를 하고 있다면 현재 쥐고 있는 고객 명단이 출발점이다. 지난 2년간 함께 일한 모든 고객의 명단을 작성하고 분석 작업에 들어가 보자.

- 명단에서 눈길을 사로잡는 공통 산업, 기능 또는 문제점이 있는가?
- 다른 고객 집단보다 더 큰 매출을 올려주는 고객 집단이 있는가?
- 수주가 더 쉬운 고객 집단이 있는가?
- 함께 일할 때 가장 즐거웠던 고객은 누구인가?

과거에 함께 일했던 고객들로부터 좋은 실마리를 찾을 수 있다. 현재 자신의 강점을 더욱 갈고닦는 것이 특정 분야에서 지배적인 전문가가 되는 지름길이다.

이러한 분석을 통해 지금까지 눈에 띄지 않았던 추세들을 발견할 수 있다. 척추지압사인 친구가 이 분석을 실시하다가 환자 명단에서 매우 흥미로운 사실을 발견했다. 자신이 좋아하는 고객 중 네 명이 같은 여자 소프트볼 리그 소속이었던 것이다. 그는 이게 단순한 우연의 일치인지 아니면 거기에 뭔가 더 있는지 확신이 서지 않았다. 오로지 직감에 따라 마음의 결정을 내린 뒤 그는 팀 주장에게 휴대용 척추지압 의자를 가져가서 게임 후 선수들에게 무료 시술을 해줘도 되는지 물어보았다. 괜찮다는 대답이 돌아왔다.

그 친구는 이 무료 시술로 새로운 고객들을 유치할 수 있었고, 여성 스포츠 종사자들에게 비즈니스의 초점을 맞추게 되었다. 그러고는 나중에 이런 말을 했다. "뒤돌아보니, 바로 이들이야말로 내가 초점을 두어야 할 사람들이라는 게 너무 자명한 거야. 그렇지만 고객 명단을 찬찬히 들여다보기 전까지는 그게 눈에 띄지 않더라니까."

틈새시장을 파악해야 할 때 던져볼 질문들이 더 있다. 스티브 해리슨은 브래들리 커뮤니케이션즈Bradley Communications의 소유주다. 이 회사는 논픽션 도서 저자들의 전국적 퍼블리시티를 돕는다. 해리슨은 현 고객 명단을 분석할 때 다음 여섯 가지 질문을 던질 것을 권한다.

- 당신이 하거나 아는 것에 가장 강한 열망을 가진 사람은 누구인가?
- 당신이 하거나 아는 것에 가장 돈을 많이 지불할 사람은 누구인가?
- 당신이 하거나 아는 것 덕분에 가장 돈을 많이 벌 사람은 누구인가?
- 당신은 누구를 위해 일할 때 가장 열정이 솟는가?
- 그들이 당신의 제품 또는 서비스에 돈을 쓸 용의를 보였는가?
- 그들에게 접근하기 쉬운가?

틈새시장이 늘 고정되어 있을 필요는 없다. 세월이 흐르면서 바뀌기도 한다. 《작은 기업을 위한 온라인 마케팅 안내서》의 저자이자 인터넷 마케팅 전문가인 톰 앤티온은 이렇게 말한다. "저는 훌륭한 연설가가 되고 싶다는 꿈을 품고 이 일을 시작했습니다. 시간이 흐르면서 어느 정도의 성공을 거두었고 다른 연설가들이 제게 도움을 청하게 되었습니다." 이를 계기로 앤티온은 스피치 기술을 익히고자 하는 사람들을 돕는 제품과 서비스를 창출하는 틈새시장을 발견하게 되었다.

앤티온의 사업은 성장했고, 그는 정보 서비스를 인터넷에서 판매하는 데 집중하기 시작했다. 여기서도 그는 성공을 거두었다. "하도 잘 팔리다 보니 사람들이 인터넷에서 서비스를 판매하는 법을 가르쳐달라고 요청하기 시작했습니다. 그래서 오늘날 이 일, 그러니까 인터넷에서 효과적으로 정보 서비스를 파는 소기업들을 돕는 일을 하고 있는 거지요."

틈새시장을 연결하는 스토리를 만들어라

왜 당신이 특정 집단에 중점을 두는지를 스토리를 통해 고객에게 설명하라. 마케팅에 큰 힘이 될 것이다. 앞서 설명한 톰 앤티온의 스토리가 좋은 예다. "내가 내 일을 워낙 잘하니까 사람들이 어떻게 하는 건지 좀 가르쳐달라고 하더라고요."

특정 틈새시장에서 거둔 성공 스토리는 대단한 설득력을 갖는다. "산업 또는 기능 특유의 역학을 심도 있게 이해한 덕에 다른 사람들의 목적 달성이나 문제 해결을 도와왔습니다. 다 당신 같은 사람들이죠." 이런 스토리는 높이 쳐들고 흔들 마케팅 깃발과도 같다. 사람들의 이목을 끄는 데 적격이다.

경험을 해본 틈새시장에 주력하는 것이 좋다. 예를 들어 조 폴리쉬는 카펫 클리너들에게 신규 고객 유치 방법을 가르치는 틈새시장에서 큰 성공을 거두었는데, 그 자신이 한때 카펫 세탁업에 종사한 적이 있었다. 주로 의사들에게 서비스를 제공하는 금융 자문가 세투 머줌달도 의학박사다. 그가 속한 틈새시장에서 머줌달만큼 고객들의 신뢰를 얻는 금융 전문가도 드물다.

가족이나 친구가 특정 틈새시장에 국한된 문제에 부딪혔을 때 도움을 주었던 사례도 많다. 이런 경우, 가족이나 친구는 정말 큰 도움이 되었다고 고마워하면서 같은 문제로 고민하는 다른 사람들을 돕는 일을 해보는 게 어떻겠냐고 제안한다.

'종로'에서 얻은 교훈을 '한강'에 적용하는 식의 스토리 형태도 있다. 즉, 이 틈새에서 얻은 교훈을 저 틈새에 적용하는 것이다. 이런 접근법으로 고객을 끌어들일 때는 이런 식으로 말할 수 있다. "이 업계의 문제는 모두가 똑같은 일을 한다는 것입니다. 저는 17종의 틈새 사업에 종사해보았는데, 여러분 업계 밖의 모범 관행을 여러분에게 적용하여 성공을 안겨드릴 수 있습니다." 비즈니스 컨설턴트인 제이 에이브러햄은 이런 식으로 매우 성공적인 관행을 확립했다. 자신을 수십 종류의 다양한 틈새에서 종사한 사람으로 포지셔닝하고 나서, 자신의 폭넓은 관점을 내세워 고객들을 끌어들였다.

왜 특정 집단에 중점을 두는지에 대한 '어떤' 이유가 있어야 한다. 그러나 당신이 틈새시장에 집중하는 이유보다 더 중요한 것이 있다. 그것은 그 틈새시장이 현재 직면하고 있는 '문제'들을 철저히 이해하는 것이다. 당신도 이미 이 정도 감은 잡고 있을 테다. 아니라면, 하루 정도 투자해서 인터넷을 통해 해당 업계를 연구하라. 그러면 5대 핵심 문제의 목록쯤은 뽑아낼 수 있을 것이다.

틈새마케팅의 필수 고려 사항 14가지

당신은 지금쯤 어떤 틈새시장에 초점을 둘지 명확히 감이 잡혔을 것이다. 물론 사업을 새로 시작하려는 경우라면 몇 가지 틈새시장을 놓고 고민하고 있을 수도 있다. 앞서 말했듯, 틈새시장에 집중하면 잠재적 사업 기회를 놓칠지도 모른다고 걱정하는 사람이 많다. 그러니 여기서 틈새마케팅이 무엇인지에 대해 명확하게 하고 넘어가자.

나는 당신의 비즈니스 전체가 하나의 틈새에만 집중해야 한다고 말하려는 것이 아니다. 나는 구체적인 '마케팅 캠페인'에 대해 이야기하려는 것뿐이다. 세월이 흐르면서 복수의 마케팅 캠페인을 하게 될 수도 있다. 그런 경우, 각 마케팅 캠페인은 하나의 특정 틈새집단을 겨냥해야 한다. 사업 전체를 아우르는 관점에서 보자면, 고객들은 다양한 틈새로부터 등장할 것이다. 나쁘지 않다. 여기서 이야기하는 건 모두 '어떻게 하면 고객을 효과적으로 모을 것인가' 하는 것이다. 그 목표를 달성하려면 매번 넓은 시장을 향한 일반적인 메시지 대신 타깃이 분명한 틈새마케팅 메시지를 이용해야 한다.

지금까지 말했듯이 틈새시장을 선택할 때 고려할 요소는 적지 않다. 여기서 나는 14가지 추가적인 고려 사항을 소개해보려 한다. 사람마다 각자 처한 처지에 따라 그 중요성은 달라지겠지만, 모두 다 생각해볼 가치가 있는 것들이다.

시장규모 Market Size

먼저 시장규모에 따른 장단점을 잘 저울질해야 한다. 내가 크래프트 하인즈에서 일할 때 나의 상사는 이것을 '낚시꾼의 딜레마 fisherman's dilemma'라고 불렀다. 물고기가 많은 낚시터를 선택하면 둑에 낚시꾼들이 즐비하게 앉아 있을 터이고, 물고기가 적은 곳을 선택하면 낚싯대를 드리우는 사람도 적을 것이다. 시장 규모를 확인하기 전에 시장에 무작정 뛰어들면 안 된다. 1년쯤 시간이 지난 뒤 오늘을 회상하면서 시장이 기대보다 크지 않다며 회한에 젖어서는 안 될 일이다.

하지만 크다고 다 좋은 건 아니다. 아주 작은 틈새에 집중하면서도 돈을 잘 벌 수 있다. 오히려 규모가 있는 틈새시장, 특히 거물급 선수들이 이미 공고한 위치를 점하고 있는 틈새시장은 진입하는 데서부터 진땀을 흘려야 할 수도 있다.

시장의 성장성 Growth

염두에 둔 시장이 성장기에 있는가, 쇠퇴기에 있는가? 당신의 제품이나 서비스를 필요로 하는 사람들이 얼마나 많이 그 틈새시장으로 들어오고 있는가? 영업교육을 예로 들어보자. 영업교육은 매우 매력적인 사업인데, 그 이유 중 하나는 판매 기본 교육이 필요한 새로운 인력이 계속해서 영업직으로 들어오기 때문이다.

접근성Reachability

접근성이야말로 매우 중요한 고려 사항이다. 잠재 고객의 중요한 의사결정자들에게 쉽게 접근할 수 있는 틈새에 집중하는 게 편하다. 타깃시장만을 위한 잡지가 있는가? 협회는? 이 타깃 집단에 제품이나 서비스를 판매하는 사람들 중에 함께 조인트벤처를 하거나 이메일 수신자 명단을 얻을 수 있는 사람들이 있는가? "더 큰 성취를 원하는 사람들을 대상으로 사업을 한다"와 같은 태도나 행동 특성에 기초하여 자신의 틈새시장을 정의하는 사람들이라면 이 부분에 특히 유의해야 한다.

지리적 특성Geography

이건 때에 따라 중요할 수도, 그렇지 않을 수도 있다. 먼저 당신의 사업에서 사람들을 직접 만나는 것이 중요한지 자문해봐야 한다. 상대와 마주 앉아서 비즈니스를 하는 것이 행복한지, 전화나 이메일로 소통하는 것이 편한지 스스로에게 물어본다. 어떤 비즈니스(예를 들어 부동산 중개업, 카펫 세탁업, 치과)는 자연스럽게 지리적 특성이 중요하다. 지리적 문제가 선호도의 문제로 귀결될 때도 있다. 그러므로 수립한 가정들을 점검해볼 필요가 있다. 고객 대면이 필요 없는데도 필요하다고 가정을 세워놓았을 수도 있다.

마케팅 컨설턴트로 첫발을 내딛었을 때 나는 무조건 고객들을 직접 만나야 한다고 생각했다. 그러나 현실은 전화와 이메일을 통한 접촉이 주를 이뤘고, 결국은 화상 회의만으로도 충분한 상황에 이르렀다. 나는 지금 서른 곳이 넘는 회사와 일하고 있는데, 지금껏 만난 사람은 딱 한 명뿐이다. 특정 지리적 영역에 초점을 두어서는 안 된다는 말이 아니다. 단, 직접 얼굴을 맞대고 만날지 여부를 결정할 때 그 이유가 적절해야 한다는 말이다.

성별Men vs. Women

틈새에 고도로 집중하는 방법 중 하나의 성별만 타깃으로 삼는 방법이 있다. 내 고객 중에는 여성 금융 자문가가 한 명 있는데, 그녀가 처음에 타깃으로 삼은 고객 집단은 은퇴자들이었다. 그러나 그 틈새시장은 경쟁이 무척 심했고 결국 그녀는 틈새시장을 싱글맘들로 바꾸었다. 그녀 자신이 싱글맘이었고, 그래서 자신의 시장 구성원들과 자연스럽게 공감할 수 있었던 것이다. 또한 그녀에게는 그 어느 경쟁자들보다 고객을 잘 이해할 수 있다는 걸 보여줄 스토리가 있었다.

열정적인 시장How Passionate Are They?

신제품이 나오는 족족 시장 구성원들을 끌어모으는 시장이 있다. 골프나 낚시가 좋은 예다. 내 차고에는 왜 드라이버만 열두 채가 있을까? 내 사촌 스탠은 헛간에 낚시용 루어를 여러 상자 쌓아놓고 산다. 이 신제품 루어를 사용하면 죠스만 한 물고기를 낚을 것이라고 꼬드기는 광고에 그는 속절없이 넘어간다. 왜 루어라면 사족을 못 쓰는지 이해가 안 간다. 내 사촌도 내가 골프채를 사고 또 사는 걸 이해하지 못한다.

열정적인 시장은 매우 매력적이다. 그 이유 중 하나는 경쟁사 제품이나 서비스를 동시에 사들일 가능성이 크기 때문이다. 내가 회계사를 한 명 고용한다면 같은 일을 하는 회계사를 한 명 더 고용할 가능성은 없다. 그런데 열정적인 시장은 이와 같지 않아서, 같은 유형의 제품을 이 사람에게서도 사고, 저 사람에게서도 산다. 열정적 시장의 단점은 시장에서 경쟁하는 선수가 너무 많아서 머리 터지게 경쟁이 일어난다는 점이다. 그래서 누구나 열정 넘치는 틈새시장을 공략하기란 어렵다. 만약 그렇게 할 수만 있다면 즉각적인 우위 하나를 챙길 수 있다. 우리가 하는 일을 매력적으로 포장하기 어렵다면 이 열정이라는 낚싯 바늘을 활용해볼 필요가 있다. 우리가 제4장에서 내보내게 될 자동화된 메시지들이 여기서 중요한 역할을 할 것이다.

당신의 열정How Passionate Are You?

당신의 제품이나 서비스가 고객들에게 마음을 주면 줄수록 더 잘 팔 수 있다. 앞서 소개한 싱글맘들을 상대로 하는 금융 자문가는 고객들에게 일어나는 일에 진심으로 마음을 쓴다. 이 마음 씀씀이는 그녀의 커뮤니케이션 곳곳에 배어 있고 잠재 고객들은 이것에 반응한다.

나는 마케팅에 미친 사람이고 나와 같은 사람들과 몇 시간이고 열정적으로 마케팅에 대해서 이야기할 수 있다. 더 많고 더 좋은 고객들을 얻는다는 최종 목적은 별개로 하고, 마케팅이라는 주제에 고객이 그다지 관심이 없다 할지라도, 내가 하는 일에 대한 나의 열정은 고객의 마음을 편하게 해준다.

내가 다니는 치과의 의사는 새로운 잇몸질환 치료법에 대해 끝없이 이야기한다. 나는 지루해서 눈물이 날 지경이지만 그 열정은 환자인 내가 그의 말에 더 잘 따르도록 만든다. 잠재 고객들은 당신의 열정에 반응한다. 그러므로 당신의 일에 당신이 미쳐 빠져버린 것이 투영되면 될수록 좋다.

니즈 Needs

안타깝게도 열정만 많다고 일이 잘 풀리는 건 아니다. 시장 구성원들 스스로가 당신이 제시하는 것을 필요로 한다는 사실을 깨달아야 한다. 이 진리를 알지 못해서 사라져 간 컴퓨터 및 인터넷 신생업체가 한둘이 아니다. 설립자들은 멋진 제품 아이디어가 있다고 생각했지만 정작 아무도 그 제품에 관심이 없었던 것이다. 내가 채식주의자를 위한 생야채 식당을 열길 원한다고 해서 우리 동네에 그런 음식을 먹길 원하는 사람들이 실제로 있다는 보장은 없다.

가격 민감도 Price Sensitivity

당신의 틈새시장 구성원들의 돈을 쓸 능력과 용의는 어느 정도인가? 당신의 고객들은 대기업인가 아니면 중소기업인가? 부자인가 아니면 파산 지경에 이르렀는가?

당신이 제시하는 가격이 너무 높다고 생각할 잠재 고객들은 언제나 있을 것이다. 그러나 제품이나 서비스가 주는 혜택benefit을 잘 설명함으로써 그런 가격 저항을 완화할 수 있다. 물론 그렇다고 해도 가격 결정은 시장의 선택으로부터 완전히 자유롭지는 못하다. 특정 틈새시장을 위한 맞춤형 제품에는 일반 제품보다 더 높은 가격을 매길 수 있다. 예를 들어 당신이 시간관리 교육 프로그램을 판매한다고 해보자. 일반적인 1일 프로그램이라면 참가자당 99달러 이상은 요구하기 어려울 것이다. 그러나 영업사원들을 위한 시간관리 교육 프로그램을 제공한다면 1인당 200달러짜리도 가능하다. 제약회사 영업사원이라면? 더 많은 돈을 청구할 수 있다. 제약회사 지역 담당 관리자들을 위한 시간관리 교육이라면? 더 많은 돈이 된다.

이제 무슨 말인지 이해할 것이다. 당신의 제품이나 서비스를 구체적인 틈새시장의 니즈에 맞추어 정밀 포지셔닝을 하면 할수록 그 틈새시장의 지불 의사는 커진다. 현실적으로 볼 때 '모든 사람을 위한 시간관리'와 내용상 엄청난 차이가 있는 건 아니지만 제목의 구체성이 높아질수록 사람들은 "이것이야말로 나의 니즈를 더 잘 충족시킬 바로 그것이야!"라고 인식한다.

돈 없는 사람들보다는 돈 있는 사람들을 대상으로 사업을 하면 회사 형편이 더 좋아진다는 건 자명한 사실이지만, 불행히도 많은 신생 기업주들은 틈새시장을 선택할 때 그 자명한 사실에 대해 눈을 감곤 한다. 아주 작은 기업들은 돈이 아주 적은 게 보통이다. 당신이 파는 것을 필요로 하더라도 그걸 살 능력은 없을 수 있다.

당신의 제품이나 서비스를 살 능력을 갖춘 틈새를 발견하려면 창의력이 필요하다. 정리해고자나 실직자들에게 일자리를 찾아주는 서비스를 제공하는 경우라면 더더욱 그렇다. 너무도 당연히, 이런 사람들은 돈이 별로 없고 한두 푼에도 벌벌 떤다. 하지만 똑같이 일자리를 찾아주는 서비스를 제공하지만 다른 틈새시장을 공략해서 돈을 두둑이 만지는 산업도 있다. 바로 이직 중개 산업이다. 이 산업은 일반 구직 산업에서 한 걸음 더 나아가 한 틈새시장(실직자들)에서는 망하는 서비스로 다른 틈새시장(종업원들을 정리 해고하는 기업들)에서 커다란 성공을 거두게 된 사례다.

학생들을 위한 값비싼 제품이나 서비스를 마케팅할 때 학부모들을 공략 대상으로 삼는 것도 이와 비슷한 논리다. 크리에이티브 서커스Creative Circus라는 회사가 좋은 예다. 이 회사의 틈새시장은 한 직업에 안주하기를 거부하고 전형적인 직업의 틀을 벗어나기 원하는 창의적인 사람들로 구성되어 있다. 이 회사는 카피라이터와 그래픽 아티스트가 되고 싶은 사람들에게 1년짜리 교육 프로그램을 제공하는데, 금액이 4만 5,000달러나 된다. 이건 젊은 사람들이 감당할 만한 금액이 아니다. 그러나 그 돈을 치를 능력도 되고 그럴 의사도 있는 부모는 많다. 그래서 이 회사의 마케팅 대상은 그 젊은이들의 부모들이다.

기업을 대상으로 할지 개인을 대상으로 할지도 고민해봄직하다.

일반적으로 기업에는 더 많은 돈을 청구할 수 있지만 돈을 받는 데 걸리는 시간은 더 길다. 그리고 기업은 어깨에 힘이 들어간 고객이고, 매출 주기가 길어진다. 물론 장점도 있다. 큰 기업을 고객으로 확보하면 몇 년이고 함께 가는 것이 보통이다.

계절성Seasonability

어떤 사업은 계절을 탄다. 특히나 교사들이나 회계사들로 구성된 틈새시장은 계절을 심하게 탄다. 회계사들은 1년의 첫 5개월은 아무것도 사지 않는다.

나의 클라이언트 중에 맞춤형 소프트웨어를 회계사들에게 파는 사람이 있다. 그는 1월에서 5월까지 열대지방의 어느 섬에서 노닥거리다가 6월에서 12월까지는 정말 열심히 일한다.

경쟁Competition

당신의 틈새는 경쟁이 치열한가? 역설적이게도, 경쟁이 전혀 없다면 그건 해당 틈새시장의 생존력에 경고의 붉은 깃발이 펄럭이는 것과 같다. 우리 중 그 누구도 특정 집단에게 무언가를 팔 생각을 최초로 할 만큼 똑똑하지 않다. 당신이 선구자가 되어 그간 아무도 시장에 내놓지 않았던 것을 내놓을 확률은 지극히 낮다. 경쟁이 없다는 것은 그것에 대한 니즈가 별로 없다거나 이미 인터넷에 무료로 돌아다닌다는 뜻이다.

강의 비디오가 좋은 예다. 10년 전만 해도 각종 강의 비디오를 통해 상당한 돈을 벌어들일 수 있었더랬다. 유튜브가 이 사업의 경제학을 확 바꾸어버렸다. 당신의 사업이 어떤 정보를 생산하는 것이라면 현재 인터넷에서 무료로 관련 정보를 얼마나 많이 얻을 수 있는지를 확인해보는 게 좋다. 그렇지만 해당 주제에 관련된 일반 정보를 공짜로 얻을 수 있다고 해서 틈새 제품으로 돈을 벌 수 없는 건 아니다. 드라이버로 골프공을 더 멀리 보내는 방법을 알려주는 유튜브 영상은 널렸다. 나라면 그런 영상을 하나 더 보기 위해 돈을 지불하지는 않을 것 같다(물론 아주 유명한 프로 골퍼가 만든 비디오라면 이야기가 달라진다). 하지만 나이가 쉰이 넘고 등 아래쪽에 통증을 겪어본 남자 골퍼를 겨냥한 영상이라면 나는 지갑을 열 의사가 있다.

한심한 경쟁자들이 충분히 있는 틈새시장만큼 이상적인 시장도 없다. 시장의 생존력에 확신을 갖는 경쟁자들이 존재하는 반면 그들의 마케팅 실력이 영 형편없다면 더더욱 좋다. 내가 이 책에서 이야기하는 전략들을 따르면 상당한 시장점유율을 확보할 수 있을 것이다. 나의 도움으로 당신이 개발하게 될 종류의 마케팅 프로그램을 구축하여 틈새시장에 적용하는 이들은 거의 없다. 그러므로 그 마케팅 프로그램 하나만으로도 경쟁 우위를 얻을 수 있을 것이다.

틈새시장에서 경쟁이 치열하고 경쟁자들의 마케팅 실력 또한 쟁쟁하다면 '남들은 줄 수 없고 나는 줄 수 있는 게 뭘까'를 고민해봐야 한다. 내 제품이나 서비스를 경쟁자들과 다르게 포지셔닝할 방법은 없을까? 이런 질문에 합리적인 대답을 찾아낼 수 없다면 다른 틈새시장을 고려해봐야 할지도 모른다.

　나 역시 이런 도전을 맞닥뜨렸었다. 컨설턴트, 자문가, 전문가들로 구성된 틈새시장에서 마케팅 컨설팅 회사를 구축하려고 결심했을 때였다. 이 틈새시장에 마케팅 컨설턴트들이 우글거리고 있다는 사실은 금세 파악할 수 있었고, 그중 상당수는 일도 꽤 잘했다. 그렇게 경쟁사 분석을 하던 중 나는 경쟁자들 대부분이 마케팅의 한두 측면에 집중하고 있음을 깨달았다. 인터넷 전문가도 있었고, 소셜미디어 자문가도 있었다. 세일즈 레터를 어떻게 쓰는지 가르쳐주는 사람도 있었다. 많고 많은 컨설턴트들이 전반적인 마케팅 전략 중 특정 요소에 전문성을 지니고 있었다.

　하지만 마케팅 시스템 전체에 초점을 둔 이는 아무도 없었다. 초기 관심을 어떻게 끌고, 잠재 고객과의 관계를 어떻게 구축하며, 궁극적으로 어떻게 그들의 지갑을 열게 할 것인지에 대해서는 아무도, 아무런 일도 하고 있지 않았다. 나는 '마케팅 시스템 전문가'로 포지셔닝하면 기회가 있을 것이라는 결론에 도달했다. 알고 보니 그 길은 내 틈새시장 중에서 아무도 걷지 않은 길이었고, 내 사업은 결과적으로 꽃을 피웠다. 어느 틈새시장에 훌륭한 경쟁자가 많다고 해서 당신이 들어갈 자리가 없는 건 아니다. 남들이 내놓지 못하는 걸 내놓으면 된다.

고통 지렛대, 이익 지렛대^{Pain & Gain}

구매의 동기부여를 일으키기 위해 고전적으로 사용하는 지렛대로는 두 가지 있는데, 바로 고통^{Pain}과 이익^{Gain}이다. 사람들은 고통은 피하거나 벗어나길 원하고 이익은 얻길 원한다. 이 두 가지 지렛대 모두 중요하다. 원 위크 마케팅 시스템 구축에 착수하고 나면 두 가지 지렛대를 다 사용하게 될 것이다. 그러나 각각의 용도가 다르므로 고객 유치 과정의 다른 단계에서 쓰게 될 예정이다.

고통 지렛대는 초기 관심을 *끄*는 데 유용하다. 물론 잠재 고객들이 돈을 지불하기 전에 그들이 바라는 결과의 성취라는 '이익'을 보여줄 필요가 있긴 하다. 그러나 고통 지렛대는 처음 낚싯 바늘에 잠재 고객이라는 물고기의 입을 꿰는 역할을 하곤 한다. 고통 지렛대와 관련이 깊은 것이 바로 두려움^{Fear} 지렛대다. 겪을지도 모르는 고통에 대한 두려움에 초점을 둔 메시지를 전달하면 사람들의 관심을 끌 가능성이 높다.

나의 마케팅 교수님 중 한 분은 이렇게 말씀하셨다. "예방보다 공포가 잘 팔린다." 예를 들어 온수기를 팔려 할 때 "5년이 넘은 온수기는 폭발하여 온 집안을 물바다로 만들 확률이 85퍼센트입니다"라고 말하면 "우리 온수기를 사시면 앞으로 5년 동안 돈이 덜 듭니다"라고 말하는 것보다 더 많은 관심을 끌 수 있다.

우위 Advantage

고유한 판매 포인트 USP, unique selling point (판매 시 유용한 제품이나 서비스 고유의 차별성—옮긴이)라는 용어를 들어본 적이 있을 것이다. 이는 1940년대 테드 베이츠 Ted Bates Inc. 의 광고 담당 중역이었던 로서 리브즈 Rosser Reeves 가 만든 용어다. 많은 기업주들이 USP를 개발해야 한다는 중압감에 시달리다가 깊은 좌절에 빠지곤 한다. 톡 까놓고 얘기하자면, 우리 중 진정으로 차별화된 무언가를 갖고 있는 사람은 별로 없다. 그러나 여러 가지 요소를 결합해서 해당 틈새시장에서 다른 이들이 내놓지 못하는 새로운 서비스를 탄생시킬 수는 있다.

내 얘기를 예로 들어보겠다. 내가 하는 조언이 유용한 것일지언정 고객의 진짜 니즈는 '마케팅 프로그램의 구축'이었다. 나는 분석에 들어갔다. 내 고객들은 서비스를 제공하면서 하루의 대부분을 보내는 경향이 있었다. 그들에게는 마케팅 프로그램을 구축할 시간이나 힘이 남아 있지 않았다. 머릿속 전구에 불이 들어오면서 드디어 나는 고객들에게 "당신을 위해 만든 Done For You" 마케팅 프로그램을 제공하기 시작했다. 이렇게 내게는 두 가지 우위가 생겼다. 첫째, 단일 활동이 아닌 마케팅 시스템 전체에 초점을 둔다는 것, 둘째, 고객이 할 일을 대신 해주는 서비스를 제공한다는 것이다. 내 서비스가 진정으로 독특해 보이는가? 아니, 별로 그렇지 않다. 같은 범주의 같은 서비스를 제공하는 마케팅 컨설턴트들은 많다. 그런데 나의 틈새시장에는 없었다. 바로 이런 이유로 당신은 모든 경쟁자들의 뉴스레터를 구독하고 다른 틈새시장에서 활동하는 경쟁자들의 전략까지 하나하나 살펴봐야 한다. 경쟁자들의 것에서 적당히 손을 보면 당신의 틈새시장에서는 차별적인 우위를 안겨줄 뭔가가 탄생할지도 모를 일이다.

추가 잠재력 Potential for Additional Business

원 위크 마케팅 플랜을 잘 수립해서 새로운 잠재 고객이 꾸준히 늘어난다 해도 여전히 새로운 고객을 얻는 것보다는 기존 고객에게 판매를 하는 것이 쉽다. 그게 현실이다.

당연히 당신에게서 반복 구매를 할 틈새시장은 딱 한 번 구매하고 말 틈새시장보다 훨씬 더 매력적이다. 어떤 종류의 비즈니스에 종사하느냐에 따라 좀 달라질 수 있지만 서비스를 어떻게 '구조화'하느냐가 여기에 영향을 미친다. 회계 서비스는 이런 면에서 아주 명확하다. 내 서비스가 좋고 감사에 안 걸린다면 내년에 다시 일을 딸 수 있다. 세탁소도 비슷한 우위를 내재하고 있다. 옷을 분실하거나 손상하지 않으면 손님은 다시 올 것이다. 세탁소 주인들이 첫 방문 고객에게 쿠폰을 남발하는 까닭이 여기에 있다. 손님이 같은 세탁소에 세 번 갔다면, 웬만하면 이젠 단골이 되었다 할 것이다. 그런 일이 일어나길 바라며 첫 방문에 한 벌 가격에 여섯 벌을 세탁해주겠다고 하는 것이다. 자기들의 서비스를 이용하는 버릇만 들여놓으면 앞으로 엄청난 수익을 그 손님에게서 올릴 수 있음을 세탁소 주인들은 안다.

창의성이 더 요구되는 비즈니스도 있다. 웹디자이너가 SEO(검색엔진 최적화), 모바일 앱, 소셜미디어 개발 서비스, 심지어 블로깅 대행 서비스까지 제공한다면 단일 고객에게 다수의 서비스를 팔 수 있을 것이다. 그래서 어떤 틈새에 집중할지 고민 중이라면 고객에게 무엇을 제공했을 때 경쟁자들보다 더 눈에 띌 것인지도 함께 고민하는 게 좋다. 보완적인 서비스를 제공할 사람들과 힘을 합쳐 조인트벤처 관계를 구축하는 방법에 대해서는 나중에 자세히 다루도록 하겠다.

마지막으로 해당 서비스나 틈새시장에 적용되는 법규 문제를 인지하고 있어야 한다. 예를 들어 금융 자문가들은 웹사이트와 마케팅 문건에 담을 수 있는 내용에 대한 법규를 지켜야 한다. 변호사 역시 이러한 제약 아래서 활동한다. 의사도 마찬가지다.

법적, 규제적 제약이 있는 틈새시장에 종사하면서 이런 장애물을 다루는 법을 안다면 그것도 하나의 우위라고 할 수 있다. 이런 지식은 일종의 진입장벽이 되어 다른 이들이 해당 사업에 진출하는 것을 가로막는다. 나는 금융 자문가들과 일을 많이 하는데, 그래서 그들이 새로운 고객을 유치하기 위해 무엇을 해도 되고 무엇을 하면 안 되는지 완벽하게 이해하고 있다. 이런 철저한 이해를 기반으로 많은 경쟁자들이 갖지 못한 우위를 점하고 있다.

어떤 경우에는 고도로 규제화된 틈새시장에 진입하는 게 장점이 될 때도 있다. 일단 학습 곡선을 철두철미하게 통달하기만 하면 경쟁자 수가 얼마 되지 않을 것이기 때문이다.

오늘 해야 할 일은 간단하다. 틈새시장을 선택하고 내가 지금껏 이야기한 기준에 따라 그 틈새시장을 평가하면 된다. 일단 당신이 뛰어들 틈새시장을 결정했다면 인터넷을 뒤져 누가 비슷한 제품이나 서비스를 제공하고 있는지 찾아낸다. 그들의 사이트에 가입하고 뉴스레터 구독 신청을 하라. 참 의아한 것이 이런 기본적인 것조차 하지 않는 사람이 꽤 있다.

틈새시장 결정 시 도움이 되는 활동들로는 크게 두 가지가 있다. 첫째, 이미 확보한 고객들을 출발점으로 잡고 다음 질문에 답해본다.

- 특정 고객 집단과 관련된 성공의 패턴이 있는가?
- 다른 고객 집단보다 돈을 더 쓰는 고객 집단이 있는가?
- 판매가 더 쉬운 고객 집단이 있는가?
- 천성적으로 더 끌리고 친밀감이 느껴지는 고객 집단이 있는가?

만약 틈새시장이 둘 이상이고 그중 어느 것을 골라야 할지 모르겠더라도 걱정을 내려놓으라. 앞으로 나흘 동안 당신의

'첫 번째' 마케팅 계획을 함께 수립할 것이다. 두 번째 틈새시장에 대한 마케팅 계획은 다음 주에 짜면 된다. 두 가지를 놓고 무엇을 골라야 할지 도통 감이 오지 않을 때면 나는 보통 직감을 따르는데 결과가 늘 괜찮다.

현재 고객 기반을 아무리 들여다봐도 특정 틈새시장을 어떻게 정의해야 할지 알 수 없다면 어떤 종류의 사업이나 사람들이 당신 제품이나 서비스에 가장 절박한 니즈를 갖는지, 어떤 집단이 느끼는 고통을 당신이 가장 잘 완화해줄 수 있는지 생각해보라.

두 번째 활동은 왜 당신이 이 틈새시장에 종사해야 하는지 그 정확한 이유를 뽑아서 목록으로 작성해보는 것이다. 당신이 어떤 능력, 경험, 지식을 갖추고 있기에 그 틈새시장에 적격이라고 생각하는가? 이런 목록을 만들어두면 두고두고 유용하게 쓸 수 있다.

오늘의 목표는 깃발을 꽂고 집중할 틈새시장을 선택하는 것이다. 시간이 허락하는 한 최대한 그 시장에 대해 연구하

라. 원 위크 마케팅 플랜을 짜는 데 있어 나는 빌딩블록 접근법 **building-block approach**을 쓸 것이다. 다시 말해 오늘 하는 모든 일이 내일의 과제 해결에 도움이 될 것이며 재료가 될 거라는 얘기다. 이러한 방법은 잠재 고객들이 '나 여기 있다'며 손을 들고 나와 당신과 당신의 제품, 당신의 서비스에 관심을 표하도록 동기부여를 할 것이다.

CHAPTER 02

둘째 날

잠재 고객을 끌어들일
무료 리포트를 만들어라

써니 어후자의 인생은 그리 잘 풀리지 못했다. 불황이 인터넷 경쟁과 겹쳐 폭풍을 일으키더니 어후자가 운영하던 향수 소매점 일곱 곳 중 다섯 개를 무너뜨렸던 것이다. 게다가 공급업자들에게 진 빚이 10만 달러가 넘었다.

그에게 남은 유일한 희망은 인터넷에서 경쟁하는 것이었다. 하지만 어떻게 새 고객을 유치할 것인가? 최선의 전략은 뭔가를 공짜로 주는 것이라고 어후자는 생각했다. 그런데 뭘 주지? 오프라인이라면 새 향수 샘플을 담은 작은 유리병을 나눠주거나, 최소한 향수를 뿌려줄 수라도 있을 텐데, PDF로 디지털 향기를 다운로드하게 할 수는 없는 노릇이 아닌가.

고민 끝에 어후자는 다운로드할 수 있는 무료 리포트^{free report}를 작성하기로 했다. 대부분의 마케터들은 향수 구매자들이 좋아할 정보를 작성하는 데 골머리를 앓는다. 하지만 어후자는 자기 고객들을 잘 알았다. 그리고 온라인 구매자들이 인터넷에서 향수를 구매할 때 갖는 두려움이 무엇인지도 알았다. 소비자들의 걱정은 전혀 과장된 것이 아니었다. 오줌, 세균, 부동액 같은 성분이 들어 있는 가짜 향수들이 인터넷에서 버젓이 팔리고 있었으니까. 어후자는 바로 이 문제를 다루기로 했다. 그렇게 "가짜 향수를 알아보는 20가지 방법" 리포트가 탄생했다.

자신이 속한 시장의 소비자들이 갖는 우려를 정면으로 다루는 무료 리포트를 제공함으로써 그는 사업에 활력을 불어넣었다. 현재 그의 메일링 리스트에는 1만 8,000명의 구독자 이름이 올라가 있으며, 페이스북 친구와 트위터 팔로워도 폭발적으로 증가했다. 어후자는 그 무료 리포트가 단순한 모객 그 이상을 했다고 말한다. "가짜 향수를 알아보는 20가지 방법을 말해주면 우리가 절대 가짜 향수를 보내지 않을 것을 알게 됩니다."

그 결과 그는 재구매를 거듭하는 고객들을 얻었다. 최저가가 지배하는 인터넷 세상에서 어후자는 하나의 우위를 구축한 것이다. "우리는 인터넷 최저가 향수 판매자가 아닙니다. 그 리포트와 뉴스레터로 구축한 관계를 통해 신뢰를 쌓았고, 그 신뢰 위에 우리의 비즈니스를 세우고 있습니다."

어후자는 많은 웹사이트 트래픽을 유발함으로써 큰 성과를 얻었다. 하지만 랄리 리건은 더 단순한 방법으로 빠른 성공을 거두었다. 리건은 기업들의 사보 제작을 대행하는 일을 하고 있다. 그는 하나의 링크드인 게시물에 댓글을 닮으로써 3만 6,000달러짜리 고객을 얻었다.

"누가 사보를 시작하는 것에 대해 질문을 했더라고요. 그 질문에 답하고는 저의 무료 리포트를 볼 수 있는 링크를 남겨두었습니다. 이틀 뒤 누군가 그 답을 읽었고, 내게 전화를 걸어 우리 회사에 대한 검증 과정도 건너뛴 채 '사보 견적 좀 받아볼 수 있을까요?'라고 묻더군요."

그 글은 리건을 신뢰하게 만들었고, 그 회사는 다른 사보 제작사의 견적은 아예 받아보지도 않았다. "그 회사는 지금 2년 넘게 저희 고객입니다. 1년에 네 종류의 대규모 뉴스레터를 우리와 함께 제작하는 대형 고객이지요."

무료 리포트 전략은 이 책의 서두에서 언급했던 상해 전문 변호사인 브라이언 미트맨의 삶에도 큰 변화를 가져왔다. 5년 전에 그는 사무실을 로어 맨해튼에서 교외로 옮겼고, 그러다 보니 출퇴근에 드는 시간이 세 시간에서 10분으로 줄어들었다. "다들 나더러 미쳤다고 했습니다. 하지만 지난 5년 동안 제가 맡은 사건 수도 크게 늘었고 수임한 사건의 질도 높아졌습니다."

그는 이 변화를 고객들이 알고 싶어하는 것을 무료 리포트로 제공하는 마케팅 덕분이라고 말한다. "경기 침체기를 지나고 있긴 하지만 우리 사무실은 총수입과 순수입이 쑥쑥 자라고 있습니다. 큰 건을 하나 잡아서 그런 건 아니고요."

타깃 고객에게 먹히는 무료 리포트 구상의 3단계

어떤 업계건 고객은 '정보'를 원한다. 당신의 목표는 잠재 고객이 가장 흥미로워할 정보가 무엇인지 알아내는 것이다. 답이 금방 보일 때도 있지만 때로는 깊은 고민을 해야 한다. 잠재 고객의 마음속으로 들어가 "내가 잠재 고객이라면 어떤 걸 가장 배우고 싶을까, 가장 걱정하는 부분은 무엇일까?"라고 질문해본다. 그렇게 만들어내는 무료 리포트는 사람들에게 인기를 끌 가능성이 높다. 이 과업은 오늘 내로 마쳐야 한다.

1단계: 포맷을 선택하라

포맷에는 여러 가지가 있다. 하지만 시장은 정보 전달 방법보다 그 내용을 훨씬 중시한다. 영상도 좋고 소프트웨어나 진단 도구를 무료로 제공할 수도 있을 것이다. 뭐든 다 좋다. 하지만 오늘 내로 해야 한다. 물론 이미 개발해놓은 게 있다면 얘기가 달라지지만 말이다.

마케팅 프로그램을 빨리 실행하기 위해 여기서는 일단 무료 리포트 작성에 초점을 맞추려고 한다. 그러나 마케팅 도구로서 영상의 중요성이 나날이 커지고 있기에 제8장에서 전체 시스템에 무료 영상을 통합시켜 넣는 방법을 소개할 것이다.

무료 리포트를 작성할 때는 틈새시장의 고객들이 정말로 원하는 정보를 제공하는 데 초집중해야 한다. 내가 비록 이것을 '리포트'라고 거창하게 칭하지만 그 이름에 겁먹지 말라. 단순한 체크리스트나 목록들도 매우 강력한 무료 리포트로서의 역할을 할 수 있다. 예를 들어 부동산 업자인 가이 주푸레는 그의 사이트에서 자신이 관리하는 지역의 압류 건물 목록을 제공한다. 부동산 시장 중 이 특정 틈새에만 관심이 있는 투자자들이 그의 사이트로 와서 최신 목록을 다운로드 받는다.

흥미로운 것은 주푸레가 직접 수고롭게 정보 취합을 하지 않는다는 것이다. 정보는 'ForeclosureRadar.com'이라는 사이트에서 얻을 수 있다. 주푸레는 단순히 이 정보의 포맷을 바꾸고 정보의 가용성을 해당 틈새시장에 알릴 뿐이다. 주푸레는 압류 목록이 자신의 비즈니스에 매년 5만 달러의 가치를 발휘한다고 말한다.

주푸레의 무료 리포트는 정기적으로 업데이트된다. 하지만 당신의 리포트는 비즈니스 성격에 따라 몇 년이고 업데이트 없이 제공될 수도 있다. '좀체 바뀔 일이 없는' 주제나 내용에 집중할수록 무료 리포트의 유통기한은 길어진다. 내가 만든 "세일즈 레터를 어떻게 쓸 것인가"라는 무료 리포트는 한 글자도 바뀌지 않은 채 8년째 GentleRainSalesLetters.com에 올라가 있다. 설득력 있는 세일즈 레터를 쓰는 법은 지난 10년 동안 거의 변함이 없다. 지속적인 모객 효과를 발휘하는 무료 리포트에 굳이 손을 댈 필요는 없다. 그러므로 인생 복잡하게 살고 싶지 않다면 앞으로도 오래도록 높은 '호기심 지수'를 유지할 주제를 정하도록 한다.

2단계: 중독성 있는 주제를 선정하라

무료 리포트의 성공은 주제 선정에 달려 있다 해도 과언이 아니다. 그러므로 이 부분은 고민을 좀 많이 해야 한다. 주제 선정에 도움이 되는 다음 세 가지 질문을 던져보라.

- 당신의 타깃 고객에게 가장 큰 고통을 주는 문제는 무엇인가?
- 그들이 가장 두려워하는 것은 무엇인가?
- 그들이 가장 알고 싶어 하는 것은 무엇인가?

필요한 것은 하나의 주제다. 그걸 만지작거리며 오늘 하루를 보낼 것이다. 이것이 매우 중요한 단계라고 말했지만 여기서 삐끗한다고 재앙이 뒤따르진 않으니 너무 걱정 말라. 나는 당신이 앞으로 몇 달, 혹은 몇 년 동안 수많은 무료 리포트를 만들길 바란다. 어떤 건 대박일 테고 어떤 건 쪽박일 테다. 이게 원래 그런 게임이다. 세월이 흐르면 당신은 틈새시장에서 가장 큰 불안, 호기심, 두려움의 원천들을 정확하게 파악하는 데 도가 트게 될 것이다. 그리고 그 능력은 수많은 리포트의 밑거름이 되고 새로운 잠재 고객들을 수없이 끌어들이는 데 일조할 것이다.

나는 현재 60개 이상의 웹사이트를 가지고 있고, 각각의 사이트는 소비자들이 원하는 무료 정보를 제공한다. 하지만 그 모든 것의 출발점은 단 한 건의 리포트였다.

주제 선정 시 추가적으로 다음과 같은 것들을 고려할 수 있다.

- 타깃 고객이 가진 가장 크고 끊임없는 고민의 원인
- 타깃 고객이 인지하지만 어떻게 이용할지는 아직 모르는 새로운 트렌드나 전략
- 당신이 깨뜨릴 수 있는 고정관념(예를 들어 이 책은 마케팅이 너무 복잡하고 돈과 시간이 많이 든다는 고정관념을 깨부순다.)

해당 틈새시장에 있는 기존 고객들에게 밤에 무엇 때문에 잠 못 드는지 물어보는 것도 좋은 방법이다. 그들의 답이 리포트의 훌륭한 주제가 될 수 있다. 리포트에 담을 만한 주제들을 모두 적어보고 거기서 가지치기를 해 오늘의 과업을 위한 주제를 하나 선택하라.

잠재 고객이 당신의 말에 귀 기울이고 행동을 취하게 하는 마케팅 자료를 작성하려면 그들이 누구인지, 나아가 그들의 공포, 희망, 염원이 무엇인지 정확히 이해해야 한다. 이는 소비자에게 제품을 팔든 기업에게 서비스를 팔든 어디에나 적용되는 진리다. 내가 마케터 프랭크 컨Frank Kern에게 배운 활동을 함께 해보자. 시간도 얼마 안 걸리고

당신의 틈새시장 구성원들의 마음을 헤아리는 데 도움이 될 것이다.

다음 질문에 답해보자. 이 활동은 마케팅 대상인 '완벽한 잠재 고객'을 정의하기 위한 것이다. 한 가지 팁을 주자면 너무 깊게 생각하지 말고 떠오르는 대로 즉시 적도록 한다.

🔲 존(또는 제인)은 나의 이상적인 고객이다. 그는 나이가 _____살이다. 그의 가장 큰 고민 세 가지는 _____, _____, _____이다. _____ 때문에 걱정이 되어 밤에 자다가 깨기도 한다.

🔲 어떤 소원이든 들어줄 수 있다고 한다면 존/제인은 다음 세 가지 소원을 빌 것이다.

1._____

2._____

3._____

🔲 이 문제에 대한 해답을 찾으러 인터넷을 뒤질 때 존/제인은 구글에 이런 검색어를 입력한다.

_____,

_____,

_____

ⓘ 존/제인이 나와 비즈니스를 시작한다면, 내가 다음과 같은 일을 할 줄 안다고 믿기 때문일 것이다.

_____, _____, _____

ⓘ 존/제인이 믿는(그리고 내가 부숴버릴) 고정관념은_____이다.

ⓘ 존/제인이 나의 제품이나 서비스를 구매하지 않는다면 다음과 같은 이유 때문일 것이다.

_____, _____, _____

ⓘ 존/제인이 문제를 해결하려 할 때 맞닥뜨리는 가장 큰 장애물은 _____이다.

이 활동은 무료 리포트 작성에 도움이 될 뿐 아니라 타깃 고객이 저항할 수 없는 방식으로 제품 및 서비스를 포지셔닝하는 데도 중요한 역할을 한다.

지금까지 다룬 내용에 기초하여 당신의 리포트 주제를 적어보라. 가능한 주제가 여러 가지라면 당신의 감을 믿고 하나를 고르라. 세월이 흐르면서 그 모든 주제들을 다루고도 남도록 많은 무료 리포트들을 만들어낼 테니, 지금 걸러내는 주제들이 아깝다는 생각은 하지 말자.

3단계: 눈길을 끄는 제목을 정하라

주제를 정했으니 이제 제목을 달자. 좋은 제목은 잠재 고객이 무료 리포트를 요청하도록 하는 데 큰 역할을 한다. 내용도 중요하지만 제목으로 잠재 고객을 끌어들이지 못하면 마케팅 노력은 허사가 되어버리고 만다. 그것이 바로, 불행히도 금융 자문가 스티브에게 일어난 일이었다.

스티브는 내가 지금까지 이야기한 마케팅 시스템을 신뢰했고 자신이 선택한 주제에 대해서도 열정적이었다. 그래서였을까? 그는 무료 리포트의 제목을 '간략한 설명을 곁들인 해결책 색인'이라고 지었다. 웹사이트에 올리고 홍보하느라 돈도 꽤 썼다. 그러나 한 달이 지나도록 한 명도 리포트를 다운로드하지 않았다.

우리는 무엇보다도 먼저 제목을 바꾸기로 했다. 나는 스티브에게 고객이 느끼는 가장 큰 두려움이 무엇인지 물었다. 그는 웃으며 대답했다. "쉬운 질문이네요! 우리 고객들은 노후에 저축한 돈이 떨어질까 봐 두려워합니다." 우리는 이 답변에 나온 단어들을 이용해 새 제목을 지었다. '부족함 없는 노후를 위한 간단한 저축 이용법'이 그것이다.

리포트에 담긴 정보는 여전히 색인화된 해결책들이었지만, 새로운 제목은 대단한 성과를 불러왔다. 첫 30일 동안 한 건도 없었던 다운로드 수가 매달 100건을 넘게 된 것이다.

나의 고객 중에는 앨런이라는 지붕 수리업자가 있다. 그는 자기회사 카탈로그를 무료 리포트랍시고 올려놓았다. 그는 "제 회사가 믿을 만하다는 걸 알게 되면 사람들이 우리 회사에 일감을 줄 거라고 생각했어요"라고 말했다.

우리는 카탈로그 대신 '햇빛 쨍쨍한 날에도 비가 새게 될 지붕의 일곱 가지 징후'라는 제목을 단 무료 리포트를 나눠주기로 했다. 카탈로그는 아무런 반응도 받지 못했던 반면 이 리포트는 두 달 만에 300건의 요청이 들어왔다. 새로운 고객이 다섯이 늘었고, 그 액수는 총 5만 달러에 달했다. 연간 수치로 환산하면 추가로 30만 달러에 해당하는 비즈니스 성장을 이룩할 수 있는 반응이었다. 실행하는 데 고작 한 주밖에 걸리지 않는다는 점을 감안하면 썩 괜찮은 마케팅 프로그램이 아닌가?

좋은 제목을 지으려면 주제 선정에서와 마찬가지로 해당 시장이 갖고 있는 도전, 좌절, 열망에 집중해야 한다. 그중에서 가장 심각한 것을 고르고, 그 문제에 대한 해결책이 당신에게 있음을 리포트를 통해 알리고, 앞의 지붕 리포트에서처럼 '고통에 대한 두려움'을 활용한다.

좋은 제목 짓기가 어렵게 느껴진다고? 걱정하지 말라. 1분이면 해치울 수 있는 '빈칸 채우기' 식의 템플릿을 뒤에서 소개해줄 것이다.

리포트가 제품이나 서비스가 갖는 특징features을 넘어서 그것이 제공하는 혜택benefits에 중점을 두도록 해야 한다. 소위 'F vs. B(특징 대 혜택)'에 대해 많이 들어보았겠지만 여전히 헷갈릴 때가 있다. "왜 내 마음이 그것에 끌리는가?"라는 질문에 대답하면 혜택을 쉽게 정의할 수 있다.

매트리스 회사 템퍼의 매트리스에 대해 이야기해보자. 이들 제품의 특징은 그 매트리스가 스페이스 에이지 폼space-age foam이라는 일종의 메모리폼으로 만들어졌다는 것이다. 또 하나의 특징은 다른 매트리스보다 셀이 더 촘촘하다는 것이다. 그리고 몸에 맞춰 변형된다는 것도 특징 중 하나다.

이제 여기에 혜택을 덧붙여 읽는 사람들의 마음을 이 매트리스로 끌어들여보자. 예를 들어 "스페이스 에이지 폼은 더욱 편안한 수면을 가능케 합니다.", "촘촘한 셀 구조는 자다가 통증으로 깨는 일을 예방합니다.", "체형에 알아서 맞추도록 설계되어 아침에 일어날 때 활력이 넘칩니다." 혜택 작성이 어려울 때는 꼭 이 질문을 던져라. "어떤 점이 고객의 마음을 잡아당기지?"

혜택은 무료 리포트의 제목을 정할 때 가장 결정적인 요소다. 자, 다음의 제목들을 보자. 어디선가 많이 봤던 제목들 아닌가?

- 고혈압 위험을 알려주는 7대 초기 징후를 아십니까?

- 손녀의 25살 생일을 축하할 때까지 사는 법

- 게을러도 부자가 될 수 있는 쉬운 방법

- 정신없이 바쁜 주부들을 위한 가장 유용한 시간 절약법

- 단돈 ○○원으로 하는 아름다운 집 리모델링

- 국세청 직원들만 공유하는 절세법

이런 제목을 적절히 손봐서 당신의 리포트에 이용할 수도 있고, 몇 글자 고쳐서 새로운 제목을 지을 수도 있다. 예를 들어, "단돈 ○○원으로 하는 아름다운 집 리모델링"은 "단돈 ○○원으로 세무신고 끝내는 법"으로 변형할 수 있다.

빈칸 채우기 공식 몇 가지를 더 살펴보자.

1 모든 _____을/를 위한 _____7대 비법

(첫 빈칸은 타깃의 명칭을 넣는다. 예를 들어 CPA라든지 병원 등으로 말이다. 두 번째 빈칸에는 잠재 고객이 가장 절실히 원하는 혜택을 넣는다. 예를 들어, CPA라면 '효과적인 고객 유치', 병원이라면 '의료 소송 방지'를 넣을 수 있겠다.)

2 _____을/를 원한다면 절대로 _____서는 안

될 10가지 _____

(첫 빈칸에는 '살 빼기' 또는 '절세하기'와 같은 혜택을, 다음 빈

칸에는 '먹어'라든지 '무시해'와 같은 동사를, 마지막 빈칸에는

'음식'이나 '공제'와 같은 명사를 넣는다.)

3 경쟁자들의 _____이/가 당신보다 더 많아집니까?

_____가/이 _____에 대해 절대 가

르쳐주지 않은 것

(이건 다른 제목들과 약간 다르다. 첫 빈칸에는 혜택이나 기회를

넣는다. 즉, 'IT 프로젝트', '고객'이 좋은 예다. 두 번째 빈칸에는

권위자나 권위가 있는 기관을 넣는다. 예로서 '마케팅 교수'를 넣

을 수 있다. 마지막 빈칸에는 첫 번째와 관련된 혜택을 적는다.

즉, '고객 유치'를 쓸 수 있다.)

4 비법 누설: 당신이 방에 없을 때 _____가/이 하

는 말

(빈칸에 틈새시장이 소중히 여기는 집단을 넣는다. 즉 '고객들'

이나 '직원들'과 같은 집단을 적어넣는다.)

내가 개인적으로 좋아하는 공식 중 하나는 '단계' 모델이다. "회사가 다음 차원으로 나아가기 위한 지도자 계발의 7단계", "이직률을 낮추기 위한 직원 채용의 10단계" 등이 좋은 예다. 내가 이 모델을 특히 선호하는 데는 이유가 있다. 서비스를 마케팅할 때 당면하는 큰 문제 중 하나는 당신이 제공하는 서비스에 대한 사람들의 이해가 부족하다는 점이다. 이때 당신의 프로세스를 여러 단계로 쪼개면 무료 리포트 작성도 쉬워지고 잠재 고객의 리포트 이해도도 높일 수 있다.

궁금하게 만들되, 다 알려주지는 마라

무료 리포트 작성 시 얼마나 많은 정보를 포함시킬지를 결정하기란 결코 쉬운 일이 아니다. 가치 있는 정보를 빠뜨리면 읽는 이는 속는 느낌을 받고 지갑을 열지 않을 가능성이 크다. 반대로, 너무 많은 정보를 담게 되면 알 건 이미 다 알았으니 역시 돈을 내고 서비스를 받을 필요가 없다고 생각할 수 있다. 그래서 균형이 필요하다. 마케팅 전문가 지미 브라운Jimmy Brown이 말하듯 "만족시키되 여지를 남겨야 한다." 즉, 딱 아쉬워할 만큼만 정보를 쥐어줘야 한다. 그리고 이를 위해 리포트 독자들에게 무엇을 하고 무엇을 하지 말아야 할지만을 집중적으로 말하고, 정확히 '어떻게' 해야 하는지는 말하지 않아야 한다. 그래야 아쉬워하기 때문이다.

무슨 말인지 사례를 통해 알아보자. 미국식 추수감사절 저녁 식사 요리에 능숙하지 않은 외국인들을 위해 무료 리포트를 작성한다

치자. 이 '딱 아쉬울 만큼만' 모델에 따라 추수감사절에는 바닷가재나 키쉬 로레인(베이컨 파이의 일종)은 요리하지 말라고 말해준다. 그러고 나서 적절한 추수감사절 음식은 속을 채운 칠면조, 크랜베리 캄포트, 고구마 캐서롤이라고 알려준다. 추수감사절 만찬이 보기에 어떻고 풍미가 어떤지는 얘기해주어도 좋다. 추수감사절의 유래와 세월이 흐르면서 음식 전통이 어떻게 발전해왔는지를 들려주는 것까지도 괜찮다. 그러나 레시피를 주거나 '어떻게' 요리하는지를 알려주면 안 된다. 그 정보는 돈을 받고 팔아야 하기 때문이다.

무료 리포트를 다운로드하는 사람들이 원하는 정보를 모두 얻지 못했는데도 과연 만족할까? 답은 '그렇다'일 가능성이 크다. 추수감사절의 역사를 비롯해 무엇을 준비해야 하는지, 몇 가지 코스가 있는지, 왜 디트로이트는 추수감사절이면 미식축구를 하는지 등등 유용한 정보를 많이 얻었다. 리포트를 흥미로운 스타일로만 쓴다면 읽는 이는 자신의 첫 추수감사절 만찬을 준비할 생각에 마음이 들뜰 것이다. 이 무료 리포트로 고객을 끌어들이고 이후 레시피나 단계별로 요리법을 알려주는 영상을 제시한다면 분명 많은 구매자가 나설 것이다.

단순하지만 강력한 리포트의 여섯 가지 요건

작성하기 가장 쉬운 리포트에는 다음 여섯 가지 항목이 들어간다.

1. 타깃시장이 맞닥뜨리고 있는 가장 큰 문제(지금쯤이면 확실히 감을 잡고 있어야 한다.)

2. 그 문제를 방치했을 때 초래되는 결과

3. 문제 해결을 위해 고려해봄직한 다양한 방법들

4. 당신이 제시하는 해결책(고객의 문제를 해결하거나 서비스를 전달하기 위해 밟아야 할 단계에 대해 생각해보라.)

5. 기대성과(결과를 계량화하면 좋다. 성과에 대한 후기가 있다면 여기에 끼워넣는다).

6. 리포트를 읽은 뒤 당신이 바라는 상대의 행동

이 여섯 가지 항목을 자세히 뜯어보는 동안 각 부분에 끼워넣으면 좋을 것들이 생각나면 그 자리에서 메모하라. 나중에 메모들을 모아서 최종 리포트로 만들면 일이 수월해진다.

지금 당장 하지 않으면 큰일납니다!

지금까지 고객이 직면한 큰 문제들을 파악하는 것에 대해 이야기했다. 그러니 이제는 그런 문제들이 당신의 마음속에 꽤 명확하게 그려져 있을 것이다.

그런데 단순히 문제가 뭔지 기술하는 것으로는 충분치 않다. 잠재 고객은 아마도 어깨를 한 번 으쓱하고 "그 걱정은 나중에 할래"라고 말할지도 모른다. 그러나 우리는 고객들이 그 걱정을 지금 당장 하길 바란다. 그런 이유로 문제 방치의 결과를 언급해야 한다.

무료 리포트의 독자에게 조속히 이 문제를 해결하지 않으면 결국 큰 골칫덩이가 될 것이라는 확신을 심어주어야 한다. '문제 방치의 결과'는 강력한 도구인 동시에 개발하기 쉽다. 문제를 방치했을 때 벌어질 수 있는 사태들을 목록으로 작성하면 끝이다. 나는 워크숍을 할 때 이 활동을 '파산·사망·이혼까지 몇 걸음?'이라고 부른다.

- 정작 필요할 때는 들어오지 않을 리퍼럴에 의지해야 할 것이다.
- 이는 당신의 사업에 '보릿고개'를 초래하고
- 결국 저축을 곶감 빼먹듯 빼먹기 시작하고
- 그 결과 더 이상 휴가를 떠날 수 없고
- 결혼 생활에 스트레스를 가져오며
- 결국 이혼까지 가고
- 기존 고객들이 떠나고
- 어쩔 수 없이 파산의 길을 걷는다.

실제 현실에서 이런 걸 리포트에 적지는 않는다. 그렇지만 이런 활동이 어쨌든 도움이 된다. 이렇게 상상의 나래를 펼쳐 적다 보면 실제 일어날 수 있는 문제 방치의 결과들을 확실하게 전달할 수 있다. 문제를 소통하는 것만으로는 충분치 않음을 기억하라. 문제 방치의 결과라는 소금을 상처에 뿌려주어야 사람들은 비로소 행동을 취한다.

더 싸고, 더 쉽고, 더 효과적이라는 매력

문제에 대해 당신이 제시하는 해결책만이 유일한 답은 아니다. 경쟁자들이 대안이 되는 아이디어를 내놓을 수도 있다. 그러므로 우리는 잠재 고객이 경쟁자의 아이디어 혹해 그쪽으로 가지 않도록 해야 한다. 우려와 반대를 적극적으로 해결하는 것이야말로 훌륭한 마케팅이다. 기타 가능한 해결책들에 대한 문구를 무료 리포트에 넣어줌으로써 경쟁을 최소화하거나 없애버릴 수 있다.

당신의 해결책에 대해 생각해보고 다음과 같은 특성을 지닌 다른 해결책들과 비교해보라.

- 돈이 더 든다.

- 시간이 더 든다.

- 더 복잡하다.

- 덜 효과적이다.

- 덜 증명되었다.

- 덜 유쾌하다.

이 모든 특징을 다른 경쟁자들이 갖지는 않겠지만 기본적인 아이디어는 얻을 수 있을 것이다.

예를 하나 들어보자. 지금쯤이면 당신은 내가 설명하는 마케팅 시스템에 대해 상당 부분 이해하고 있을 테다. 그 시스템은 매력적인 무료 리포트를 만들어 고객들에게 보낸 뒤, 신뢰 구축 및 고객 전환을 목적으로 하는(잠재 고객에서 유료 고객으로) 드립 마케팅 메시지들을 뒤따라 보낸다. 이것이 매우 효과적인 시스템이라는 데는 의심의 여지가 없다. 하지만 이는 나만의 생각일 뿐이다. 이 세상에는 신규 고객을 더 많이 유치하기 위해 존재하는 다양한 마케팅 방법론들이 여전히 많이 있다. 그러므로 내가 써야 할 무료 리포트에서는 다른 마케팅 방법론들이 얼마나 비용 대비 효과가 없고 별로인지를 설명해야 한다.

다음은 신규 비즈니스를 위한 콜드 콜링(전화 영업)이 별로 매력적이지 않은 방법임을 설명하는 글이다.

　　……비록 제가 확신하는 방법은 아닙니다만 이런 방법들도 있습니다. 생산성은 있을 수 있지만 돈도 많이 들고 재미도 전혀 없는 방법이죠. 이 카테고리는 '콜드 콜링' 방식이 지배하고 있습니다. 저는 콜드 콜링을 황소가 아닌 노새로 밭을 가는 것에 비유하고 싶습니다. 목표를 달성하기야 하겠지만 다른 방법도 많은데 하필 그 방법을 써야 할 이유가 있을까요?

개인적으로 저는 콜드 콜링은 불쾌하고, 지루하고, 반복적인 일로 그저 '진정성 없이 웃는 얼굴로 전화번호를 누르는' 일이라고 생각합니다. 머리를 써서 간단한 마케팅 시스템을 구축하는 것에는 비할 게 못 되지요.
물론 이건 저의 의견이고 _____님은 다르게 느끼실 수 있습니다.

콜드 콜링의 단점이 너무나 명확한데도 많은 잠재 고객들이 콜드 콜링 외에는 다른 방도가 없다고 여긴다. 나는 그런 잘못된 믿음을 깨고 그 길로 가면 얼마나 불쾌한지를 확실히 알려주고 싶다. 기억하라. 모든 사람이 당신의 고객이 되는 건 아니다. 성향상 당신의 접근법에 조금도 끌리지 않는 사람도 있다. 그들에게 관심을 받아내는 것은 헤라클레스의 열두 과제만큼이나 하기 힘든 일이다. 일단 그물을 넓게 던져서 당신의 접근법에 호감을 갖는 사람과 호감을 갖지 않는 사람 모두와 커뮤니케이션을 하라. 그러고는 잠재 고객과 실제로 대화를 나눌 때가 오면 당신에게 호감을 갖는 사람들에게 대부분의 시간을 쓰도록 한다.

경쟁을 제거하는 차별화 방안을 찾아라

잠재 고객들이 무엇을 선택하면 안 되는지를 다루었으니 이제는 당신이 내놓을 해결책에 대해 이야기해보자. 일찍이 언급했듯, 이 단계에서는 해결책 자체를 집중적으로 이야기하고 실제로 '어떻게' 달성할지는 가볍게 건드리고만 갈 것이다.

먼저, 명심해야 할 게 몇 가지 있다. '특징'이 아닌 '혜택'에 집중해야 한다는 것이다. 특징이 '잔디 씨앗'이라면 혜택은 이웃이 부러워할 당신의 '잔디밭'이다. 혜택에 대해 이야기하면 잠재 고객의 감정이 반응한다. 오래된 마케팅 속담처럼 사람들은 감정에 따라 구매 결정을 내린 뒤 사실을 이용하여 그 결정을 정당화한다(단, 시장 구성원이 엔지니어라면 특징을 듬뿍 준비하라. 엔지니어들은 구매 결정을 대체로 논리에 근거해서 내린다).

제품이나 서비스가 주는 이익에 대해 커뮤니케이션할 때 한 가지 더 생각할 것이 있다. 가능한 한 당신의 해결책을 경쟁자들의 해결책과 정반대되는 곳에 위치시켜라. 경쟁자들의 것이 비싸다면 당신의 것은 덜 비싸거나 돈값을 더 많이 해야 한다. 그들의 것이 복잡하다면 당신의 것은 간단해야 한다. 그리고 잠재 고객들에게 당신(당신이 제공하는 제품, 서비스, 해결책 등)이 특화되어 있다는 점을 재차 강조해야 한다. 단순히 틈새시장의 초점만을 강조해도 경쟁을 상당히 제거할 수 있다.

굳이 말 안 해도 알 것 같은 혜택이라도 말로 표현해야 한다. 확실해 보이는 혜택을 상대가 안다고 가정하지 말라. 모든 경쟁자가 똑같은 혜택을 내세워서 굳이 설명할 필요가 없어 보일 수도 있다. 그러나 겉보기에 확실해 보이는 것을 들추어내서 표현한다고 잃을 건 없다. 혜택은 아무리 강조해도 지나침이 없다.

솔루션 설명은 항상 단계적으로

잠재 고객은 솔루션을 여러 단계로 이루어진 하나의 프로세스로 설명했을 때 더 쉽게 이해한다. 유행처럼 '7단계'가 될 필요는 없다. 5~10단계면 충분하다.

고객과 함께 프로세스를 쭉 훑어보면 단계 결정을 쉽게 내릴 수 있다. "제일 먼저 무엇을 하십니까? …… 그러고는요? …… 다음에는요?" 하는 식으로 물어보면 된다. 예를 들어, 변화관리 컨설팅을 제공하는 조직이라면 그들의 솔루션을 다음과 같이 기술할 수 있다.

1. 우리는 현 상황과 바라는 상황의 차이를 파악해드립니다. 현재 위치와 목표로 하는 곳의 거리를 파악함으로써 프로젝트 성공의 측정 기준**metrics**을 마련할 수 있습니다.

2. 우리는 조직의 전체 구성원이 변화에 대한 동기를 가질 수 있도록 힘씁니다. 많은 조직이 변화에 어려움을 겪는 이유는 구성원들이 그 필요성을 제대로 깨닫지 못하기 때문입니다. 우리는 변화 추구 이니셔티브를 통해 장기적인 성과를 달성할 수 있도록 지원합니다.

3. 우리는 맞춤형 직무 및 지식 온/오프라인 교육을 경영진과 영업팀에게 제공할 수 있습니다. 영업팀의 목표 성과를 충족시키는 데 필요한 적절한 실행 일정 또한 제공합니다.

4. 성공 스토리를 널리 알려서 내부 발행 문서, 인터넷, 카탈로그 등 여러 수단을 통해 변화 추구 이니셔티브의 가치를 더 확고히 인지하도록 합니다.

성과가 돋보이는 스토리텔링

사람들의 지갑을 열게 하려면 당신이 성과를 올린다는 사실을 보여주어야 한다. 성과를 보여주는 데는 다음의 세 가지 방법이 있다.

- 큰 그림 통계
- 소규모 사례 연구
- 고객 후기

'큰 그림 통계'란 지금까지 총 몇 곳의 회사와 일을 했고 평균적으로 어떤 성과를 거두었는지 포괄적으로 말하는 것이다. "우리는 100여 곳이 넘는 제조업체와 일했고, 우리의 서비스로 고객사들은 전력 소비를 10퍼센트 이상 줄임으로써 연평균 총 150만 달러를 절약할 수 있었습니다"라고 말하는 것이 큰 그림 통계 제시의 한 예다. 이때 구체성이 높을수록 더 강력한 힘을 발휘할 수 있다. 특정 업계와 총 절약

액수나 수입 액수를 언급하면 좋은 인상을 남길 수 있다.

아직 큰 그림 통계치가 없다고? 그렇다고 해도 염려 마라. '소규모 사례 연구'라는 다른 방도가 있으니까. 소규모 사례 연구는 어떤 회사를 위해 당신이 무엇을 했는지 한두 단락으로 서술하는 것이다. 이때 스토리텔링은 다음 세 단계를 따르도록 한다.

- 이러한 문제가 있었습니다.
- 우리가 이렇게 했습니다.
- 그리고 이런 성과가 났습니다.

"전국적인 프랜차이즈 조직이 심각한 성장 문제에 직면했는데, 우리 컨설팅 회사가 전체 경영층을 통일된 방향으로 이끄는 미래 청사진을 생생하게 작성하고 성장전략 실행에 도움을 주어, 6개월 안에 프랜차이즈 매장을 18곳 더 런칭하는 성과를 거두었습니다."

해당 고객사가 허락해준다면 회사의 이름과 함께 더 상세한 내용을 제공할 수도 있다. 그게 어렵다면 익명의 회사를 이용하거나 여러 회사를 종합하여 그 성과를 이야기하면 된다.

마지막으로 후기를 반드시 넣도록 한다. 이미 고객들의 후기를 몇 편 확보하고 있다면 그걸 사용하면 된다. 적합한 소규모 사례 연구와 후기를 결합할 수 있으면 더욱 좋다.

하지만 아직 확보한 고객 후기가 없거나 있어도 사용하기에 적절치 않다면 앞으로 며칠 내로(되도록이면 무료 리포트를 제공하는 웹사이트를 내놓기 전에) 몇 편 확보하도록 한다. 후기는 당신이 할 수 있다고 주장하는 것을 정말로 할 수 있음을 입증하는 사회적 증거다. 글로 된 서면 후기는 가장 빠르고 쉽게 얻을 수 있지만 가능하다면 사진이나 영상으로 된 후기도 준비하도록 한다. 이런 후기들이야말로 당신이 제공하는 서비스에 대한 신뢰도 구축에 효자 노릇을 톡톡히 할 것이다.

혜택에 대해 말하는 후기와 당신과의 비즈니스를 머뭇거리게 하는 원인이나 우려를 불식시키는 후기가 제일 좋은 후기다. "새로운 소프트웨어 시스템 구축이 복잡하고 시간과 돈이 많이 들 거라고 생각했는데 전혀 그렇지 않았어요"처럼 말이다.

동기를 부여하고 행동 촉구로 마무리한다

마케팅은 여러 단계로 구성되어 있다. 각 단계에서는 다음 단계로 나아가게끔 잠재 고객에게 동기를 부여해야 한다. 그러려면 리포트의 마무리를 잘해야 한다. 리포트를 읽은 뒤 잠재 고객이 했으면 하는 행동이 분명 있을 것이다. 그 행동을 촉구하는 것으로 리포트를 마무리해야 한다. 대부분의 경우 고객에게 원하는 행동은 당신에게 전화를 걸고, 메일이나 메시지를 보내고, 견적을 요청하는 것이다. 뭐가 됐든 최종 목표는 당신에게 연락을 취하는 것이다.

이러한 연락을 했을 때의 혜택에 대해 정리하는 것이 중요한데,

여기에는 요령이 필요하다. 단순히 사람들에게 연락을 하라고 요청하는 것만으로는 충분치 않기 때문이다. 먼저 사람들이 자주 묻는 전형적인 질문 유형을 파악하고 이를 목록을 만들어 리포트에 싣는다. 답은 달지 말고 질문만 던져놓아야 한다. 그러면 사람들은 답이 궁금해서 연락을 취할 것이다. "(당신의 문제)를 다루는 데 도움이 될 새로운 정보를 얻는 (통화·상담·회의가 될 것임을) 보장합니다"라는 식의 문구를 나는 때때로 사용한다.

뇌리에 '꽂혀야' 메시지다

리포트 각 절에 들어갈 내용을 알았으니 이제 실제로 리포트를 써보자.

첫 문단을 시작하는 가장 쉬운 방법은 잠재 고객이 당면한 문제에 초점을 맞추는 것이다. 가장 간단하게 "비슷한 처지의 다른 분들과 이야기를 나누어본 결과 많은 분들이 (리포트가 다루고 있는 문제)에 대해 걱정하고 있음을 알게 되었습니다"가 있다.

또 한 가지 방법은 이야기로 시작하는 것이다. "앨런 존스에게는 문제가 있었습니다"와 같이 간단한 문장으로 시작하는 사례 연구도 좋은 이야기가 된다. 좋은 이야기는 읽는 이에게 깊은 인상을 남기고 오래도록 기억에 각인시킨다.

우리 회사는 두 회사의 무료 리포트에 대한 추적 조사를 실시한 바 있다. 이 회사들은 인적자원 컨설팅 분야에서 서로 다른 서비스를 제공하고 있었다. 조사의 목적은 얼마나 리포트가 많이 읽히는지 그리고 읽은 뒤 무엇이 기억에 남는지 알아내는 데 있었다.

첫 리포트는 성과 검토 시 회사 중역들이 흔히 저지르는 일곱 가지 실수에 대한 것이었다. 조사 대상자는 195명이었다. 그중 23명이 리포트를 처음부터 끝까지 읽었다고 답했고, 60퍼센트는 읽다 말았다고 응답했다.

다음 단계로 우리는 처음부터 끝까지 읽은 사람들이 얼마나 많은 정보를 기억하는지 알아보았다. 과반수가 적어도 네 가지 항목은 기억하지 않을까 기대했는데, 결과는 처참했다. 75퍼센트가 한 항목만을 기억했고, 두 항목 이상 기억하는 사람은 아무도 없었다(그나마 기억해낸 항목도 기억에 의존하지 않고 찍어서 맞출 수 있는 것이었다).

그다음에 우리는 두 번째 리포트를 다운로드한 사람들에게 접근했다. 그 리포트가 전하는 메시지는 중역들이 새 직원들을 훈련하고 회사 문화에 적응시킬 때 저지르는 실수에 관한 것이었다. 이 리포트에 대해서는 101명의 사람들과 이야기를 나눌 수 있었다. 앞의 리포트처럼 얼마나 내용을 기억하는지에 대한 질문을 던졌는데 놀랍게도 65퍼센트가 세 개 이상의 정답을 말했다.

두 번째 리포트가 사람들의 뇌리에 핵심 메시지를 확실히 각인시키고, 첫 번째 리포트보다 훨씬 더 큰 공명을 일으켰던 것이다. 두 리포트에는 어떤 차이가 있었던 걸까? 두 리포트가 인사 담당 중역들을 겨냥하여 작성된 점에서는 같았지만 큰 차이가 하나 있었다. 첫 번째 리포트는 사실만을 전달했다. 두 번째 리포트는 이야기를 들려주었다. 당신의 리포트도 스토리로 시작하는 것을 고려해보길 바란다. 다음과 같은 예처럼 말이다.

- 마셜 콜트레인은 깨진 유리창을 바라보고 있었다. 그 유리창으로 최근까지 여덟 살 딸의 그네가 걸려 있던 나뭇가지가 불거져 나와 있었다. 절망과 걱정이 섞인 한숨과 함께 잔해를 응시하며 그는 생각했다. "이것도 보험이 되면 얼마나 좋을까." (보험 관련 무료 리포트)
- 회사에서 절대 일어날 것 같지 않던 일이 벌어졌다. 운영 담당 부사장 댄 타운젠드가 분노에 차서 회의실에서 뛰쳐 나온 것이다. "이 사람들, 도대체 뭐가 문제야? 다 큰 어른들이 말이야 2분도 못 버티고 회의에서 싸움질이야! 계속 이렇게 서로 잘났다고만 하면 7월까지 프로세스 통제 시스템 구축하기는 글렀어. 이 사람들 다 잘라버리고 싶다고!" (리더십 관련 무료 리포트)
- 프랜 설리번은 경제가 이렇게 어려운데 능력 있는 영업 사원을 뽑기가 하늘의 별 따기인지 이해할 수 없었다. 9주 전 공고를 냈을 때만 해도 지금쯤이면 괜찮은 사람을 뽑았을 거라며 자신감에 차 있었다. 안타깝게도 그 목표는 이제 완전히 물 건너갔다. (헤드헌터 무료 리포트)

일단 스토리로 실마리를 풀었으니 메모한 내용을 바탕으로 각 절을 채워나갈 차례다. 각 단계마다 한 문단에서 한쪽 사이의 분량으로 내용을 채운다. 초고를 완성한 뒤, 더도 덜도 말고 딱 한 시간만 쉬고 돌아와 원고를 다시 읽어본다. 적절한 곳에 사례를 끼워넣는다. 마지막으로 소리를 내어 리포트를 읽는다. 읽으면서 맥이 빠지거나 "이게 무슨 말이야?" 싶은 곳이 있다면 손을 본다.

　　오늘의 목표는 리포트 작성이다. 일단 거기에만 집중하고 전문가적 장식은 이번 주가 지난 뒤 나중에 덧붙여도 된다.

　　자, 이제 당신이 일을 할 차례다. 많은 양의 글을 써야 하므로 아무래도 닷새 중 가장 힘겨운 날이 될 것이다. 그러나 내가 제공한 템플릿의 구조와 윤곽을 따르기만 한다면 오늘 내로 작성할 수 있다.

　　내일은 간단한 웹사이트의 내용을 개발할 것이다. 그 웹사이트는 방문자들이 자연스럽게 자신의 이메일 주소를 내놓고 당신이 쓴 리포트를 다운로드하게끔 동기를 부여할 수 있어야 한다. 내가 약속컨대 그것도 쉽게 할 수 있다. 사례, 템플릿과 더불어 저렴한 비용으로 기술적 도움을 받는 방법까지 알려 줄 테니까. 그럼 수고! 내일 다시 만나도록 하자.

CHAPTER

03

셋째 날

고객의 관심을 지속시킬
웹사이트를 구축하라

이제 무료 리포트 작성을 마쳤으니 사람들이 더 많은 정보를 얻기 위해 찾아갈 장소를 마련할 차례다. 그 장소는 당신의 웹사이트에서 한 페이지를 차지할 것이고, 오늘은 거기에 들어갈 내용을 작성할 것이다. 당신에게 이미 웹사이트가 있건 없건 상관없이, 처음부터 모든 단계를 차근차근 설명해주겠다. 이걸 마치고 나면 웹페이지 의뢰서를 디자이너에게 보내기만 하면 된다. 웹사이트에서 이 웹페이지가 어디에 들어가야 하느냐에 대해서는 여러 옵션이 있다. 가능한 방안들을 재빠르게 살펴보고 넘어가자.

첫째, 이미 웹사이트를 가지고 있다면 기존 웹사이트의 랜딩페이지(홈 화면)에서 당신의 무료 리포트를 홍보하는 방안이 있다. 아니면 랜딩페이지가 아닌 곳에 리포트 전용 페이지를 꾸밀 수도 있다. 아직 웹사이트가 없다면 오늘 만드는 것을 랜딩페이지로 하는 새로운 웹사이트를 만들면 된다.

무료 리포트 전용 웹페이지의 주된 목적은 방문자들에게 무료 리포트를 보게 하는 것이다. 그러므로 웹페이지의 초점은 당연히 리포트가 다루는 문제들에 맞춰져야 한다. 나중에 별도의 웹페이지들을 만들게 된다면 각각의 웹페이지가 구체적인 하나의 문제에 초점을 둔 무료 리포트를 제공하도록 꾸민다.

성형외과 의사라면 잠재 고객이 가장 자주 검색하는 각 사안에 대해 즉, 하나는 보톡스, 하나는 페이스리프팅, 하나는 쌍꺼풀 수술, 하나는 필러 이런 식으로 별도의 웹페이지를 만들 수 있을 것이다. 웹페이지의 초점이 명확하고 세밀하면 방문객들은 자신들의 구체적인 니즈를 충족시킬 곳에 왔다고 느낀다.

전통적인 접근법은 이와 조금 다르다. 전통적인 접근법에서는 랜딩페이지를 주로 회사 소개 페이지로 이끌곤 했다. 그러나 나는 개인적으로 방문자들이 웹사이트에 왔을 때 구독 신청opt-in을 이끌어내지 못하면 그들을 계속 추적하기가 어려워진다고 생각한다(자신이 누군지 말해주지 않는 사람들에게 지속적으로 메시지를 보내기란 힘들기 때문이다).

그래서 나는 랜딩페이지에서 무료 리포트 하나를 먼저 보여주고 웹사이트 더 깊숙이 있는 다른 웹페이지들에 다른 무료 리포트들을 둔다. 많은 구독자를 확보하는 데는 블로그가 핵심적인 역할을 한다. 블로그 만드는 법은 나중에 다시 이야기할 것이다.

기억하라. 웹사이트 첫 방문자가 곧바로 유료 고객이 되는 경우는 극히 드물다. 유료 고객의 대부분은 구독자 명단에서 나온다. 제품이나 서비스가 고급이면 고급일수록 더더욱 그렇다. 관계 정립이 먼저 이루어졌을 때 잠재 고객이 유료 고객이 되는 법이다. 그러므로 웹페이지가 달성해야 할 첫 번째 미션은 방문자가 자신의 정보를 알려주도록 하여 지속적인 연락의 발판을 마련하는 것이다.

무료 리포트를 홍보할 웹페이지를 만들 때 유의할 점이 있다. 새로운 방문자들의 주의력 지속 시간은 매우 짧다는 것이다. 웹페이지의 홍보 카피를 통해 당신이 방문자들의 문제에 정통하다는 메시지를 즉각적으로 전달하지 못하면 방문자들은 곧 떠나버리고 만다. 오늘 우리가 할 일은 방문자의 관심을 불러일으키고, 관심을 유지하며, 무료 리포트 구독 신청을 받아내는 데 그 목적이 있다.

구독 신청이 목표인 웹페이지 디자인은 전문성이 떨어진다는 걱정을 하는 사람들이 있다. 그런 걱정은 내려놓으라. 미국 대통령을 포함해서 각종 기업과 사람들이 이 접근법을 쓴다(내 말을 못 믿겠다면 백악관 홈페이지인 whitehouse.gov로 가서 구독 신청을 해보라). 흥미로운 무료 정보를 제공하면서 상대의 연락처를 달라고 적극적으로 요청한다고 전문가적 이미지가 훼손되지는 않는다. 핵심은 초점을 매우 구체적으로 다듬어 사람들이 당신의 카피를 읽을 때 당신의 음성을 직접 듣는 느낌이 들도록 해야 한다는 것이다. 이렇게 하면 신용과 신뢰를 쌓을 수 있다.

템플릿으로 사용할 수 있는 웹페이지의 예를 몇 가지 알려주기 전에 당신의 웹사이트를 이 웹페이지 하나만으로 구성하는 것의 장단점을 간단히 이야기하도록 하겠다.

무료 정보 획득을 미끼로 방문자의 연락처를 알아내는 것이 유일한 목적인 한 페이지짜리 웹사이트는 종종 '맛보기 웹사이트' 혹은 '쥐어짜기 웹사이트^{squeeze website}'라고 불린다. 이러한 웹사이트에는 다른 페이지로 가는 링크가 없다. 오직 방문자에게서 한 가지 의사결정만을 '쥐어짜'낸다. 구독자 명단에 이름을 올리고 무료 정보를 받아 가느냐 아니면 그냥 나가느냐다. 맛보기 웹사이트는 효과가 좋고, 당신이 홍보 대상자 명단을 이미 확보하고 있다면 그 효과가 더 좋을 것이다.

그러나 단점도 있다. 웹페이지가 달랑 하나뿐인 웹사이트는 구글의 총애를 받지 못한다. 그래서 검색 결과 첫 화면에 등장하기가 사실상 불가능하다. 더욱이 당신이 올린 광고가 사람들을 맛보기 웹사이트로 인도한다면 구글 애즈^{Google Ads}(구글의 광고 프로그램. 뒤에서 자세히 다루겠다)가 영원히 당신의 광고를 금지할 수도 있다.

그럼에도 맛보기 웹사이트의 디자인과 레이아웃에서 배울 것이 있으므로, 그 소중한 교훈들을 당신의 웹페이지 모양과 느낌에 잘 녹여넣도록 한다. 그래서 나는 다음을 권하고자 한다.

- 웹사이트가 이미 있다면 무료 리포트 홍보용 웹페이지를 기존 웹사이트의 새로운 랜딩페이지로 해도 되고 추가적인 웹페이지로 해도 된다.
- 웹사이트가 아직 없다면 워드프레스^{WordPress} 플랫폼을 이용하여 웹사이트를 만든다. 워드프레스는 빌트인 블로그 기능^{built-in blog feature}이라는 큰 장점을 가지고 있다. 이것이 왜 중요하냐고? 블로그 게시물을 쓸 때마다 자동적으로 웹페이지가 하나 늘어나면서 웹사이트의 규모가 커질 수 있기 때문이다. 그래서 오늘 해가 저물 때 당신의 웹사이트에는 웹페이지가 하나뿐일 테지만, 블로그 게시물을 쓸 때마다 웹페이지가 자라날 것이다. 내 조언대로 하면 구글에게 밉보이는 일은 없을 것이다.

리드 포착 웹페이지의 사례

몇 가지 예를 살펴보자. 다음 웹사이트 화면은 비즈니스 홍보를 원하는 사람들을 타깃으로 한다. 이 웹사이트는 무료 리포트 대신 무료 원격 세미나를 홍보한다. 그리고 이 원격세미나는 퀀텀 립^{Quantum Leap}이라는 1년짜리 교육 프로그램으로 작가와 기업가들을 모집하는 것을 목적으로 한다.

무료 원격 세미나: 3월 30일 목요일

(2회 중 1회 선택 가능)

"어떻게 하면 엄청나게 많은 언론 보도와 노출을 받아 해당 분야의 전문가로서 이름을 알릴 수 있을까?"

이 웹사이트의 흥미로운 점은 다음과 같다.

첫째, 제목에서 주목할 점은 따옴표가 사실상 제목의 일부라는 것이다. 헤드라인에 따옴표를 사용하면 메일 구독 신청 비율이 높아진다고 한다. 그리고 '엄청나게'와 같이 대화에서나 나올 법한 표현을 쓰고 있다. 방문자들은 당신이 직접 말한다는 느낌을 받게 된다. '급등'이나 '폭발적 증가'와 같은 과장된 표현을 안 써도 사람들에게 무료 리포트 구독 신청을 하도록 확신을 줄 수 있다. 누군가에게 어떤 문장을 말할 때 말하는 사람의 마음이 편치 않으면 그건 과장의 경계를 넘어섰다는 게 나의 생각이다.

Dear Friend and Colleague:

What's one of the big keys to selling more of your book, product or service?

The answer is simple: you need to get a lot more media publicity and exposure so many, many more people hear your message and learn about what you have to offer.

This Thursday, March 30th, I'd like to teach you some practical strategies for getting a whole lot more free publicity and exposure on a FREE 75-minute telephone seminar I'm offering at your choice of two time slots: either 2:00 pm Eastern (11 am Pacific) OR 7:30 pm Eastern (4:30 pm Pacific). I really hope you can make it because you'll learn:

- Why conventional press releases are usually not the best way to contact journalists and what to send instead.
- Understanding the mindset of journalists and producers and how it differs by type of media outlet.
- Five proven ways to create a compelling publicity "hook" or angle.
- What a *Good Morning America* producer told me is the absolute best way to pitch his show -- something very few publicity-seekers do but dramatically increases your chances of getting booked.
- How to get other people to promote your book, products and services.
- What you should never wear on a TV show.
- The surprisingly simple strategy a former *Oprah* guest booker told me everyone should use when pitching the show.
- Some simple non-publicity strategies you can use to get the word out.
- Book not out yet? I'll give you some tricks for how to structure your book so it'll be a whole lot easier to publicity and promotional exposure.

둘째, 카피가 편지 양식을 취하고 있다. 앞에서 캡처한 화면 아래쪽으로 가면 편지가 있고, 일곱 줄 정도만 일반적인 단락으로 되어 있고 그다음에는 검은 동그라미로 시작하는 요점 정리, 즉 불릿 포인트 **bullet point**가 나온다. 이것이 중요하다. 이 요점 정리가 방문자들을 재빨리 웹사이트로 끌어들이는 데 아주 효과적이다.

셋째, 불릿 포인트는 호기심을 유발한다. "다섯 가지 증명된 방법", "대신 무엇을 보낼 것인가", "몇 가지 요령"과 같은 표현들은 방문자들의 궁금증을 자아낸다.

넷째, 불릿 포인트는 '걱정'을 이용한다. 여섯 번째 포인트 "TV 프로그램 출연 시 절대 입으면 안 되는 옷"이 좋은 예다. 앞에서 설명한 동기부여 지렛대의 내용을 기억하는가? 고통, 두려움, 이익. 이 불릿 포인트는 TV에 적절치 않은 의상을 입고 나가 당황하게 될까 봐 두려워하는 마음에 호소한다. 여러 불릿 포인트들을 한 가지 지렛대에만 걸지 말고 여러 지렛대를 다 이용하도록 한다.

다섯째, 네 번째 포인트에서 'Good Morning America' 부분에 굵은 글씨 처리가 되어 있는 걸 볼 수 있다. 두꺼운 글씨는 눈에 확 띈다. 이 유명한 TV쇼는 해당 틈새시장 구성원이라면 누구나 출연을 원하는 프로그램이다. '굿모닝 아메리카'에 나갈 확률을 극적으로 높여준다는 내용의 이 불릿 포인트는 다른 불릿 포인트보다 훨씬 더 중요하다. 시선은 자연스럽게 굵은 글씨가 있는 불릿 포인트로 가게 되어 있다. 굵은 글씨는 아주 효과가 좋은 트릭이지만 과용은 금물이다.

다음에 나오는 불릿 포인트 문구를 당신의 비즈니스에 알맞게 바꿔 활용해보도록 하자. 사실 다음에서 빈칸 부분만 적절하게 채우면 거의 모든 비즈니스에서 사용할 수 있다.

⓪ _____이/가 _____문제를 해결하는 최선의 방법이

아닌 이유. 그 대신 _____에 주목하라!

(예: 도수 치료가 당신의 허리 통증을 없애는 최선의 방법이 아

닌 이유. 자세 교정에 주목하라! / 공인중개사를 통하는 것이 집

을 매매하는 최선의 방법이 아닌 이유. 식거래 플랫폼 ○○에 주

목하라!)

⓪ 무조건 _____하는 다섯 가지 방법

(예: 입사 후 6개월 안에 무조건 급여 인상을 받는 다섯 가지 방

법 / 55세 이전에 무조건 노후 자금을 마련하는 다섯 가지 방법)

⓪ 당신이 절대 해서는 안 되는 _____

(예: 면접 시 절대 해서는 안 되는 말 / 경기가 나쁠 때 절대 해

선 안 되는 투자 / 협상 중 절대 해서는 안 되는 것)

⓪ _____의 세 가지 비법

(예: 허리 통증 없이 사는 세 가지 비법 / 소개팅에서 성공하는

세 가지 비법)

매우 효과적인 맛보기 웹사이트를 더 보고 싶다면 ClickBank.com에 가보라. 이곳은 일종의 허브 역할을 하는 웹사이트로서 많은 정보 마케터들이 여기서 제품을 출시한다. 어떤 사이트들은 싸구려 냄새가 폴폴 나는 것도 사실이다. 하지만 아주 좋은 사이트도 많다. 15분 정도 다양한 웹페이지들을 훑어보라. 특정 헤드라인이나 불릿 포인트가 눈에 들어오면 기록해둔다. 대개 우리는 우리 고객들과 닮아 있다. 당신의 눈길을 끈다면 당신의 틈새시장 구성원들의 마음도 움직일 것이다.

이제 당신의 웹페이지에 올릴 글을 쓸 차례다. 쓰다 보면 너무 쉬워서 마음이 즐거울지도 모른다.

한 줄의 헤드라인이 모든 것을 결정한다

제일 먼저 헤드라인부터 시작해보자. 헤드라인의 큰 목표는 방문자들의 구독 신청을 받아내는 것이다. 그러려면 공감 가는 단순한 메시지가 필요하다.

헤드라인에서 당신은 "여기 내가 해결해줄 수 있는 고통이 있고, 내가 줄 수 있는 혜택이 있습니다"라고 말해야 한다. 헤드라인은 웹페이지 중 가장 중요한 부분이다. 헤드라인으로 잠재 고객을 끌어들이지 못한다면 카피의 나머지 부분은 읽히지 않을 가능성이 높고 구독 신청률도 현저히 낮을 것이다. 반면 헤드라인이 정말 좋으면 그것만으로도 수많은 신규 구독자를 얻을 수 있다.

당신의 무료 리포트의 제목이 멋지다면 그 제목을 그대로 가져다 쓸 수도 있다. 예를 들어 무료 리포트 제목이 "어떤 부동산시장에서든 좋은 집을 싸게 사는 일곱 가지 비법"이라면 그 제목은 웹사이트의 훌륭한 헤드라인이 될 수 있다. 물론 여기에 한마디를 더 붙이면 더 훌륭할 것이다. "무료: 어떤 부동산시장에서든 좋은 집을 싸게 사는 일곱 가지 비법"

아니면 제2장에서 다루었던 헤드라인 템플릿들을 참고하여 새로운 헤드라인을 하나 만들 수도 있다. 나는 때때로 무료 리포트를 쓸 때 몇 가지 헤드라인이 떠오른다. 그중 리포트 제목으로 쓰지 않고 두었던 것을 웹사이트나 불릿 포인트에 활용하곤 한다.

불릿 포인트를 효과적으로 활용하라

헤드라인에서 불릿 포인트로 옮겨갈 때 다리 역할을 할 문장이 필요하다. 간단할수록 효과가 크다. 그냥 간단히 "이 무료 리포트에서 다음과 같은 정보를 발견할 수 있습니다"라고 쓰기만 하면 된다. 참 쉽지 않은가!

그다음에 오는 게 불릿 포인트다. 불릿 포인트의 수는 네 개에서 12개 사이가 적당하다. 어느 목록이나 그렇듯, 어떤 항목은 다른 항목보다 더 중요하고 더 호소력이 있다. 그렇다면 그것들의 순서는 어떻게 잡아야 할까? 가장 강력한 두 가지 요점은 제일 앞에 두고, 세 번째로 중요한 요점은 가장 끝에 둔다. 연구에 의하면, 사람의 시선은 꼭대기 불릿 포인트 두 개를 읽은 뒤 마지막 불릿 포인트로 건너 뛴다고 한다.

각각의 불릿 포인트는 다음 두 가지 요건을 충족시켜야 한다. 첫째, 궁금증 유발이다. 당신이 무슨 말을 할 것인지 읽는 이가 궁금해 해야 한다. 예를 들어 앞서 언급한 부동산 리포트에서라면 "값이 두세 배 뛸 가능성이 가장 높은 저평가 물건 찾는 비법 세 가지"에 불릿 포인트 하나를 할당할 수 있다. 이걸 읽으면 그 비법이 뭔지 알고 싶은 호기심이 크게 일어난다.

둘째, 혜택과 고통 전달이다. 그것을 앎으로써 어떤 혜택을 얻을 수 있는지 또는 어떤 고통을 회피할 수 있는지 말해주는 것이다. "부동산 수수료 수천 달러를 줄이는 간단한 기법"이 좋은 예다. 이 내용은 어제 적어본 혜택들과 같을 수도 있고 약간 다를 수도 있다(여기서는 당신의 서비스나 제품에 대한 충분한 정보를 준다기보다 무료 리포트에 대해서 이야기하는 것이기 때문에 그렇다). 대표적으로 다음과 같은 것들을 생각해볼 수 있다.

- 돈 절약
- 수입 획득
- 시간 절약
- 곤경에 빠지지 않음
- 목표 달성

- 효과 증가
- 작업량 증대
- 경험의 품질이나 가치 향상

그러고는 당신이 전달할 정보를 앎으로써 회피할 수 있는 고통 또는 두려움을 정리해본다. 예를 들자면 다음과 같은 것들이 있다.

- 돈 낭비
- 기회 소진
- 잘못된 의사결정
- 바가지를 쓰는 등 속임수에 당함
- 당황스러운 상황에 처함

궁금증, 그리고 두려움/고통/이익의 지렛대는 성공적인 불릿 포인트를 위한 승리의 공식임을 기억하자.

바로 써먹는 불릿 포인트 템플릿

당신의 무료 리포트가 초점을 둘 고통, 두려움, 혜택에 대해 적어보았으니 이제 불릿 포인트를 작성해보자. 다음의 빈칸 넣기 템플릿들을 활용하면 쉽게 할 수 있다.

🔲 (잠재 고객의 두려움, 동사나 명사 형태 모두 가능) 해도 (분, 시간, 날, 달 만에 가장 중요한 혜택) 되는/얻는 법

(예: 영업 경험이 전혀 없어도 60일 만에 영업 사원 되는 법)

🔲 (당신의 틈새시장 구성원들이 가장 걱정하는 것 혹은 두려워하는 것) 을 유발하는/~으로 이어지는 (당신의 틈새시장 구성원들)의 90퍼센트가 저지르는 _____ 실수와 그 예방법

(예: 테니스 칠 때 부상당하는 사람 90퍼센트가 저지르는 준비운동 실수와 그 예방법)

🔲 (당신 분야의 전문가 또는 당신의 경쟁자들) 도 잘 모르는 (혜택) 을 안겨줄/성사시킬/가능케 할 _____ 가지 비법

(예: 회계사들도 잘 모르는 8퍼센트 더 절세하는 다섯 가지 비법)

🔲 (가짜, 시답잖은, 부도덕한 전문가나 제품) 에게/에서/때문에 바가지를 쓰지 않는/당하지 않는/속지 않는 확실한 방법

(예: 가짜 향수를 브랜드 향수로 속여 파는 온라인 판매자에게 속지 않는 확실한 방법 / 당신의 이익보다는 수수료에 눈먼 재무 설계사에게 당하지 않는 법)

다음은 내가 카피라이팅을 가르칠 때 사용하는 불릿 포인트의 목록이다.

이 무료 미니 코스에서 당신이 배울 내용

- 읽는 사람의 관심을 확 끌고 끝까지 읽게 만드는 첫 문장 쓰는 법
- 이메일 클릭 비율을 80퍼센트까지 끌어올리는 제목 쓰는 법
- '마법의 단어'들을 쓰는 법. 마법의 단어를 통해 독자들은 자신도 모르게 당신이 원하는 행동을 하게 된다. 어떤 사람들을 이런 문구를 '마음을 움직이는 주문'이라고도 부르는데, 실제로 매우 강력한 효과를 갖는다.
- 세일즈 레터의 이상적인 길이는? 연구로 증명된 이상적인 길이가 있다.
- 힘 있는 마무리 멘트 쓰는 법. 당신의 세일즈 레터나 이메일의 힘은 결과가 말해준다. 독자가 당신이 원하는 행동을 하도록 만드는 마무리 단락이 그래서 필요하다.

이제 당신 차례다. 4개에서 12개의 불릿 포인트를 작성해보자. 이 불릿 포인트들은 당신의 웹사이트를 방문할 잠재 고객들이 당신의 무료 리포트를 받아보기 위해 구독 신청을 하도록 하는 데 제 몫을 해야 한다. 앞서 살펴본 템플릿과 사례의 불릿 포인트를 자유롭게 활용해 작성해보도록 하자.

구독 신청률을 높이는 포인트

다음 단계는 잠재 고객의 이메일 주소를 비롯한 연락처를 받아낼 네모 칸(구독 신청란)을 구성하는 것이다.

구독 신청란을 만들 때 고려해야 할 사항이 몇 가지 있다. 상식적으로 알 수 있듯, 적은 정보를 요청할수록 구독 신청률은 높아진다. 이메일 주소만 묻는다면 많은 사람들이 구독 신청을 할 것이다. 그렇다면 이메일 주소만 물어보는 게 진짜 좋을까? 꼭 그렇진 않다.

더 많은 정보를 요청할수록 구독 신청률은 낮아지는 반면 잠재 고객의 품질은 높아진다. 또한 더 많은 정보를 손에 넣을수록 더 많은 것을 할 수 있다. 이메일 주소에 더해 이름까지 얻는다면 좀 더 개인적 느낌이 묻어나는 이메일을 보낼 수 있다. 이메일로 다이렉트 메시지를 보낼 수 있고 전화번호로는 전화를 걸 수 있다. 그러나 구독 신청을 원하는 사람들의 수는 요청 정보가 많을수록 줄어들 것이다.

그렇다면 얼마만큼의 정보를 요구할지 어떻게 결정해야 할까? 두 단계로 이루어진 과정을 이용해보자. 첫째, 사람들에게 이름과 이메일 주소만 요청한다. 방문자가 '보내기' 버튼을 누를 때 다음과 같은 화면을 보여주는 두 번째 웹페이지로 이동시킨다.

진짜 솔직히 말하자면, 내가 메일로 보내는 정보는 우리 서비스에 대한 세일즈 레터보다 크게 나을 바 없다. 그런데 '보내기'를 눌렀을 때 즉시 다음 화면으로 이어지게 만들면 이름과 이메일만 달랑 내놓는 방문객들보다 두 번째 양식까지 작성하는 방문객들의 전환율이 훨씬 더 높다.

무료 리포트 신청에 감사드립니다.

흥미롭게 읽으실 것이라 확신합니다. 귀하의 받은편지함에서 저의 이메일을 열어보시면 무료 리포트 다운로드 링크가 있을 것입니다. 무료 리포트 외에도 귀하가 흥미로워할 추가 정보들을 이메일로 보내드릴 수 있습니다. 솔직히 말해서, 그 추가 정보는 신규 고객 유치에 매우 효과적인 마케팅 시스템 구축을 진지하게 고민하는 제 구독자들의 5퍼센트만이 흥미로워할 내용입니다. 당신이 그 5퍼센트에 해당한다면 아래 빈칸을 채워주십시오. 오늘 내로 해당 정보를 우편으로 발송해 드리겠습니다. 고맙습니다.

이름

직책/직위

낮 시간 수신 가능한 전화번호

회사

주소

상세주소

도시

주

우편번호

국가

구독 신청 시에는 이름과 이메일 주소만 받고 후속적으로 보내는 메시지에서 우편으로 보낼 추가 정보가 있다고 말하는 방법도 있다.

"우편으로 정보를 보내면서 왜 전화번호는 묻는 거지?"라며 의아해 하는 사람들도 있을 것이다. 타당한 질문이다. 그리고 나의 솔직한 답변은 "엄밀히 말해서 필요한 정보는 아니지만 언젠가는 내가 전화로 후속 조치를 취해야 할 때가 올지도 모르기 때문"이다. 흥미롭게도 양식을 작성하면서 그걸 눈치 채는 사람은 거의 없다. 영업 프로세스의 일부로 잠재 고객에게 전화를 걸기 원한다면 이 방법을 시도해보라.

웹사이트 개발자에게 맡기면 이런 구독 신청란 정도는 뚝딱 만들어낼 것이다. 나는 구독 신청란을 가리키는 화살표를 좋아하는데, 경험에 따르면 이 화살표가 구독 신청률을 높여준다.

그들의 사생활을 존중하며 연락처를 판매 또는 대여하지 않을 것이라는 간단한 문구를 넣어주는 것 또한 예의다(그리고 이런 문구가 없으면 왠지 허전하다). 이렇게 하면 잠재 고객은 안심하고 정보를 제공할 수 있다. 그래서 구독 신청률도 약간 올라간다.

간과하기 쉬운 구성요소가 있는데 정보를 제출할 때 누르는 버튼이다. 여러 연구에 따르면 정보 제출 버튼 위에 행동 관련 문구(예를 들어 "리포트를 신청합니다"라든지 "리포트를 보내주세요")를 넣으면 단순히 '보내기'라고 쓰는 것보다 반응률이 높아진다. 내 경험에 의하면 버튼을 밝은 보색으로 꾸미는 것 역시 구독 신청률을 늘려준다.

사소하지만 중요한 '감사' 웹페이지

잠재 고객이 정보를 제출하기 위해 보내기 버튼을 클릭하면 감사함을 전하는 웹페이지로 이동시킨다. 이름 그대로 거기서 당신은 구독 신청을 해주어 고맙다고 인사하고, 올바른 결정을 내렸다고 말해주며, 어떻게 정보가 그들에게 전달될지 알려준다.

(리포트 이름)을/를 신청해주셔서 매우 고맙습니다. 리포트 다운로드 링크가 걸린 이메일을 보내드렸습니다. 아마 이 글을 읽으시는 지금 이미 귀하의 받은편지함에 와 있을 것입니다. 중요한 사항을 보내드릴 때 스팸 메일에 들어가지 않도록 잊지 마시고 저의 이메일 주소 (당신의 이메일 주소)을/를 우편 수신자 명단에 저장해주시길 당부드립니다.

(리포트 이름)을/를 신청 다시 한 번 감사드립니다. 앞으로 제공하는 정보가 귀하에게 매우 소중하고 유익할 것이라 확신합니다.

감사 웹페이지의 글귀는 어조가 진지하고 친근하며 대화하듯 느껴져야 한다. 서로에게 가치 있는 관계로 발전할 상대와의 첫 만남에 당신이 관심이 있다는 메시지를 전달해야 한다.

감사 웹페이지에서 리포트를 다운로드받게 하기보다는 이메일에 걸린 링크를 통해 리포트를 다운로드받게 하는 것이 더 낫다. 링크를 받으려면 진짜 이메일 주소를 넣어야 하므로 가짜 이메일 주소를 입력할 가능성을 제거할 수 있기 때문이다.

전환율을 높이는 영상 콘텐츠 활용하기

구독 신청 웹페이지에서 이용할 수 있는 콘텐츠 전달 방법에는 두 가지가 더 있다. 하나는 영상인데, 오늘날 영상 콘텐츠는 엄청난 효과가 있다. 영상을 활용하는 것이 불편하거나 어렵지 않다면 꼭 이용하도록 한다.

또 한 가지 방법은 방문자들에게 이메일 주소를 묻기 전에 무료 리포트의 일부를 공개하는 것이다. 이 두 가지 방법을 아래에서 좀 더 상세히 알아보자.

영상 기반 구독 신청 웹페이지

영상 콘텐츠는 전환율을 상당히 높여준다. 나의 경우 텍스트를 영상으로 대체한 후 전환율이 거의 40퍼센트나 높아진 적도 있다. 그만큼 영상은 빠른 신뢰 구축에 아주 큰 도움이 된다.

영상을 제작할 때는 다음과 같은 멘트를 활용하면 좋다.

- 반갑습니다. 우리 웹사이트에 오신 것을 환영합니다.
- 여기 오시는 대부분의 분들처럼 (특정 난관이나 문제) 때문에 좌절하고 답답해하고 계시진 않습니까?
- 그래서 제가 (리포트 제목)을/를 작성했습니다.
- 이 리포트는 (당신이 줄 수 있는 가장 중요한 혜택 두어 개)에 대해 이야기하고 있습니다.

- 그러니 빈칸에 성함과 이메일 주소를 넣으시고 아래 버튼을 클릭하세요. 즉시 이메일이 발송되고 그 이메일을 통해 무료 리포트를 바로 다운로드하실 수 있습니다.
- 우리 웹사이트를 방문해주셔서 다시 한 번 감사드립니다. 리포트를 읽는 시간이 결코 아깝지 않을 것입니다.

환영 메시지를 글로 써서 영상 아래 붙여두는 것도 괜찮은 방법이다. 부득이하게 영상을 볼 수 없는 상황이 있을 수도 있기 때문이다. 그런 경우 영상 대신 글로 읽을 수 있도록 환영 메시지를 아래에 배치하면 웹페이지 체류 시간을 늘리고 구독 신청률도 높일 수 있다.

맛보기 웹페이지

'맛보기' 포맷을 이용하여 무료 리포트를 제공할 수도 있다. 리포트를 받아보기 전에 사람들에게 구독 신청을 권하는 대신 리포트의 내용을 일부 미리 보여주고 연락처를 요구하는 것이다. 이런 맛보기는 스토리 몰입도를 높여준다. 맛보기 웹페이지가 특별히 효과적인 틈새시장들이 있다. 맛보기 웹페이지를 이용하면 다음과 같은 이점을 누릴 수 있다.

첫째, 기존의 맛보기 웹페이지를 활용하는 웹사이트들과 달리, 여러 장의 콘텐츠 페이지가 있으므로 구글의 구박을 받지 않는다. 둘째, 상당한 양의 콘텐츠와 키워드가 있다 보니 구글의 검색엔진 최적화 랭킹이 높아질 가능성이 있다. 셋째, 구독 신청 수가 기존의 맛보기 웹페이지 디자인보다는 떨어지는 경향이 있지만 고객 전환율은 높아지는 경향이 있다. 넷째, 트윗을 하거나 페이스북에 올리면 좋은 결과를 낼 수 있다. 대부분의 내용이 카피라이팅한 텍스트다 보니 교육적으로 보여서 소셜미디어 사이트에서 활발히 활동하는 사람들의 입맛에 잘 맞는다. 다섯째, 맛보기 웹페이지를 만드는 것은 별로 어렵지 않다. 틈새시장이 직면한 문제를 해결하는 7대 비법을 가지고 있다면, 그중 세 개만 맛보기로 공개하고 구독 신청 뒤에 나머지 네 개를 보여주면 된다.

이 접근법은 리포트가 '무슨무슨 7대 비법'과 같은 종류가 아니어도 상관없다. 보험 리포트라면 다음과 같이 해볼 수 있겠다.

1. 첫 번째 페이지: 주택 보유자들에게 엄청난 비용을 유발시킬 수 있는 잘 알려지지 않은 보험 담보 범위의 사각지대에 대해 말해준다.

2. 두 번째 페이지: 존 스미스라는 사람이 어떻게 수천 달러의 돈을 쓰게 되었는지 이야기해준다.

3. 세 번째 웹페이지: 보험 담보 범위가 적절한지 확인하기 위한 핵심 질문 세 가지를 던짐으로써 이러한 실수를 피할 수 있다는 희망을 방문자에게 전달한다.

4. 네 번째 웹페이지: 여기가 구독 신청 웹페이지다. "이름과 이

메일 주소만 입력하시면 기사의 남은 부분을 읽고 이 사안에 대한 유용한 정보를 받으실 수 있습니다"라고 말해준다.

5. 다섯 번째 웹페이지: 기사의 나머지 부분을 보여준다. 보험 담보 범위에 구멍이 있는지 여부를 확인하는 방법을 알려주고 더 적게 내고 더 많은 보장을 받을 수 있는 방법을 소개한다.

제2의 이름, 도메인을 보유하라

웹사이트를 만들 때 마지막으로 신경 쓸 일은 당신만의 도메인을 보유하는 것이다. URL을 쉽게 얻을 수 있는 곳으로 후이즈(www.whois.co.kr), 가비아(www.gabia.com), 아이네임즈(www.inames.co.kr) 등이 있다. 거기에 가면 특정 이름의 가용성을 아주 쉽게 확인할 수 있고, 새 URL을 설정할 수 있다. 이 문제를 내가 제3장의 끝에 와서야 다루고 있긴 하지만 중요하지 않은 건 아니다. 현실적으로 필요하다면 언제라도 당신의 URL을 만들도록 한다.

웹사이트 이름은 회사 이름으로 하거나 설명적인 이름(예: 제공하는 서비스를 설명)으로 할 수도 있다. 은퇴자들의 부동산 투자에 새로운 방법을 제공하는 호주의 어느 부동산 회사는 웹사이트 주소를 RetirementOptionsToConsider.com(고려해볼 만한 은퇴 옵션들)으로 했다. 라디오 광고를 계획하고 있던 터라 청취자들이 듣고 기억하기 쉬운 도메인 네임이 필요했던 것이다. 이러한 설명적 웹사이트 주소는 지면, 라디오, TV 등 인터넷이 아닌 매체를 통한 웹사이트 광고 계획이 있을 때 유용하다. 반면, 회사 이름이 들어간 웹사이트 주소는 전반적인 브랜드 홍보에 도움이 된다.

나중에 URL을 바꾸고 싶으면 새로운 이름을 선택해서 기존 URL을 새로운 URL로 포워딩만 하면 된다. 하다가 헷갈리면 고객 서비스 팀에 전화를 걸라. 차근차근 안내해줄 것이다.

이제 당신은 잠재 고객의 구독 신청을 이끌어내는 웹사이트 구축에 필요한 모든 것을 알고 있다. 할 일을 알았으니, 지금 당장 하라! 바로 지금이 당신의 웹사이트를 만들 때다. 앞으로 약 8시간 동안 이 과제를 완수하도록 한다. 내가 제3장에서 이야기한 지침을 잘 따르기만 하면 별 탈 없이 잘 해낼 수 있을 것이다.

오늘 과업을 완수하고 나면 내일은 잠재 고객의 지갑을 열게 해줄 자동화된 드립 마케팅 메시징 시스템을 구축하는 방법을 배울 것이다. 그럼 다시 만날 때까지 수고!

CHAPTER

04

넷째 날

고객의 지갑을 열게 할
드립 마케팅 메시지를 작성하라

잠재 고객이 '나 여기 있어요!'라고 손들고 관심을 표명하도록 유도하는 무료 리포트를 만드는 것도 중요하지만 그건 시작에 불과하다. 이 '잠재 고객'들을 '유료 고객'으로 바꾸어줄 드립 마케팅 메시지를 작성할 때가 왔다. 지속적으로 발송되는 이 메시지들은 고객과의 신뢰를 구축하고 더 많은 신규 고객 유치에 상당한 역할을 할 것이다.

오늘 당신은 잠재 고객이 당신의 무료 리포트를 받기 위해 구독 신청을 한 뒤 첫 7일 동안 받게 될 일곱 가지 메시지를 작성할 것이다. 그 짧은 기간 동안 이렇게나 많은 메시지를 보내는 까닭은 두 가지다. 첫째, 당신의 회사 이름과 서비스를 확실히 각인시키기 위해서다. 둘째, 물이 들어왔을 때 노를 저어야 하기 때문이다. 잠재 고객이 방금 무료 정보를 요청하였으므로 그는 특정 문제 해결에 큰 관심이 있음이 분명하다. 이럴 때 줄줄이 메시지를 보내 당신이 무슨 일을 어떻게 할 수 있는지 보여줘야 한다.

앞으로 무엇을, 어떻게 말해야 할지 내가 정확하게 보여주겠다. 그리고 앞으로 몇 주, 몇 달 동안 어떻게 잠재 고객과 이메일을 주고받을지에 대해서도 아이디어를 주겠다. 신규 고객 유치에서 현실적인 고비가 하나 있다. 바로 초기에 드는 회의감과 저항감이다. 사실 이걸 극복하는 데는 꽤나 오랜 시간이 걸린다. 그래서 잠재 고객에게 지속적으로 오랫동안 연락을 할수록 성공 가능성은 높아진다.

그러나 '연락을 위한 연락'은 별 성과를 내지 못한다는 점을 기억하자. 이러한 메시지를 보내는 목적은 당신의 전문성과 정체성을 잠재 고객에게 보여주는 데 있다. 당신과 함께 일하는 것이 즐거운 경험이 되리라는 점을 믿게 해야 한다. 그래서 내용과 어투 모두 중요하다. 나와 함께 당신의 맞춤형 '연락유지stay-in-touch' 이메일을 작성해가다 보면 점점 더 확실히 감을 잡게 될 것이다.

이 메시지들은 여러모로 필요할 때마다 도움이 된다. 그리고 메시지가 잠재 고객에게 유용하면 유용할수록 그들이 유료 고객이 될 가능성은 높아진다. 당신은 무료 리포트를 작성할 때처럼 잠재 고객에게 도움이 되는 정보를 전달해야 한다. 그리고 그 기저에는 "이 문제를 해결하고 싶다면 제게 연락해야 합니다. 저는 당신과 같은 수많은 사람들과 함께 일했고, 제가 당신에게도 도움이 될 것임을 확신합니다"라는 메시지가 깔려 있어야 한다. 지속적인 드립 마케팅 시퀀스가 정말로 멋진 이유는 이 기저 메시지를 반복적으로 드러내놓고 말하지 않아도 은근슬쩍 전달된다는 것이다.

고객에게 스며드는 7단계 이메일 시퀀스

고객에게 발송할 수 있는 메시지에는 두 종류가 있다. 타임드 메시지timed message와 브로드캐스트 메시지broadcast message가 그것이다.

타임드 메시지는 수신자가 당신의 무료 리포트 구독 신청을 한 시점으로부터 지난 날짜 수를 기초로 발송되는 이메일이다. 예를 들어 리포트 요청이 들어오자마자 '감사' 이메일이 발송되고, 하루가 지나면 두 번째 메시지가 발송되어 혹시 문의할 게 있는지 물어보고, 이틀 후에는 세 번째 메시지가 자동으로 나가는 식이다. 중요한 것은 최초 무료 리포트 구독 신청한 날을 기점으로 이 시퀀스가 시작되어야 한다는 점이다. 내가 만약 월요일에 리포트 구독 신청을 했다면 나는 그날 첫 번째 메시지를 받고, 화요일에 두 번째 메시지를 수신하게 될 것이다. 당신이 수요일에 무료 리포트 구독 신청을 하면, 당신은 첫 번째 메시지를 수요일에 받고 목요일에 두 번째 메시지를 받을 것이다.

이 시퀀스가 완료되면 1년 또는 그 이상의 기간 동안 당신이 원할 때마다 발송되는 이메일들을 추가할 수 있다. 물론 오늘 이걸 다 할 수는 없지만 언젠가는 달성할 목표로 염두에는 두고 있어야 한다.

타임드 이메일 시퀀스의 발송 주기는 원하는 대로 정하면 되는데, 나의 경우 처음에는 좀 자주 내보내다가 자연스럽게 시간 간격을 넓히는 편이다. 그러나 개인적으로는 매주 내 구독자들에게 연락을 취한다. 2주 이상 연락 없이 지내는 건 권장할 만한 일이 못 된다.

타임드 메시지는 당연히 '좀체 바뀔 일이 없는' 또는 '시간을 초월한' 사철나무 같은 문제들을 다루어야 한다. 즉, 고객에게 어제도 문제였고, 오늘도 문제이며, 가까운 미래에도 문제일 사안을 다루어야 한다. 당신이 재무 설계사라면 '좀체 바뀔 일이 없는' 주제는 은퇴 후 돈이 떨어지는 것에 대한 두려움일 것이다. 그것은 사람들을 언제나 괴롭혔고 영원히 괴롭힐 걱정거리다. 한편, 다우존스 지수가 최고치를 경신했다는 등의 말은 언급하지 말아야 한다. 그런 것은 금방 시들고 마는 주제다.

오늘 우리는 타임드 메시지 작업만을 할 테지만 말이 나온 김에 브로드캐스트 메시지에 대해서도 잠시 짚어보고 가도록 하자. 이름에서 짐작할 수 있듯이, 브로드캐스트 메시지는 당신의 데이터베이스에 있는 모든 사람에게 동시에 나가는 메시지다. 이 메시지의 장점은 시의 적절성이다. 여기서는 다우존스 지수가 최고치를 경신했다는 내용을 언급할 수 있다. 그러다 보니 브로드캐스트 메시지는 그날 잠재 고객이 받는 수많은 메시지들 중에서 단연 돋보이게 된다. 그래서 강력한 도구임에 틀림없지만 구독 신청자 수가 100명이 넘었을 때만 효과가 있음을 기억해야 할 것이다.

　　이제부터 당신이 내보낼 일곱 가지 이메일 메시지 각각에 대한 템플릿을 제공하려 한다. 마음대로 수정하여 당신만의 목소리를 낼 수 있다. 그러나 각 메시지의 주제는 내가 제시한 것에서 크게 벗어나지 않도록 주의해주길 바란다.

　　메시지를 발송할 때는 각 수신자의 이름을 넣어야 한다. 예를 들어 당신이 부동산 중개업자라면 단순히 "안녕하십니까?"라고 쓰는 대신 "○○님, 안녕하십니까?"로 보내야 한다. 내가 사용하길 권하는 시퀀스는 이렇다. 이 시퀀스대로 하면 당신의 구독자와 강력한 관계를 구축하는 길로 접어들게 된다. 일곱 가지 이메일의 주제는 다음과 같다.

　　• 첫 번째 메시지: 링크를 보내 수신자가 무료 리포트를 받아보게 한다.
　　• 두 번째 메시지: 첫 번째 메시지를 받았는지 확인하는 후속 메시지를 보낸다. 여기에도 무료 리포트 링크를 다시 걸어준다.
　　• 세 번째 메시지: 당신의 무료 리포트에 든 특정 정보를

언급하며 그것이 도움이 되었는지 물어본다. 아직 리포트를 읽지 않은 사람에게 리포트를 읽도록 유도하는 매우 효과적인 방법이다. 피드백을 요청할 좋은 기회이기도 하다.

- 네 번째 메시지: 당신이 해준 조언을 어떤 사람이 어떻게 잘 활용하고 있는지 스토리를 들려준다. 특정 사람이나 회사의 이름을 거명할 필요는 없다. 구독자와 비슷한 처지의 사람이 당신의 조언에 따라 문제를 해결했다는 사실만 전달하면 된다.

- 다섯 번째 메시지: 리포트에 포함되지 않은 조언이나 아이디어를 추가적으로 제공한다.

- 여섯 번째 메시지: 최근 어느 고객이 던진 질문에 대한 답을 말해준다(아직 고객이 아무도 없다면 잠재 고객이 물어볼 만한 질문을 생각해내라).

- 일곱 번째 메시지: 30분 무료 상담을 제안한다.

자, 이제 당신의 메시지들을 작성해보자.

첫 번째 메시지: 무료 리포트 링크 제공

기억할 것이 하나 있다. 첫 메일은 즉시 발송되므로, 이날은 'Day 1'이 아니라 'Day 0'이다.

첫 메일의 제목은 '○○님께서 요청하신 (리포트의 제목 또는 그 주제) 리포트입니다'라고 잡는다.

○○님, 안녕하십니까?

간단히 제 소개를 하고 (리포트 제목)을/를 신청해주신 데 감사드리고자 합니다.

여기를 클릭하시면 리포트를 다운로드 받으실 수 있습니다.

(잠재 고객이 리포트를 다운로드 받을 수 있는 링크)

저는 (당신의 이름)라고 하며, 지난 몇 년 동안 (당신의 틈새시장 구성원들)이/가 (주요 문제의 결과)을/를 얻는 데 도움을 주었습니다. 구독 신청을 하셨으므로, 이제부터 정기적으로 필요한 정보와 함께 (당신의 틈새시장이 희망하는 성과를 성취)하는 법에 대해 제가 터득한 많은 비법을 보내드리겠습니다.

혹시 제 뉴스레터 구독을 원치 않으시면 아래의 링크를 클릭하셔서 구독 정지를 요청하시면 됩니다. 이메일 주소를 비롯한 그 어떤 정보도 타인과 공유되지 않으므로 안심하셔도 좋습니다. 구독 신청에 감사드리며 ○○님이 (당신이 제공하는 혜택)을/를 얻는 데 도움을 드릴 날을 고대하겠습니다.

○○님의 편의를 위해 아래에 다시 한 번 무료 리포트 다운로드를 위한 링크를 걸어두었습니다.

(리포트 링크)

고맙습니다.

(당신의 이름) 드림

두 번째 메시지: 다운로드 여부 확인

두 번째 메시지는 'Day 1'이라 지칭하는 날(리포트를 보낸 바로 다음 날)에 발송된다. 여기 간단한 예문이 있다.

제목은 '다운로드 확인 이메일' 정도가 적당하다.

○○님, 안녕하십니까?

(당신의 이름)입니다.

무료 리포트 (리포트 제목)은/는 잘 다운로드 받으셨는지 확인차 연락드립니다. 어떤 이유에서든 아직 다운로드하지 않으셨다면, 걱정하지 마십시오. 아래 다시 링크를 걸어드립니다.

(링크)

지난 수년 동안 저는 ○○님과 같은 분들이 (문제 유형)을/를 해결하는 데 도움을 드렸습니다. 다른 사람들이 이런 문제들을 어떻게 해결하는지에 대한 깊이 있는 통찰이 리포트에 담겨 있으며 리포트를 다 읽으실 때면 즉시 실행 가능한 좋은 아이디어들을 얻을 수 있으리라 확신합니다.

며칠 후 다시 연락드리겠습니다.

고맙습니다.

(당신의 이름) 드림

세 번째 메시지: 리포트를 읽도록 유도하기

세 번째 메시지는 무료 리포트에 들어 있는 특정 내용에 초점을 맞출 것이다. 먼저 리포트 내용 중에서 특별히 흥미로운 내용 하나를 선택하라. 혹은 당신의 틈새시장 구성원들과 가장 관련성이 높은 정보에 집중할 수도 있다. 이번 이메일에서는 그런 스토리나 정보를 언급할 것이다.

세 번째 메시지를 쓸 때는 당신이 보낸 리포트 어느 부분에 그런 스토리나 정보가 나오는지를 언급하는 것이 특히 중요하다.

다음 예문을 보자. 각 사례의 괄호에 어떤 유형의 정보를 넣어야 할지 표시했으므로 당신의 비즈니스에 적합한 것으로 넣으면 된다. 이 이메일은 'Day 3'에 나갈 것이다.

○○님, 안녕하십니까?

리포트를 읽으신 많은 분들이 제게 (당신의 스토리 또는 정보)(예: 우리 동생 결혼식에서 제 옆자리에 앉았던 여성분이 두통에 시달릴 때 제가 리포트 4쪽에 나온 손 지압점을 눌러주어 두통을 사라지게 했다는 이야기)가 특히 유용했다고들 말씀하십니다.

○○님은 어떻게 생각하시는지 궁금합니다. 도움이 되었는지요? 그전에도 해보았던 방법인지요?

제 리포트에 대해 간략한 의견을 남겨주시면 감사하겠습니다. 번거로우시다면 그냥 '응답'만 누르셔도 됩니다.

다음에는 (당신의 틈새시장)(예: 대체의학에 관심 있는 사람들)에 종사하시는 다른 분들이 (특정 문제 해결)(예: 통증, 특히 등 통증의 극복)을 위해 어떻게 이 정보를 이용하는지 실제 사례를 들어 설명해드리겠습니다.

고맙습니다.

(당신 이름) 드림

세 번째 이메일이 이러해야 하는 데는 몇 가지 이유가 있다. 첫째, 무료 리포트를 읽은 잠재 고객은 진짜 고객으로의 전환 가능성이 높다. 이 이메일을 읽으면 리포트를 아직 읽지 않은 사람이라도 리포트를 읽고 싶어질 것이다.

또한 당신에게 피드백을 제공하는 잠재 고객은 이미 당신과 개인적 차원에서의 관계를 트는 셈이 된다. 잠재 고객이 회신을 한다는 것은 당신을 알고, 좋아하고, 믿기 시작했다는 징조다. 말할 것도 없이 이런 사람들은 진짜 고객이 될 확률이 아주 높다.

끝으로, 잠재 고객이 이런 식으로 보내주는 피드백이 실제 도움이 되는 경우도 있기 때문이다.

누군가가 피드백을 보내온다면 당신이 거기 공감을 하든 안 하든 고맙다고 말하며 그 가치를 인정해주는 것이 예다. 최소한 "보내주신 소중한 의견에 감사드립니다" 정도는 말해야 한다. "＿＿에 대한 ○○님의 말씀은 특별히 참고할 만한 점이 있었습니다"라는 말을 덧붙여도 좋다. 만일 잠재 고객이 피드백을 보내면서 난관이나 문제를 언급하면 무료 상담을 제안하는 것도 생각해볼 만하다.

네 번째 메시지: 성공 사례 공유하기

네 번째 메시지에서는 당신의 리포트에 담긴 정보를 이용한 어떤 사람에 대해 이야기할 것이다. 이것은 매우 개별화된 내용인지라 예문을 만들기가 쉽지 않았다. 그래도 나름대로 최선을 다해 예시를 만들어보았으니 참고하길 바란다. 이 메시지는 'Day 5'에 나갈 것이다.

고객의 실명을 거론하고 싶지 않다면 "제 고객 중에 한 분이……"라는 식으로 넘어가면 된다. 필요하다면 가명을 넣는 것도 좋다. 이름을 넣어서 이메일을 작성하면 잘 읽히고 그만큼 쓰기도 쉽다.

이 이메일의 제목은 '(이름)은/는 어떻게 (그 사람이 성취한 것)

을/를 하였나?'이다. "사라는 어떻게 첫 부동산 매출을 올렸나?", "앨리스는 어떻게 아이들의 싸움을 말렸나" 등이 적절한 예라고 할 수 있겠다.

이메일의 내용은 다음과 같이 흘러간다.

○○님, 안녕하십니까?

(누가) 어떻게 (인생에서 또는 비즈니스에서 무엇을 성취하거나 고치거나 해결하거나 바꾸거나) 했는지에 대한 재미있는 이야기를 들려드리겠습니다(이 내용은 제목에 썼던 내용과 일치해야 한다).

제 고객 중에 (예시 고객의 이름)라는 분이 계셨습니다. 그분은 (예시 고객의 직업 또는 들려줄 이야기에 기초하여 설명)(예: 오스틴에 사는 척추지압사 또는 세 아이의 어머니)인데 문제가 하나 있었습니다. (이야기의 주인공이 성취하기 원하는 것 등)을/를 하려고 할 때마다 매번 잘 되지 않던 것입니다. (그것의 성취 등)을/를 못했을 뿐 아니라 (결과적으로 발생하는 더 나쁜 일)만 생기곤 했습니다. (예시 고객의 이름)은 크게 좌절했습니다. 무엇을 해야 할지 알 수 없었습니다.

다행히도, 그분은(또는 제가 그분에게) (리포트 이름)○○ 쪽에 나오는 (당신이 강조하고자 하는 정보 또는 기법)을/를 발견했습니다(또는 가르쳐드렸습니다).

그분은 금방 개념을 이해하셨고, 즉시 실행에 옮겼습니다. 곧 (전개된 상황)(점진적인 세 개의 성공 단계로 나눌 수 있다면 이상적이지만, 그렇지 않아도 괜찮다). 그러고는 (그 상황이 가져온 또 다른 긍정적 결과), 마침내 (이야기의 주인공이 애초에 하기 원했던 것을 해냄) 하게 되었습니다(여기서는 구체적인 이야기가 나와야 한다). 그때부터 그분은 다시는 (앞서 언급한 문제)를 겪지 않았습니다.

이분만 이러한 성공을 거둔 건 아닙니다만, 핵심은 이분이 행동했다는 것입니다. ○○님께서도 전진하면서 경험했던 성과를 (또는 문제를) 알려주신다면 감사하겠습니다.

다음 이메일에서는 지금까지 언급한 적 없는, 매우 유용한 정보를 알려드리겠습니다.

고맙습니다.

(당신의 이름) 드림

다섯 번째 메시지: 추가 아이디어 제공

다섯 번째 메시지에서는 리포트에 당신이 깜빡하고 빠뜨린 것을 나눌 것이다. 이 메시지는 'Day 7'에 나간다.

이미 생각해놓은 게 있다면 여길 건너뛰어서 바로 작업을 시작해도 좋다. 그게 아니라면, 어떤 주제를 깜빡 잊고 리포트에 넣지 않았는지 생각해내기 위한 몇 가지 질문을 던져보자.

- 당신이 아직 언급하지 않은 혜택이나 결과 중 고객이 희망하는 것이 있는가?
- 할 일과 해선 안 될 일들의 목록을 작성할 수 있는가?
- 해당 주제나 제품과 관련하여 사람들이 자주 저지르는 심각한 실수 중 잠재 고객이 피해야 할 것이 있는가?
- 아직 이용하지 않은 성공담이 있는가? 잠재 고객에게 도움이 될 만한 교훈으로서 덧붙여줄 만한 게 있는가?

무엇을 쓸지 결정했다면 몇 분 동안 메모를 해본다. 다 했으면 다음 예문을 가지고 작업을 시작해보자.

여기서 제목은 '○○님, 잊어버리고 말씀드리지 않은 것이 있습니다' 정도면 된다.

○○님, 안녕하십니까?

지난번 이메일에서 언급하지 않은 정보를 말씀드리겠
다고 했습니다. 지금 말씀드리려고 합니다. 다 읽고 나
면 이것이 얼마나 유용한 내용인지 아실 것입니다.

(아래에 그 내용을 더한다.)

최근에 매우 흥미로운 질문을 하나 받았습니다. (다음 이
메일에서 할 질문)라는 질문인데요, 다음 메일에서 그것에
대한 제 생각을 말씀드리고자 합니다.

곧 다시 연락드리겠습니다.

고맙습니다.

(당신의 이름) 드림

여섯 번째 메시지: 새로운 질문 제시하기

여섯 번째 메시지는 'Day 9'에 발송한다. 여기서는 답을 제공할
좋은 질문을 생각해내야 한다. 이상적이게는 당신과 함께 일했을 때
얻을 수 있는 또 다른 혜택에 대해 자랑하거나, 당신과 일하는 것을 주
저하게 만드는 부분을 해결해주는 답변을 넣거나, 전문가로서 당신의

신뢰도를 높여줄 수 있는 내용을 넣는 게 좋다.

여기서 제목은 '(이 틈새시장에서) 많이 하는 질문'이다.

○○님, 안녕하십니까?

한 고객이 어느 날 제게 매우 흥미로운 질문을 했는데, 오늘 ○○님과 그에 대한 저의 생각을 나누고자 합니다. 그분은 (해당 주제의 한 측면)과 관련 문제가 있어서 제게 "(질문의 내용)?"이라고 물어오셨습니다. 훌륭한 질문이었고, 이는 (틈새시장)의 많은 분들이 실제로 신경을 쓰는 문제입니다.

저는 이렇게 답했습니다. (당신의 답변을 적는다.)

어떻게 생각하십니까? 이 문제에 대한 ○○님의 고견을 듣고 싶습니다. '응답'을 누르시고 몇 가지 생각을 적어주십시오.

다음에는 흥미로운 제안을 하고자 합니다. ○○님의 비용은 전혀 들지 않으면서 (특정 목표 달성)에 핵심적인 도움이 될 수 있는 내용입니다.

이틀 뒤 보내드리겠습니다. 고맙습니다.

(당신의 이름) 드림

일곱 번째 메시지: 무료 상담 제안

축하한다! 드디어 마지막 메시지를 쓸 차례다. 일곱 번째 메시지는 'Day 11'에 나가며 무료 상담을 제안할 것이다.

마케팅은 하나의 시퀀스, 즉 연속적인 행위로 생각하는 것이 중요하다. 대부분의 서비스 기업의 경우, 잠재 고객이 이메일과 리포트를 통해 서비스 제공자를 파악하면 일대일 대화가 뒤따라야 한다. 상담을 열한 번째 날이 될 때까지 미룬 까닭은 상담 제안 전에 고객과의 신뢰 구축이 어느 정도 이루어져 있어야 하기 때문이다. 다양한 시퀀스를 20년 동안 시험해본 결과 나는 상담 제안을 이렇게 뒤에 넣을 때 수락률이 가장 높다는 걸 알게 되었다.

이날 메시지의 제목은 '관심이 있는 오직 몇 분만을 위해'다.

○○님, 안녕하십니까?

저는 (햇수) 동안 (당신이 속한 틈새시장)에 종사하면서 극
소수만이 (이 틈새시장이 원하는 혜택)에 진정으로 관심이
있음을 알게 되었습니다. 만일 ○○님이 그런 분이라면
○○님께 30분의 무료 상담을 제안합니다. 30분의 상담
동안 제가 주로 다루는 사안은 다음과 같습니다.

(상담 시 사람들이 의논하고 싶어 할 만한 주제들에 대한 질문
세 개만 나열한다.)

관심이 있으시다면 '응답' 버튼을 눌러 '무료 상담'이라는
제목으로 편하신 시간과 연락처를 남겨주십시오.

곧 ○○님과 이야기를 나눌 수 있게 되길 희망합니다.

고맙습니다.

(당신의 이름) 드림

자, 이것만 하면 오늘의 과업 중 작문 분량은 끝난다.

이메일 작성에 대한 추가적인 조언

이메일을 쓸 때 추가적으로 필요한 조언을 몇 마디 하고자 한다.

제시된 예문을 이용하지 않고 이메일을 쓰는 사람에게도 도움이 될 내용이다.

첫째, 수십, 수백, 수천의 사람에게 발송된 이메일이라도 한 사람에게 보낼 것처럼 쓰라. 당신이 살면서 만난 사람 중에 잠재 고객과 가장 비슷한 사람을 머릿속에 그리며 쓴다. 어투가 내용만큼이나 중요함을 기억하라. 부드럽고 다정하며 마음을 움직일 수 있어야 한다.

둘째, 관점이 명확해야 한다. 모든 사람이 당신의 의견에 동의해야 할 이유는 없다. 당신은 전문가이므로 전문가로서 행동해야 한다. 얼버무리지 않고 명확히 의견 제시를 하는 것이 중요하다. 마케팅 서비스에서 무시당하는 것만큼 큰 위험은 없는데, 불행히도 강력하게 의견을 말하지 않는 사람들에게 이런 일이 흔히 일어나곤 한다.

셋째, 이야기를 들려준다. 개인적인 스토리를 더 많이 들려줄수록 더 많이 기억된다. "사실과 숫자는 잊혀도 이야기는 남는다"라는 옛말이 있는데, 참으로 맞는 말이다. 더 많은 잠재 고객을 끌어들이고자 한다면 당신이 누구이고 당신이 무슨 일을 하는지를 사람들의 뇌리에 '새겨두어야' 한다. 스토리텔링의 힘이 필요한 부분이다. 여기서도 목적은 당신의 이메일, 뉴스레터, 블로그 게시물들을 몇 년이고 읽을 구독 신청자들을 확보하는 것이다. 재미있게 이야기를 들려주는 능력은 사람들의 관심을 유지하는 데 결정적인 역할을 한다.

넷째, 이메일을 마칠 때마다 다음 이메일에 담길 내용을 간략히 말해준다. 이것은 소설가들의 방식에서 차용한 것이다. 소설가들은 각

장을 마칠 때마다 독자들이 책을 덮지 않도록 하기 위해 안간힘을 쓴다. 당신도 모든 이메일을 마칠 때마다 구독자의 관심을 유지하기 위해 노력해야 한다. 내가 앞에서 제시한 예문들을 보면 이 기법을 사용하고 있음을 알 수 있을 것이다.

브레인스토밍에 필요한 아이디어

이메일 수를 늘려가기 위해 브레인스토밍을 할 때 고려할 점에 대해 말해주고자 한다. 타임드 메시지는 시대를 초월해야 한다. 오늘도 진리이고 내일도 진리인 주제를 다루어야 한다. 예를 들면 다음과 같은 것들이다.

- 고객 성공담과 사례 연구
- 해당 업계의 오랜 논쟁거리에 대한 당신의 의견
- 당신이 하는 일과 관련하여 시간과 돈을 절약할 수 있는 조언(또는 생각해낼 수 있는 기타 조언)
- 고객 및 잠재 고객이 물을 법한 질문들

브로드캐스트 메시지의 경우에는 최근 벌어진 일과 관련하여 메시지를 담도록 한다. 다음과 같은 것들이 호기심을 유발한다.

- 현재 업계의 논쟁거리

- 뉴스와 연관된 스토리

- 업계와 관련된 유명인을 메시지에 엮어넣거나 은유로 사용

- 월드컵이나 올림픽 등 전 세계적 혹은 전국적 이벤트와 관련된 메시지

- 기념일, 명절 및 공휴일 관련 이메일

- 잠재 고객에게 유용한 업계 관련 새로운 뉴스나 블로그로 가는 링크(중요한 내용에 대해 당신의 코멘트를 추가로 달아 당신만의 색깔을 더한다.)

축하한다. 고지가 바로 저기다. 내일은 아주 짧은 광고를 몇 개 쓰고 저렴한 광고를 구매하며 실제 고객을 유치하는 과정을 비로소 시작할 것이다.

CHAPTER
05

다섯째 날

웹사이트 트래픽을
창출하라

무료 리포트, 웹사이트 만들기, 메일 발송 시퀀스를 완성하였으니, 다음 목표는 잠재 고객들이 무료 리포트를 다운로드하도록 하기 위해 당신의 웹사이트로 오게 하는 것이다. 이를 위해 오늘은 광고를 다루려고 한다.

자격조건이 맞는 잠재 고객을 새롭게 유치하는 가장 빠른 방법은 PPC 광고를 이용하는 것이다. PPC는 'pay-per-click(클릭당 지불)'의 줄임말로, PPC 광고는 글자 그대로 누군가가 광고를 클릭해야만 광고주가 돈을 지불한다.

PPC의 등장은 가히 혁명적이었다. 전통적인 광고에서는 광고에 노출되는 사람의 수에 대해 돈을 지불했다. 노출되는 사람이 광고에 얼마나 관심이 있는지는 상관이 없었다. 누군가가 당신이 만드는 고급 냉장고에 대한 광고를 TV나 잡지에서 접한다 해도, 그 사람이 고급 냉장고는 둘째치고 냉장고 자체에 관심이 있는지 없는지조차 당신은 알 길이 없다. 아무도 관심을 갖지 않는 광고에 수천 달러를 쓰는 사태가 발생할 수도 있는 것이다. 반면 PPC는 누군가 수동적으로 당신의 광고를 본다면 당신은 돈을 한 푼도 낼 필요가 없다. 누군가 광고를 클릭해야 돈을 내며, 클릭은 최소한 그 주제에 대한 관심을 반영한다.

이 책에서 나는 구글과 페이스북에서 광고를 하는 법에 대해 이야기하고자 한다. 당신은 이 중 하나를 골라서 계정을 만들고 광고를 올리면 된다.

어디에 광고를 올릴지는 온전히 당신의 선택이다. 나는 어떤 유형의 잠재 고객이 어디에 가장 많이 모이는지에 대해서만 알려주도록 하겠다. 광고가 한 군데서 잘 되면 나중에 실험적으로 다른 곳에 더 올려보도록 한다.

고객 창출을 위한 최적의 방법, 검색엔진 광고

검색엔진에서의 광고가 갖는 큰 이점은 즉시성immediacy이다. 누군가 검색을 할 때 당신이 선택한 키워드로 검색을 하면, 당신의 광고가 즉시 나타난다. 그러면 당신은 이 사람이 최소한 당신의 비즈니스, 당신이 하는 일에 대해 관심이 있음을 알 수 있다. 이것은 잡지, 라디오, TV를 통한 전통적 광고와 완전히 차별화되는 점이다. 광고 디자인만 잘한다면 마케팅 시스템으로 수많은 잠재 고객들을 끌어들일 수 있다. 또한 검색엔진을 통한 광고는 제품과 서비스 모두를 제공하는 기업도 활용할 수 있으므로 고객 창출을 위한 최적의 방법이기도 하다.

광고 캠페인 개발에 뛰어들기 전에 잠시 숨을 고르며 검색을 할 때 무엇이 나타나는지 살펴보자. 여기서는 구글을 예로 들겠다. 다른 검색엔진도 별반 다르지 않다.

검색 결과에는 유기적 검색 결과(자연적 검색 결과)와 유료 광고 두 가지가 있다. 페이지 최상단에 보통 세 개의 광고가 등장하고(보통 배경색이 베이지색이다) 오른쪽에 6~8개가 뜬다. 유기적 또는 자연적 검색 결과들은 중앙에 나타난다. 다음 스크린샷에서 위 세 개는 광고고 오른쪽도 그렇다. 자연적 검색 결과는 애틀랜타의 공인재무사인 데비 몽고메리로 시작된다. 이런 컴퓨터 화면은 매우 낯익겠지만, 아마도 뭐가 뭔지 분리해서 생각해본 건 이번이 처음일 것이다.

당신의 웹사이트를 광고로 등장시키는 것과 자연스런 검색 결과로 등장시키는 것에는 각각 장단점이 있다. 사람들은 자연적 검색 결과를 더 자주 클릭하는 경향이 있다. 하지만 많은 키워드에 대해 자연적 검색 결과로 검색 페이지 첫 줄을 점유하기란 매우 어렵다. 이것을 성취하는 과정을 검색엔진 최적화라고 하는데, 효과는 있다. 그러나 효과를 보기까지 보통 최소한 석 달이 걸린다. 마케팅 캠페인의 빠른 실행을 목표로 한다면 일단 PPC에 초점을 두도록 한다.

검색 페이지에서 광고가 등장하는 위치는 클릭당 입찰가^{bid per click}만의 문제가 아니다. 검색엔진들은 광고를 클릭하는 사람들의 백분율도 고려한다. 그러므로 광고와 키워드의 직접적 관련성이 높을수록 검색 페이지에서 더 좋은 자리를 차지하게 된다. 경쟁자들보다 더 많은 클릭 수를 얻는 광고 작성법은 뒤에서 이야기하도록 하겠다.

효과적인 키워드를 선택하라

성공적인 유료 검색 캠페인을 위한 첫걸음은 광고하고자 하는 키워드, 즉 핵심 단어와 핵심 구^{keyword phrase}를 정하는 것이다.

키워드 목록을 뽑는 일은 고객의 입장에서 보면 한결 쉽다. 내가 고객이라면 내가 제공하는 유형의 제품이나 서비스를 찾거나 특정 문제의 해법을 찾아 고심할 때 어떤 말을 검색창에 입력할지 한번 생각해보자. 예를 들어 내가 상속 전문 변호사라면 '재산상속 계획', '재산상속 계획 변호사', '재산상속 대리인', '유산', '신탁' 등의 단어들을 생각해볼 수 있을 것이다.

이때 '구글 키워드 플래너Google Keyword Planner' 도구를 활용하면 좋다. 구글 키워드 플래너에 들어가면 잠재 고객이 사용하는 검색어에 대한 내용을 얻을 수 있으며 해당 키워드를 통해 광고를 게재했을 때의 예상 실적 조회, 해당 키워드의 경쟁력 및 클릭당 비용cost per click 등을 알 수 있다.

이 모든 것들이 첫 광고 키워드를 정하는 데 도움이 될 것이다. 처음에는 키워드를 너무 많이 뽑지 말고 나중에 차차 더하는 것이 좋다. 처음에는 4~8개 사이가 적당하다.

구글 키워드 플래너를 이용하려면 우선 구글 애즈 계정을 만들어야 한다. 지금 당장 하자. 쉽고 돈도 들지 않으며 불과 몇 분밖에 걸리지 않는다. 계정을 만들 때 할 일은 그리 많지 않다. ads.google.com으로 가서 웹페이지 상단의 '시작하기'를 클릭한다.

이미 구글 계정이 있다면 그걸 이용할지, 이메일 주소와 비밀번호를 입력하여 새 계정을 만들지 구글이 물어볼 것이다. 새 계정을 만들기 위해 이메일 주소와 비밀번호를 입력하면 계정 확인을 위해 구글이 이메일을 보내온다. 그 메일 안에 걸린 링크를 클릭하라. 그러면 새로운 창이 뜨면서 축하의 말을 전하고 다음 단계로 가기 위해 클릭을 하라고 말할 것이다. 이때 나타나는 웹페이지가 '첫 번째 캠페인 만들기' 페이지다. 축하한다. 당신은 어느새 구글 키워드 플래너가 있는 사이트에 와 있다.

그렇다면 이제부터 구글 키워드 플래너를 이용해서 광고를 게재해보자. 먼저 구글 애즈 웹페이지 상단에서 '도구 및 설정' 메뉴를 선택한다. 풀다운 메뉴가 나타나면 '키워드 플래너'를 클릭한다.

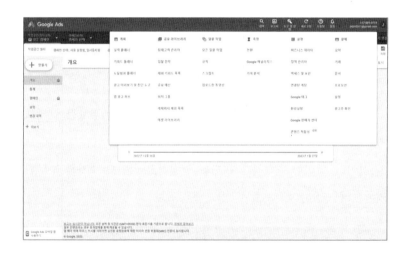

다음 페이지에서 '새 키워드 찾기'를 선택한다. 그런 다음 키워드 입력란에 고객들이 검색할 법한 단어들을 적어본다. 예를 들어 '재산상속 계획', '재산상속 계획 변호사', '재산상속 계획 대리인', '유서', '신탁' 등 재산상속 계획 변호사에게 유용한 단어와 어구들을 입력해보자. 그다음 '결과 보기'를 클릭하여 입력한 정보를 제출한다. 그러면 웹페이지 중앙에 결과가 뜬다.

키워드 플래너에 입력한 키워드들에 대한 통계 정보를 살펴보자. 월간 평균 검색량, 키워드의 경쟁력, 페이지 상단 입찰가 등이 보일 것이다. 당신이 원하는 키워드를 선택하고 키워드 추가를 누르면 키워드가 저장된다.

구글은 당신이 입력한 키워드들에 대한 데이터를 보여준 뒤 당신이 입력한 내용을 기초로 더 많은 키워드를 제안할 것이다.

우리가 재산상속과 관련하여 입력한 다섯 개의 키워드에 대해 구글은 800개를 추가적으로 제안했다. 이들 중 일부는 '재산상속 소프트웨어'처럼 쓸모없는 것도 있지만 어떤 것은 쓸 만하다. 예를 들어 '취소불가 신탁'은 매달 1만 4,400이라는 클릭 수를 기록하며 클릭당 비용도 55센트에 불과하다. '노인법 변호사', '유언 신탁'과 같은 용어들도 나타났다.

여기서 주목할 만한 점이 두 가지 더 있다. 구글은 당신이 검색하는 키워드에서 여러 변형 버전을 제안한다. 검색어에 장소를 더하는 것도 추가적인 클릭을 창출할 수 있는데, 그것도 때로는 더 낮은 가격에 가능하다. 어느 지역에 국한된 사업체를 운영하거나 특정 지역을 겨냥하고 있다면 지역 이름을 넣는 것도 고려할 만하다.

이제 당신의 키워드들을 적어보라. 실제 광고를 만들 때 이렇게 작성한 키워드 목록이 도움이 될 것이다.

어느 지역에 어떻게 광고할지 정하라

그럼 본격적으로 광고를 만들어보자. 처음 화면으로 돌아가서 웹페이지 왼쪽 상단의 '만들기'라고 된 메뉴를 선택하라. 여기서 '캠페인'을 클릭하면 캠페인 목적과 유형을 선택하라는 창이 뜬다. 판매, 리드, 웹사이트 트래픽, 제품 및 브랜드 구매 고려도, 브랜드 인지도 및 도달 범위, 앱 프로모션, 오프라인 매장 방문 및 프로모션의 일곱 가지 선택지가 있으며 '목표 설정 없이 캠페인 만들기'도 가능하다.

당신이 원하는 목적과 캠페인 유형을 선택하고 웹페이지 주소와 캠페인 이름을 입력하자. 앞으로 캠페인을 더 추가하게 될 것이므로 훗날 이번 캠페인의 내용을 상기하는 데 도움이 되는 이름이 좋다. 선택해놓은 키워드 중 하나를 이용하는 것도 한 방법이다.

다음으로는 캠페인을 설정해야 하는데 여기서는 '검색 네트워크'만을 선택하고 '디스플레이 네트워크'는 클릭해 해제하도록 한다. 그렇게 바꾸는 이유는 검색 네트워크는 구글에 기반한 사이트들로 구성되는 데 반해 디스플레이 네트워크는 전통적인 검색 웹사이트들 외 다양한 곳에서 운영되기 때문이다. 이들 사이트에서의 전환율은 시원찮은 게 보통이다. 그래서 광고 경험을 더 쌓을 때까지는 그런 곳들은 피하는 게 상책이다.

다음으로는 광고가 나타날 위치 그리고 고객이 사용할 언어를 선택한다. 아래의 '설정 더보기'를 클릭하면 광고 일정을 비롯해 URL 옵션 등을 더 선택할 수 있지만 처음부터 모든 것을 다 살펴볼 필요는 없다.

그다음으로 넘어가면 일일 예산을 입력하는 상자가 나온다. 능력이 되는 대로 돈을 쓰기보다는 첫 시작으로 하루 1만 원만 입력한다. 물론 이 액수는 키워드에 따라 달라질 수 있다. PPC 광고의 장점 중 하나는 돈을 얼마나 쓸지 완벽하게 통제할 수 있다는 점이다. 그리고 일일 예산의 상향 또는 하향 조정도 몇 초면 할 수 있다.

이 모든 것을 하고 나면 당신의 전화번호와 주소를 이용하여 광고를 확장하는 기회가 주어질 것이다. 그러나 우리는 지금 첫걸음을 떼는 것이므로 이 부분은 건너뛰자. 그냥 '저장하고 계속하기'를 클릭하라. 이후 나오는 웹페이지에서는 당신의 광고 그룹에 이름을 붙이고 광고를 작성할 것이다.

광고 그룹 및 품질 점수 설정

이제는 당신의 광고 그룹에 이름을 붙일 차례다. 그룹명은 키워드들을 반영하여 짓는다. 만약 재산상속 계획 변호사라면 '재산상속 계획'이라고 바꿀 수 있을 것이다. '재산상속'이 들어가는 키워드라면 어느 것이든 괜찮다. '재산상속 계획', '재산상속 변호사', '재산상속 대리인', '올버니 재산상속 계획' 등등.

명심할 것은 구글이 각 키워드에 품질 점수quality score를 매긴다는 점이다. 품질 점수 결정 시 고려 사항 중 하나가 키워드와 광고의 관련성이다. 당신의 재산상속 계획 광고 그룹에서 광고에 '재산상속 계획'과 같은 표현이 들어가면 좋은 품질 점수를 받을 수 있다.

구글이 품질 점수를 매기는 이유는 이용자들의 검색 용이성을 향상시키기 위해서다. 샘이라는 사람이 줄무늬 양말을 찾는다고 치자. 그리고 당신이 양말에 특화된 웹사이트를 가지고 있다고 하자. 샘이 구글 검색에 '줄무늬 양말'을 입력하여 검색할 때 줄무늬 양말에 대한 당신의 광고가 보이고, 그걸 샘이 클릭하여 당신의 웹페이지로 가서 쌈박한 신상 줄무늬 양말을 산다면 얼마나 멋진 일이겠는가!

랜딩페이지의 품질 외에 품질 점수를 매길 때 구글이 고려하는 또 다른 요소는 광고의 클릭 유도 능력이다. CTR이라고 하는 통계치가 있는데, PPC 프로그램치고 이것을 사용하지 않는 것이 없다. CTR은 'click-through rate'의 줄임말로, 광고를 클릭한 사람의 수를 광고가 나타난 수로 나누어 계산한다. 당신의 광고가 100회 노출되었고, 다섯 명이 클릭했다면, CTR은 5/100, 즉 5퍼센트가 된다. 광고가 1,000회 노출되고 다섯 명이 클릭하면 CTR은 0.5퍼센트다(높은 CTR을 달성하는 광고 작성법은 뒤에서 설명할 예정이다).

높은 품질 점수는 사람들이 해당 키워드로 검색하여 찾고 싶은 내용을 해당 광고와 웹사이트가 제공해준다고 구글이 인정함을 의미한다. 품질 점수가 높아지면 키워드의 클릭당 단가는 낮아지고 광고는 더 좋은 위치를 배정받는다. 이러한 혜택은 매우 값진 것으로, 궁극적으로 더 적은 돈으로 더 많은 고객을 얻게 해줄 것이다.

광고 카피 작성의 101

재산상속 변호사의 예로 돌아가서 광고를 직접 작성해보자. 무료 리포트 제목이 "재산상속 비용도 낮추고 사랑하는 사람들의 상속세도 낮추는 7대 비법"이고, 우리 회사 이름이 코티너 법무법인으로서 뉴욕주의 올버니에 있다고 하자.

첫 단계는 광고의 제목을 작성하는 것이다. 제목이 가지는 목적은 사람들의 관심을 끌어서 광고를 계속 읽도록 하는 데 있다. 그러므로 '재산상속 계획'이라는 키워드가 제목에 들어가야 한다. 이 키워드를 검색했을 때 사람들이 당신의 광고를 발견할 것이기 때문이다. 또 그 키워드를 헤드라인에 포함시키면 품질 점수도 높아지고 CTR도 좋아진다. 구글에서는 광고 제목으로 25자를 허락한다. 영어에서는 'estate planning(재산상속 계획)'이 띄어쓰기를 포함하여 15자이고 뒤따를 단어와의 띄어쓰기까지 고려하면 16자가 된다. 이제 9자만 남았다. 'secrets(비법)'이라는 단어를 사용하자. 그건 7자밖에 되지 않는다.

'비법'은 사람들이 광고를 계속 읽도록 동기부여를 하기에 충분한 단어다. 어떤 종류의 비법 또는 비밀에 대해 이야기할지 궁금증이 생기는 게 인간의 본성이다. 자, 이런 과정을 거쳐 우리의 광고 제목은 'Estate Planning Secrets(재산상속 계획 비법)'이 되었다.

다음은 본문을 쓸 차례다. 70글자가 주어지고 이것들은 35글자씩 이루어진 두 줄로 나뉜다(현재는 영문 기준 90자로 변경되었다.—옮긴이). 광고는 다음의 요건을 갖추어야 한다. 첫째, 광고의 본문은 혜택을 하나쯤 포함해야 한다. 이 경우 '비용 절감'이나 '절세' 중 하나가 들어가면 좋을 것이다. 어떤 사람들은 비용 절감에 더 끌릴 것이고, 어떤 사람은 상속자들이 낼 세금을 줄이는 데 더 끌릴 것이다.

"Lower Your Costs and Their Taxes(비용 및 세금 절감)."은 어떨까? 주요 단어의 첫 글자를 대문자로 한 것에 주목하라. 이것은 공백과 마침표를 포함해 정확히 33자다. 여기에는 두 가지 혜택이 모두 들어 있다. 페이지 상단의 헤드라인은 이제 "Estate Planning Secrets — Lower Your Costs and Their Taxes(재산상속 계획 비법 — 비용 및 세금 절감)."이 되었다.

이제 나머지 35자에서는 어떤 메시지를 전해야 할까? 읽는 이에게 무엇을 얻을 것인지, 그걸 얻으려면 무엇을 해야 하는지 남은 글자 수를 이용해 말해주어야 한다. 'Free Report(무료 리포트)'와 'Click Now(지금 클릭하세요)'라는 말을 넣어야 한다. 이상적으로는 "Free Report Shows You How. Click Here Now!(무료 리포트에 당신이 무엇을 해야 하는지 그 방법이 나와 있습니다. 지금 여길 클릭하세요!)"라고 말하고 싶겠지만 42자나 된다. 자리가 모자란다. 아쉽지만 가지치기를 좀 하자. 'Here(여기)'와 'You(당신에게)'를 빼도 뜻이 변하지 않는다. 연구들에 따르면 CTR 향상에 'You'라는 단어가 큰 구실을 하므로 'You'

를 빼면 클릭률이 조금 떨어질 수는 있겠으나 어쩔 수 없다. 모든 것을 가질 수는 없는 법이다.

이렇게 하면 "Free Report Shows How. Click Now(무료 리포트에 그 방법이 나와 있습니다. 지금 클릭하세요)."가 남는다.

이제 남은 일은 당신의 '표시 URL'과 '도착 URL'을 입력하는 것이다. '표시 URL'은 광고에 노출되는 URL이고 '도착 URL'은 광고 클릭시 연결되는 웹사이트 페이지의 URL 주소다. 둘의 도메인은 같아야 한다. 그렇지 않으면 매출 개선을 위해 우리만의 '표시 URL'을 www.WorldsGreatestEstatePlanners.com 식으로 만들어야 할 것이다.

구글의 검색페이지 오른쪽에 걸릴 우리 광고는 다음과 같은 모양을 하고 있을 것이다.

검색페이지 우측에 있을 때 광고의 모양	우리말 번역
ESTATE PLANNING SECRETS WWW.CORTINERLEGAL.COM LOWER YOUR COSTS AND THEIR TAXES. FREE REPORT SHOWS HOW. CLICK NOW.	**재산상속 계획 비법** WWW.CORTINERLEGAL.COM 비용 및 세금 절감 무료 리포트에 그 방법이 실려 있습니다. 지금 클릭하세요

※ 해당 URL은 독자의 이해를 돕기 위한 가상의 웹사이트입니다

광고가 검색페이지 상단에 나타난다면 이런 모습일 것이다.

검색페이지 상단에 있을 때 광고의 모양	**ESTATE PLANNING SECRETS –** **LOWER YOUR COSTS AND THEIR TAXES** WWW.CORTINERLEGAL.COM FREE REPORT SHOWS HOW. CLICK NOW.
우리말 번역	**재산상속 계획 비법 — 비용 및 세금 절감** WWW.CORTINERLEGAL.COM 무료 리포트에 그 방법이 실려 있습니다. 지금 클릭하세요.

방금 우리는 광고 작성을 마쳤다.

돈만 쓰고 영양가 없는 광고를 하지 않으려면

이러한 광고를 이용하여 잠재 고객을 끌어들이는 데는 수많은 방법이 있다. 내가 낸 광고 중에 공인재무사의 틈새시장에서 꾸준히 성과를 내는 광고가 있다. 그 내용은 다음과 같다.

영어 광고	우리말 번역
SALES LETTERS FOR CFPs	**공인재무사를 위한 세일즈 레터**
www.GentleRainAffuentMarketing.com	www.GentleRainAffuentMarketing.com
THIS SALES LETTER	이 세일즈 레터로 15곳의
GENERATED **15** NEW CLIENTS.	새로운 거래처를 뚫었습니다.
CLICK FOR A FREE SAMPLE!	클릭해서 무료 샘플을 받아가세요!

'sales letters for CFPs(공인재무사를 위한 세일즈 레터)'와 'sales letters for financial advisors(금융 자문가를 위한 세일즈 레터)' 같은 키워드 어구로 검색하는 사람들은 드물다. 이 점이 답답하게 느껴질 수 있겠으나, 잠깐! 실망은 아직 이르다. 일단 광고를 클릭하는 사람들은 매우 구체적인 니즈를 가지고 있고, 웹사이트에 도달한 뒤에는 구독 신청률이 아주 높기 때문이다.

이것은 질과 양의 문제다. 당신의 웹사이트에 100명의 사람이 오는데 그중 10명만 잠재 고객으로서의 자격을 갖추고 있다면 당신은 헛돈을 쓴 것이다. 반대로 행동을 취하는 사람들의 비율이 높으면 홈런을 친 것이다. 그리고 그것은 당신의 무료 리포트가 훌륭하다는 반증이기도 하다.

광고를 만들 때 내가 사용하는 또 한 가지 전략은 다음과 같이 광고는 매우 광범위한 키워드 어구를 사용하여 만들고, 광고 카피로 원하는 틈새시장을 정밀 조준하는 것이다.

영어 광고	우리말 번역
NEED MORE NEW CLIENTS? www.gentlerainmarketing.com EXCLUSIVELY FOR PROVIDERS OF HIGH VALUE SERVICES. LEARN MORE	**더 많은 고객을 원하십니까?** www.gentlerainmarketing.com 고급 서비스 제공자만을 위한 정보 자세한 내용은 여기를 클릭!

'exclusively for providers of high value services(고급 서비스 제공자만을 위한)'라는 어구는 해당 사항이 없는 사람을 걸러내서 쓸데없는 클릭을 방지한다. 타깃 고객층을 정의해주지 않으면 고객이 될 가망이 없는 방문객들만 잔뜩 끌어들여 돈을 낭비하고 말 것이다.

키워드 추가하기: 누가 당신의 광고를 보는가

다음 단계는 키워드를 추가하는 것이다. 구글이 당신의 광고 샘플을 보여주는 곳 바로 위를 보면 파란색 덧셈 부호가 있는데 이것을 클릭하면 언제든지 더 많은 단어들을 추가할 수 있다.

한 줄에 하나씩 키워드를 입력하라. 대부분의 경우에는 그렇게 하는 것으로 충분하다. 물론 약간 기교를 부릴 수도 있다. 구글은 다양한 키워드 나열법을 제공하는데 어떤 방법을 쓰느냐에 따라 누가 당신의 광고를 보는지가 달라진다. 이해를 돕기 위해 'back pain(등 통증)'이라는 용어와 관련된 광고를 예로 들어보자.

back(등)과 pain(통증)이라는 두 단어를 함께(그리고 그것들만) 입력하면 구글은 확장대응board match을 실시할 것이다. 즉, 'back pain'과 'backaches(등 통증의 다른 영어 표현)'에 대한 검색(어쩌면 심지어 허리 수술을 뜻하는 'back surgery'에 대한 검색)에 대해서까지 광범위하게 당신의 광고가 검색 결과로 뜰 것이다.

만일 +back + pain이라고 입력하면 'back'과 'pain'이라는 두 단어가 함께 들어가는 검색어로 검색하는 사람들에게만 당신의 광고가 보이게 된다. 'back surgery'로 검색하는 사람들에게는 나타나지 않는다는 얘기다. 그러나 'pain in my back'이라는 검색어로 검색하는 사람들에게는 보일 것이다. 이런 유형의 검색어-광고대응을 한정확장대응broad match modifier이라고 한다.

키워드랑 똑같은 검색어에 대해서만 광고가 보이게 하려면 키워드 목록에 'back pain'을 입력할 때 어구 앞뒤에 따옴표를 쓰도록 한다(즉, "back pain"). 그렇게 하면 "back pain doctors"를 찾는 사람들에게는 광고가 보이지만, "pain in my back side"를 검색창에 입력한 사람들에게는 보이지 않는다. 이러한 검색어-광고대응을 어구대응phrase match이라고 한다.

끝으로, 어떤 이유에서든 어떠한 수식어도 없이 정확히 맞아떨어지는 검색어에 대해서만 광고가 보이게 하려면 따옴표 대신 꺽쇠표를 사용하면 된다. 키워드가 'back pain'일 때, 'lower back pain'과 같이 수식어(이 경우 'lower')가 있는 검색어를 걸러내고 싶다면 '[back pain]'라고 쓰는 것이다.

이 네 가지 대응 유형을 모두 키워드 목록에 사용해야 CTR이 높아진다고 말하는 사람들도 있지만, 광고를 처음 게재하는 지금부터 일을 복잡하게 만들 필요는 없다.

키워드를 입력한 뒤에는 '저장 후 결제 설정으로 이동' 또는 '나중에 결제 설정'을 선택한다. 후자를 선택하면 나중에 '결제'를 클릭하여 '계정 설정'에서 신용카드 결제를 선택하면 된다.

전자를 선택하든 후자를 선택하든 당신의 캠페인 설정은 끝났고 인터넷 세상으로 나갈 준비를 마쳤다. 그러나 구글이 당신의 신용카드 정보를 확인할 때까지는 실제로 광고가 나가지는 않을 것이다.

구글에서 캠페인 수정하기

이제 당신의 광고 그룹에 있는 모든 키워드가 각 키워드에 대한 정보와 함께 차트의 형태로 보일 것이다. 이러한 정보에는 다음과 같은 내용들이 들어간다.

- 얼마나 많은 클릭 수를 올리고 있는지
- 광고가 받은 임프레션impression의 수, 즉 당신의 광고가 몇 번이나 노출되었는지
- CTR, 즉 광고를 클릭하는 비율

- 검색 결과에서 나타나는 평균적 위치
- 평균 CPC

지금 시점에서는 이 숫자가 모두 0일 것이다. 왜냐하면 아직 당신의 광고가 나가지 않았기 때문이다. 캠페인이 나가고 이틀 뒤 이 수치들을 확인하면 광고를 수정할 필요가 있는지, 아니면 처음인데도 정말 잘했다고 자축할지 알 수 있다(해당 페이지로 돌아가려면 당신의 구글 애즈 계좌로 로그인하여 '캠페인'을 클릭하면 된다. 새로 나타나는 페이지에서 당신의 캠페인 이름을 클릭하고 나서 당신의 광고 그룹을 클릭한다).

캠페인을 수정할 때 이용하는 버튼은 세 가지다. 첫 번째는 '수정'이다. 수정 메뉴는 키워드 사용의 임시 중단 및 키워드 편집을 위한 것이다. 키워드 옆의 상자를 클릭하면 이 기능이 작동한다. 두 번째는 '상세보기'인데 이 버튼을 누르면 입찰 통계를 돌려서 당신과 같은 키워드로 광고하는 다른 광고주들과 비교하여 당신이 그 키워드로 얼마나 성과를 내고 있는지 알 수 있다. 세 번째 '자동' 메뉴를 이용하면 자동화된 입찰의 작동 방식에 영향을 주는 자동화 규칙을 생성할 수 있다.

페이스북에서 광고하기

구글로 대표되는 검색엔진 광고 작성법에 대해 다루었으니 이제 페이스북으로 대표되는 소셜미디어 사이트로 이야기를 옮겨가 보자.

페이스북만의 고유한 특징은 광고를 본 사람들과 개인적 친분이 있는 사람들이 '좋아요'의 형태로 광고를 추천할 수 있다는 것이다. 예를 들어 "존 마틴이 이것을 좋아합니다"라는 문장이 존이 '좋아요'를 클릭한 광고 위에 나타난다. 이러한 개인적 지지의 표현은 존의 친구들이 그 광고를 볼 때만 등장한다. 이런 제약에도 불구하고 이것은 멋진 기능임이 틀림없고, 반응률 향상에도 크게 기여한다.

우선 광고 관리자로 들어가서 좌측 상단에 있는 '만들기' 버튼을 클릭한다. 그러면 캠페인 목표를 선택하라는 화면이 뜬다. 여러 가지 옵션이 있는데 우리가 하려는 마케팅의 목적상, 그냥 무료 리포트의 웹 주소만 입력하기로 하자. '트래픽'을 클릭하고 캠페인 이름과 광고 세트 이름 등 디테일한 부분을 지정한다.

그다음에는 캠페인 예산을 설정해야 한다. 일일 예산(이를테면 하루 5,000원)으로 가거나 총 예산으로 갈 수 있는데, 총 예산을 선택하면 전체적으로 돈을 얼마나 쓰기 원하는지 설정할 수 있다. 페이스북은 그 돈이 다 소모되면 광고를 중단할 것이다. 원하는 방식을 선택하라. 예산 설정 후에는 캠페인을 즉시 시작할 것인지(디폴트 세팅으로 되어 있다) 아니면 시작 및 종료 날짜를 정할 것인지 손쉽게 선택할 수 있다.

더 아래로 내려오면 타깃 고객층의 거주 지역, 연령층, 성별과 같은 인구통계학적 면면을 선택할 수 있다. '상세 타기팅'이라고 쓰여진 검색어 입력창을 살펴보면 '찾아보기'가 있을 것이다. 이곳을 클릭하면 '인구 통계학적 특성', '관심사', '행동' 세 가지 옵션이 뜨는데 여기

새 타겟 만들기	저장된 타겟 사용 ▾		타겟 정의	

새 타겟 만들기 저장된 타겟 사용 ▾

맞춤 타겟   새로 만들기 ▾

🔍 기존 타겟 검색

> 제외

• 위치
위치:
• 대한민국

연령
18 - 65+

성별
모든 성별

상세 타게팅
일치하는 사람 포함 ❶

🔍 인구 통계학적 특성, 관심사 또는 행동 추가   추천 찾아보기

제외   ▾ 관심사   ❶

어드밴티지 상세 타게팅   › 가족 및 결혼/연애 상태   ☐
성과가 향상될
다.   › 비즈니스 및 산업   ☐

언어   › 쇼핑 및 패션   ☐
모든 언어
                           › 스포츠 및 야외활동   ☐

                           › 식품 및 음료   ☐
이 타겟 저장
                           › 엔터테인먼트(사회적 개념)   ☐

                           › 취미 및 활동   ☐

타겟 정의

타겟이 너무 넓게 설정되어 있습니다.

특정   광범위

예상 타겟 규모: 20,900,000 - 24,600,000 ❶

📈 타게팅 설정 및 사용 가능한 데이터에 따라 추산치가 시
   간이 지남에 따라 크게 다를 수 있습니다.

일일 추산 결과

도달 ❶

6.2K~18K

링크 클릭 ❶

259~749

예측의 정확도는 이전 캠페인 데이터, 입력한 예산, 시장 데이
터, 타게팅 기준, 광고 노출 위치 등의 요인에 따라 달라집니
다. 수치는 예산의 성과를 예측하기 위한 목적으로만 참고하
시기 바라며, 정확한 결과를 나타내지 않을 수도 있습니다.

서 당신은 타깃 고객층의 관심사를 구체적으로 선택할 수 있다.

다시 말해서, 금융과 같은 관심 분야나 토니 로빈스 같은 사람의 팬 또는 스타벅스와 같은 기업의 팬을 타깃 고객층의 특징으로 선택할 수 있다. 사용하고 싶은 이름이나 용어를 하얀 상자에 입력하기만 하면 페이스북이 알아서 웹페이지들이나 주제들로 구성된 풀다운 메뉴를 만들어 보여줄 것이다. 거기서 적절한 것을 고르면 된다. 어떤 페이지를 선택하여 누구의 팬에게 광고하고 싶은지를 페이스북에게 알려주면 페이스북은 그것에 기초하여 추가적인 제안을 해온다. 예를 들어 토니 로빈스를 선택하면 데일 카네기, 나폴레온 힐, 로버트 기요사키, 존 그레이를 비롯한 자기계발 분야에서 유명한 인물들의 명단이 나타난다.

이렇게 하다 보면 잠재 고객에 대한 완전히 새로운 사고방식을 가질 수 있다. 당신의 잠재 고객들이 무엇을 읽고, 어떤 주제에 관심이 있으며, 이 틈새시장에서 어떤 전문가들을 추종하는지 스스로에게 물어보라.

그 아래에 있는 '행동'을 클릭하면 '디지털 활동'이나 '모바일 기기 사용자', '여행'과 같은 항목들이 보일 것이다. '모바일 기기 사용자'를 클릭하면 '네트워크 연결'과 '브랜드별 모든 모바일 기기'가 포함된 항목들이 나타날 것이다. 시간을 들여서라도 광고하고 싶은 집단들을 파악해보도록 한다.

'다음'을 눌러 넘어가면 광고 문구를 적게 될 '광고 크리에이티

영어 광고	**ESTATE PLANNING SECRETS** Lower your costs and their inheritance taxes. Our free report shows you how. CLICK HERE NOW.
우리말 번역	**재산상속 계획 비법** 비용 및 세금 절감 무료 리포트에 그 방법이 실려 있습니다. 지금 클릭하세요.

브'라고 적힌 곳에 도달한다. 페이스북에서는 본문에 90자를 쓸 수 있는데, 이것은 구글에 비해 20자가 더 많다(현재는 제목 40자, 내용 30자로 변경되었다.—옮긴이). 광고를 이전보다 약간 더 크게 만드는 것은 일도 아니다.

이를테면 구글에서의 재산상속 계획 광고를 페이스북용으로 만들 때 구글에서 글자 수 제한 때문에 빼야 했던 단어들을 페이스북에서는 다시 넣기만 하면 된다.

페이스북 광고는 구글에서보다 텍스트 공간이 더 작은데, 옆에 사진이 나오기 때문이다. 구글에서처럼 글자를 시각적으로 강조하면 눈이 피곤해진다. 그래서 텍스트의 대부분을 일반적인 방식으로 쓰고 정말 강조하고자 하는 몇 부분만 시각적으로 강조한다.

광고 텍스트를 타이핑할 때 그 옆에 보일 이미지를 업로드해야 한다. 회사 로고보다는 사람이 등장하는 이미지를 쓰도록 한다. 사람들은 사람이 등장하는 이미지를 더 많이 클릭한다. 각종 이미지를 가지고 이를 테스트해본 친구들이 들려준 말인데, 남성보다는 여성이 등장한 사진이 더 효과적이다. 비즈니스에 적합하기만 하다면 여성의 이미지를 쓰는 것을 고려해보라.

창의 오른쪽에 '광고 미리보기'를 누르면 당신의 광고가 어떤 모습이 될지 미리 볼 수 있다.

페이스북에서 입찰하기

페이스북에서의 입찰 방법은 구글에서와는 약간 다르다. 클릭당 지불을 하거나 임프레션 수가 1,000에 도달할 때마다 돈을 낸다. 얼마나 많은 사람이 클릭하는지와는 상관이 없다.

나 같으면 PPC를 고수할 것이다(즉, 클릭당 지불하겠다). "최적화된 가격으로 더 많은 웹사이트 클릭 수를 확보하며, 노출 수를 기준으로 비용이 청구됩니다"라고 표시된 동그라미를 잊지 말고 채우도록 한다. 또한 페이스북이 입찰가를 최적화하도록 두지 말고 직접 클릭에 대한 입찰가를 입력하라.

이 웹페이지에서 마지막으로 할 일은 입찰가를 결정하는 것인데, 페이스북이 권하는 최소 입찰가보다 조금 더 낮은 가격으로 시작하라. 페이스북 권장 최소 입찰가는 입찰가를 입력하는 상자 아래 작은 글씨로 나와 있다.

마지막으로 '주문 검토' 버튼을 누르라. 설정한 내용들에 오류가 없다면 전체 설정 내용을 재확인할 수 있도록 보여질 것이다.

사람들은 페이스북에서 광고를 클릭할 때 매우 조심하는 편이다. 그러므로 캠페인이 천천히 뜨더라도 의아해하지 말라. 시간이 지나면 사람들이 당신의 커뮤니티에 모이고 구독자들이 생길 것이다.

드디어 광고가 나갔다

광고 캠페인이 나가고 나면 구글에서든 페이스북에서든 원 위크 마케팅의 효과를 즉각적으로 볼 것이다. 한 주 한 주, 새로운 잠재 고객들이 자동적으로 당신의 마케팅 깔때기 안으로 빨려 들어올 것이다.

온라인 광고의 진짜 매력은 바로 그 속도다. 모객을 위한 마케팅 수단은 여러 가지가 있지만 온라인 광고의 속도를 따라올 방법은 없다. 이 책의 후반부에서는 기존의 마케팅 활동에 더하여 블로그, 소셜미디어, 영상 홍보, 조인트벤처를 전략적으로 이용함으로써 사업을 키우는 법에 대해 이야기할 것이다. 한 발 더 나아가, 지금까지 보여준 도구들을 우리 회사가 실제 마케팅에서 어떻게 이용하는지 그 뒷이야기까지 들려주겠다.

한 번에 조금씩 마케팅 활동을 늘려가면서 원하는 수익을 달성하는 동시에 함께 일하기 좋은 고객들과 유쾌하게 프로젝트를 진행하는 것이 우리의 목표다. 이 목표를 향한 우리의 여정은 제2부에서도 계속된다.

이제 드디어 당신의 광고를 만들 시간이 왔다. 생각보다 너무 쉬워서 놀랄 것이다. 각 사이트에서 요구하는 글자 수에 유의하여(글자 수 제한에는 공백과 모든 부호가 포함된다) 광고를 직접 작성해보자.

광고를 작성할 때는 다음 세 가지를 명심해야 한다.

1. 키워드 중 하나를 제목에 포함시킨다. 사람들은 키워드를 통해 당신의 광고에 도달한다. 당연히 소비자는 검색어를 포함하는 헤드라인을 클릭할 때 마음이 더 편할 것이다. 그리고 이것은 앞서 말했듯이 품질 점수 향상에도 도움이 된다. 반드시 그런 건 아니지만 비용도 낮출 수 있다.

2. 특징보다 혜택에 집중한다. 클릭 유도를 위해 쓸 수 있는 글자 수는 지극히 적다. 특징을 언급할 자리조차 없다. 사람들은 당신의 무료 리포트가 자신들에게 중요한 뭔가를 제공해준다고 믿을 때 당신의 광고를 클릭할 것이다. 예를 들어 '개인 상해 변호사'는 클릭당 47달러나 드는 매우 비싼 키워드 어구이므로 개인 상해 전문 로펌들은 광고의 전환율을 높이는 노력

을 기울여야 한다. 그래서 "당신의 소송 건이 얼마짜리인지 확인하십시오"와 같은 호소력 짙은 제안을 한다. 잠재 고객의 마음을 꿰뚫는 기본적인 문제에 호소할수록 광고의 효과는 높아진다. 마찬가지로 특정 동네의 최근 매물에 대한 무료 리포트를 제공하는 공인중개사라면 광고에서 "당신의 집값이 얼마인지 확인하십시오"라고 말하는 전략을 구사할 수 있을 것이다.

3. 시각적 효과를 고려하라. 영어의 경우, 주요 단어의 첫글자를 대문자로 한다. 그러면 CTR이 높아진다. 그리고 광고 전체가 헤드라인처럼 보이고, 보는 이의 눈길을 사로잡게 된다.

ONE

제 2 부

매출을
10배 상승시키는
마케팅 부스트 12

WEEK

CHAPTER 06

소 셜 미 디 어

페이스북과 트위터의
효과적인 활용법

소셜미디어의 목적은 모든 마케팅이 그렇듯, 더 많은 사람들이 당신을 알고, 좋아하고, 믿도록 만드는 것이다.

그런 이유에서 단순히 각종 소셜미디어에 게시물을 올리는 것은 완전한 시간낭비다. 어딘가에서 "트위터를 시작했더니 앤하우저 부시가 우리 고객이 되었어" 하는 식으로 말하는 걸 들은 적이 있을 것이다. 거짓말이야 아니겠지만 매주 10억 건의 트위터 메시지가 나가는데 현실적으로 그런 일이 당신에게 일어날 확률은 거의 없다고 봐야 한다.

내게는 늘 엄수하는 규칙이 하나 있다. 바로 "확률 낮은 일에 절대 마케팅 노력을 집중하지 말라"다. 이것이 바로 내가 소셜미디어를 나의 블로그로 사람들을 모으는 리드 창출 도구로만 사용하는 까닭이다. 사람들과 관계 형성이 되는 것은 블로그를 통해서다.

어쨌거나 소셜미디어부터 시작해보자. 다음 장에서는 블로그 설정법을 살펴볼 것이다. 이런 식으로 하면 첫 블로그 게시물을 올렸을 때 당신의 소셜미디어 메시지들을 이용해 즉각 블로그로 트래픽이 몰리도록 할 수 있다.

두 가지의 전략적 마케팅 부스트에 대해 이야기를 할 텐데, 이 둘을 가지고 주요 소셜미디어 플랫폼(페이스북, 트위터)에서 당신의 비즈니스 프로필을 설정할 것이다. 이미 당신이 해놓았을 수도 있겠지만, 사람들이 당신을 좀 더 쉽게 찾을 수 있도록 핵심적인 부분들을 최적화하는 방법을 알려주겠다.

SNS 마케팅은 왜 해야 하는가

요즘 소셜미디어들은 점점 더 검색엔진을 닮아가고 있다. 오늘날 사람들은 인간관계를 위해서 뿐만 아니라 정보를 얻기 위해서 트위터, 링크드인과 같은 곳으로 간다. 페이스북은 구글과 비슷한 검색 기능까지 더하여 관심사를 공유하는 사람들이나 전문 분야의 사람들을 찾을 수 있도록 돕는다.

그렇기에 소셜미디어 홈페이지를 설정할 때는 당신의 약력이나 프로필에 잠재 고객이 당신이 제공하는 제품이나 서비스를 찾을 때 입력할 법한 키워드나 어구를 반드시 포함시켜야 한다. 우리에겐 이미 무료 리포트에 사용했던 여러 키워드가 있는 상태이니 이는 어려울 것이 없다. 이제 각각의 사이트에 대해 이야기를 나누어보자.

페이스북 활용하기

비즈니스를 위해서는 개인적인 페이지가 아닌 페이스북의 팬 페이지[fan page]가 필요하다. 페이스북 계정이 아직 없다면 Facebook.com에서 만들 수 있다. 가입 양식은 무시하고 '새 계정 만들기' 버튼 바로 아래를 보라. 거기에 '유명인, 브랜드, 비즈니스를 위한 페이지 만들기'가 있을 텐데, '페이지 만들기'라는 단어를 클릭하면 당신의 페이지를 만들 수 있다.

페이스북의 팬 페이지는 간단하다. 키워드는 회사 설명에 버무려 넣는다. 프로필 사진도 추가하고 커버 사진도 넣는다. 사람들은 '좋아요'를 클릭함으로써 당신 페이지의 구독자가 될 수 있다. 이미 개인적인 페이지가 있다면 페이스북 친구들에게 당신의 팬 페이지에서 '좋아요'를 클릭하게 하라. 명단에 있는 사람들에게 이메일을 보내서 부탁을 할 수도 있다.

동기부여를 원한다면 이메일 명단에 있는 사람들 중 '좋아요'를 클릭한 사람들에게 선물을 줄 수도 있다. 브로드웨이의 제작자인 켄 대븐포트는 최근에 그의 팬 페이지에 '좋아요'를 누른 사람들 중 운 좋은 한 명에게 앨런 커밍이 연기하는 〈맥베스〉의 개막 무대를 볼 수 있는 극장표 두 장을 선물로 주었다. 캠페인을 시작하기 전에 페이스북의 관련 지침을 잊지 말고 확인하도록 한다.

트위터 활용하기

트위터에서 알맞은 블로그 게시물이 알맞은 사람들에게 보내질 때, 다시 말해 '트윗될 때'면 수천 명의 사람들이 그것을 볼 수 있다. 이는 트위터에만 있는 '리트윗' 문화 덕분이다. 리트윗은 누군가에게 받은 트위터 메시지를 팔로워들에게 보내는 걸 뜻한다. 리트윗(그리고 당신의 트위터 메시지를 리트윗하는 사람들에게 직접 응답하는 것)은 사람들과의 관계를 진전시킨다. 마케팅을 할 때 가능한 한 리트윗을 자주 해야 하는 매우 실질적인 이유가 있는데, 팔로워와의 관계가 진전되면 될수록 그들이 당신 웹사이트의 구독자가 되고 마침내 고객이 될 가능성이 커지기 때문이다.

트위터는 메시지 하나가 길어야 고작 140자에 불과하므로 트위터에서는 모든 것이 매우 빠르다. 이것은 장점이기도 하고 단점이기도 하다. 즉각적으로 주목을 받을 수 있는 반면, 지속적인 존재감을 가지려면 작심하고 하루에 여러 번 트윗을 작성해야 한다. 다른 사람의 블로그 게시물을 공유하는 것이 트위터보다 더 자주 일어나는 사이트는 없다.

트위터는 짧은 게 매력이며 그래서 키워드 활용도 딱 그만큼만 할 수 있다. 당신의 트위터 이름을 결정하고, 160자 한도 내에서 자기 소개를 쓰고, 프로필 사진을 정하라. 혜택에 대해 이야기하고 되도록 당신의 틈새시장을 언급하라. 예를 들어 "스포츠인을 위한 애쉬빌 최고의 척추지압사. 등 통증을 없애고 최상의 컨디션으로 운동하세요. 자세한 내용은 www.ChiroSolutions.com에 있습니다."와 같이 글자 제한 내에서 자기소개를 한다.

당신의 페이지를 돋보이게 하기 위해 맞춤 배경과 커버 이미지를 사용할 수 있다. 첫째, 트위터가 보내오는 이메일에 걸린 링크를 클릭하여 당신의 트위터 계정을 확정해야 한다. 그러고는 오른쪽 상단의 작은 프로필 사진을 클릭한다. 풀다운 메뉴에서 '설정'을 선택하고, 나타나는 페이지 메뉴에서 '디자인'을 선택한다. 그러면 트위터가 제공하는 다양한 디자인이 나오는데, 거기서 고를 수도 있지만 브랜드 관리의 일환으로 맞춤 제작한 디자인을 사용하는 것이 이상적이다. '배경 변경' 옆의 화살표를 클릭하고 '기존 이미지 선택'을 클릭하여 당신의 컴퓨터에 있는 이미지 중 하나를 골라 올린다.

트윗을 하려면 그전에 팔로워를 확보해야 한다. 구독 신청자들에게 이메일을 보내서 트위터에서 당신을 팔로우해달라고 요청하는 것이 순리일 것이다.

트위터에는 자신을 팔로우하는 사람들을 자동으로 팔로우하게 하는 설정 기능이 있고 많은 사람들이 이 기능을 이용한다. 이 사람들을 팔로우하면 그들은 당신을 팔로우할 것이다. 이를 맞팔로우라고 한다. 당신과 같은 타깃 고객 집단을 갖는 사람들을 찾아내고 그들의 팔로워를 팔로우하는 잔꾀를 써보자.

그렇지만 주의할 점이 하나 있다. 당신이 팔로우하는 상대보다 당신의 팔로워가 훨씬 적으면 신용이 낮은 사람으로 비칠 수 있다. 더욱이 그 정도가 심해지면 트위터가 당신이 다른 사람을 팔로우하는 것을 금지할 것이다. 보통 이 숫자가 2,000이 될 때까지는 금지가 풀리지 않는다. 이런 금지를 당하지 않으려면 당신을 팔로우하지 않는 사람들을 언팔로우(팔로우하기를 멈춤)하라.

트위터 게시가 어려운 일은 아니지만 알아두면 좋은 요령이 몇 가지 있다.

1. Bitly(https://bitly.com)를 이용하여 연결 URL을 간략화시킨다. Bitly는 URL을 짧게 만들어주는 웹사이트다. 그리고 몇 명이 그 링크로 가고 그들이 어디서 오는지 추적해준다. 링크 간략화가 필요한 이유는 140자의 글자 수 제한 때문이다.

2. 당신의 트위터 메시지를 쉽게 리트윗할 수 있도록 120자만 트윗한다. 트위터에 불문율이 하나 있다면 그것은 최초로 트윗한 사람을 밝히는 것이다. 무슨 말인고 하면, 당신이 최초 트윗한 트위터 메시지가 누군가에 의해 리트윗되면 그 모양새는 'RT@yourname. Here are 7 great ways to save money on your taxes http://bit.ly/yourlink'(RT@당신의 이름. 7대 절세 비법 http://bit.ly/당신의 링크), 당신의 트위터 메시지를 리트윗한 것을 누군가 또 리트윗하면 당신과 첫 리

트윗한 사람이 누군지 표시된다. 그러면 위의 예 앞에 'RT@첫 리트윗한 사람의 이름'이 추가된다(한국어 버전에서는 이 표기법이 좀 다르지만 기본적으로 최초로 트윗한 사람을 밝히는 방식은 같다.—옮긴이). 당신의 트위터 메시지가 너무 길면 원저자가 표시되도록 하기 위해 '리-리트윗' 시 메시지 편집이 필요할 테고, 그러다 보면 자연스레 리-리트윗을 주저하게 될 것이다. 그러므로 리-리트윗되기를 원한다면 메시지의 길이를 120자로 하도록 한다.

3. 트위터 메시지 끝에 "리트윗 해주세요"를 덧붙임으로써 리트윗을 더 많이 받을 수 있다. 이 전략은 간헐적으로만 사용해야 한다. 너무 자주 쓰면 약발이 떨어진다.

4. 각 단어를 전략적으로 선정하라. 트위터 메시지에 사용하는 모든 단어는 검색에 노출될 수 있다. 그러므로 메시지를 쓸 때마다 키워드들을 다양하게 표현하여 당신의 주제에 관심 있는 사람들이 더 쉽게 당신의 트위터 메시지를 찾을 수 있도록 한다.

5. 해시태그를 이용하여 해당 분야에 확립된 주제별로 집단 게시를 한다. 즉, '#구직조언'이나 '#편두통해결'과 같은 것이다. 트위터에서 당신의 키워드로 검색하면 해시태그를 덧붙임으로써 확립된 주제들을 찾을 수 있고 그 아래 게시를 할 수 있다. 또한 해시태그 아래 게시를 하는 사람들을 팔로우하는 것도 좋다. 그들이 당신을 맞팔로우할 수도 있을 테니 말이다.

내가 보기에 트위터는 시간을 많이 투자하기에는 부적절한 소셜미디어 플랫폼이다. 소셜미디어는 더 많은 사람들을 웹사이트로 끌어들여서 무료 리포트를 신청하게 하고 그래서 드립 마케팅 메시지들을 읽게 만드는 역할을 해야 한다. 물론 예외는 존재하지만 트위터에서 활발하게 활동하는 사람들은 웹사이트를 방문하고 정보를 다운로드하는 성향이 크지 않다. 그래도 트위터에 게시하기가 복잡하지 않으므로 일단 유지는 하는 편이 좋다.

질문을 던지고 혹하게 만들어라

사업적인 측면에서 소셜미디어의 주 역할은 블로그 트래픽을 증대시키는 것이다. 그러니까 당신의 블로그별로 '낚싯바늘'을 몇 개 내걸어야 한다.

내 말이 무엇을 뜻하는지 살펴보자. 당신이 '놀라운 5대 절세 비법'이라는 제목의 블로그 게시물을 작성했다고 치자. 블로그로 가는 링크를 포함해 다음과 같은 내용들을 담을 수 있다.

1. 질문을 한다.
(예: "이 절세 아이디어들 중 당신에게 가장 효과적인 방법은?")
2. 블로그를 가능한 매력적으로 설명한다. '우리 고객들'이라는 표현을 쓰는 것이 좋다.
(예: "우리 고객들이 늘 놀라워하는 절세 아이디어들이 여기 있습니다.")

3. 실제 사례를 인용하여 게시한다.

(예: "다음 다섯 가지 세금 공제법으로 우리 고객들은 평균 매년 약 1,000 달러를 절약합니다.")

4. 다섯 가지 방법 중 두어 가지를 게시한다.

(예: "대부분의 사람들은 _____을 경비 처리할 수 있다는 사실과 절세의 다른 네 가지 방법을 잊어버리곤 합니다.")

5. "~하는 방법이 여기 있습니다"라는 구절을 넣고 말하고자 하는 혜택을 언급한다.

(예: "당신의 휴가비를 출장 경비 처리하는 방법이 여기 있습니다.")

6. 당신의 블로그가 질문에 대한 답을 제공함을 알린다.

(예: "_____에 대해 알고 싶다면 그 답이 여기 있습니다.")

7. 당신의 팔로워들이 알고 싶어 하는 무언가에 대한 정의나 설명이 당신의 블로그에 있음을 알린다.

전략적 마케팅 부스트 1, 2: 소셜미디어 이용하기

이제 배운 것을 적용해보자. 첫 과제 두 가지가 여기에 있다.

마케팅 부스트 1. 페이스북 이용하기

- 페이스북에서 당신의 프로필을 설정한다.
- 게시물을 공유하길 원하는 적절한 집단을 찾고 가입한다.

마케팅 부스트 2. 트위터 이용하기

- 트위터 계정을 만든다.
- 당신의 게시물에 덧붙일 만한 해시태그를 결정한다.

위 과제들을 수행하면 블로그를 설정하고 블로그 홍보를 위해 소셜미디어 사이트를 이용할 준비를 마친 셈이다. 제7장에서는 이 두 가지를 어떻게 하는지 알아볼 것이다.

CHAPTER
07

블로그 & 소셜 블로깅

매일 수백 명을 불러모으는
블로그 만들기

인터넷이 인기를 끌기 시작할 즈음, 어느 사이트든 그곳으로 가는 길은 오직 하나, 홈페이지뿐이었다. 그러나 블로그의 등장으로 특정 사이트로 수많은 잠재 고객을 끌어올 수 있는 효과적인 새로운 길이 열렸다. 블로깅은 효과적인 모객 도구가 될 수 있는 반면, 제대로 하려면 단단히 마음을 먹어야 한다. 사람들이 왔는데 반년 전에 올린 글이 가장 최근 게시물이라면 안 될 것이다. 신용은 깎이고 이미지에는 먹칠을 하게 된다. 그러나 마음을 굳게 먹고 적당히 관리한다면 블로그는 큰 기쁨을 안겨줄 것이다.

블로그 글은 개인적인 논평의 성격이 강해 다루고 싶은 어떤 주제에 대해서든 길게 사설을 쓸 수 있다. 다시 말해 블로그는 당신이 아는 것, 생각하는 것, 고객들과 함께 일구어낸 성공담을 들려주기에 아주 적격인 부스트라는 얘기다.

정기적인 블로깅이 주는 극적인 효과

블로그라는 매체가 낯설지는 않겠지만 직접 하나를 시작한다는 것은 생각만 해도 골치가 지끈거리는 일일 수 있다. 다행히도 블로그를 만드는 방법은 무척 쉽다. 오늘 나는 쉽고 빠르게 블로그를 시작하는 법을 보여줄 것이다. 블로그는 바로 다음과 같은 이유에서 당신의 필수 마케팅 무기가 될 수 있다.

• 블로그에 게시물을 올릴 때마다 사람들을 당신의 사이트로 불러들일 수 있다. 블로그 주변에 나타나는 프레임을 올바르게 디자인하면 당신의 블로그는 가입자와 유료 고객을 모으는 강력한 도구가 될 것이다.

• 제6장에서 이야기했듯 트위터, 페이스북에서 당신의 블로그를 홍보할 수 있다. 그런 홍보가 없었다면 생판 남으로만 지냈을 사람들을 잠재 고객으로 끌어들일 수 있다.

• 블로그의 가장 큰 장점 중 하나는 퍼나를 수 있다는 점이다. 흥미롭거나 논란거리가 될 게시물을 작성하면 독자들이 자신의 친구, 팬, 팔로워, 소셜미디어상의 링크로 퍼나를 가능성이 상당히 크다.

• 블로깅을 하면 검색엔진에서 당신의 랭킹이 높아질 수 있다. 구글은 자주 업

데이트가 이루어지며 새로운 콘텐츠를 제공하는 사이트를 좋아한다. 새로운 게시물을 올릴 때마다 당신은 그런 콘텐츠를 제공하는 셈이다.

• 구글은 방문자가 얼마나 오래 머무르는지(체류 시간)에 기초하여 사이트를 평가한다. 흥미로운 블로그에서는 아무래도 사람들이 오랜 시간을 보내기 마련이다.

• 구글은 또한 큰 사이트를 선호한다. 블로그 게시물을 올릴 때마다 웹사이트의 크기가 커진다.

• 블로그 게시물의 제목이 검색 결과로 나타난다. 사람들이 검색어로 사용하는 용어를 제목에 사용하면 인터넷 트래픽이 거의 즉각적으로 늘 것이다.

궁극적으로 블로그는 구독자와의 관계에 깊이를 더해준다. 맘에 드는 게시물이 있으면 구독자는 '이 사람이 생각하는 게 맘에 들어, 이 사람이 어떤 사람인지, 제공하는 서비스는 어떤 건지 궁금하네'라고 생각할 것이다.

최근에 블로그를 통해서 바로 이런 식으로 내 고객이 된 사람이 있다. 호주의 대규모 주택건설업자가 내 블로그 게시물을 읽고, 내 웹페이지에서 무료 리포트로 제공하는 도서를 다운로드하고, 그 책이 맘에 들어서 내게 전화 걸고, 내 고객이 되었다. 수백만 달러 규모의 잠재 고객을 순전히 블로그 게시물 하나로 얻은 것이다.

이런 비슷한 긍정적 결과를 블로그를 통해 얻는 기업은 나 말고도 많다. 내 고객 중 한 명인 치과의사는 게시물을 몇 개 올릴 때마다 새 고객을 하나 얻는다. 블로깅은 기존 환자와의 관계를 유지하는 홀륭한 방법이기도 하다. 잠시 기억을 더듬어보라. 정기검진할 때가 지났다는 연락을 받는 것 외에 치과로부터 어떤 메시지라도 받은 게 있다면 그게 언제인가?

정기적인 블로깅은 브랜드 구축 및 신규 고객 유치를 지원하는 것 이상의 힘을 발휘한다. 꾸준하게 하다 보면 기존 고객과의 관계를 더욱 돈독히 하고 고객의 마음이 경쟁사로 기우는 것을 막는 강력한 도구가 될 것이다.

당신의 블로그를 검색 순위 최상단에 놓아라

앞서 말했듯이 블로그는 신규 구독자를 모을 수 있을 뿐 아니라 구글을 비롯한 검색엔진에서의 자연적 검색 결과 노출 순위 상승에도 도움이 된다. 그러나 이런 결과를 얻기 위해서는 다음과 같은 점에 유의해야 한다.

1. 게시물 작성 전에 순위 상승에 도움이 될 키워드 어구를 한두 개 선택한다. 매번 게시물을 작성할 때마다 그럴 필요는 없지만 적어도 게시물의 절반 정도에 대해서는 키워드 어구를 한두 개 선택하도록 한다.

2. 게시물에 각 키워드 어구를 (더도 말고 덜도 말고) 딱 번씩만 포함시킨다. 블로깅 초창기에 사람들은 키워드를 우스꽝스러울 만큼 여

러 번 넣었다. 얼마 지나지 않아 구글이 이런 '키워드 충전' 관행을 눈치 챘고 이제는 그런 행태에 패널티를 주고 있다.

3. 헤드라인의 첫 일곱 단어가 중요하다. 헤드라인의 첫 일곱 단어에 키워드 어구가 들어가야 한다. 한 게시물에서 두 개의 키워드 어구에 집중하려 한다면 그중 더 중요한 것을 선택하라. 둘 다 헤드라인에 집어넣기는 쉽지 않을 것이다. 다른 하나는 다른 게시물에서 부각시키면 된다.

4. 강조할 키워드 어구가 처음 등장할 때는 굵은 글씨로 쓴다. 당신이 실제로 첫 게시물을 작성할 때 어떻게 해야 하는지 보여주겠다.

5. 게시물에 태그 형태로 키워드와 어구들을 추가하라. 태그들을 작성해 넣으면 구글이 당신의 게시물을 인덱스에 추가할 수 있다. 적절하다고 여겨지는 키워드나 주제들을 입력하라. 게시물에서 특별히 강조되지 않은 것이라도 괜찮다.

6. 주기적으로 사진을 찍어서 플리커나 인스타그램에 올리고 블로그에 포함시켜라. 웹페이지 등을 돌아다니며 수집 활동을 하는 로봇의 일종인 구글의 스파이더spider들은 원본 사진에 점수를 부여한다. 대부분의 게시물들이 인터넷상 어디에선가(또는 사진 공유 사이트에서) 사진을 가져다 쓰기 때문이다. 또한 대규모 사진 사이트에 사진을 게재하면 상위권 사이트로부터의 링크가 제공되고 이는 검색엔진 최적화에 도움이 된다.

7. 사진에 키워드가 포함된 이름을 붙이면 검색 결과 노출에 도

움이 된다. 이것에 대해서는 따로 설명하지 않아도 이유를 알 수 있을 것이다. 확실히 효과가 있다.

8. 키워드를 대체 텍스트^{alternative text}에 끼워넣는다. 사람은 엠파이어 스테이트 빌딩의 사진을 보면 그게 엠파이어 스테이트 빌딩인지 바로 안다. 그러나 검색엔진 스파이더는 그것이 무엇인지 인지하지 못한다. 이때 대체 텍스트 형식으로 사진을 설명하면 검색엔진 스파이더가 그 그림이 무엇인지 알 수 있다. 거기에 키워드를 끼워 넣으면 된다. 예를 들어 사진은 돼지 저금통이고 당신의 키워드가 노후 계획이라고 하자. 그러면 사진에 대한 대체 텍스트 설명은 '노후 계획 돼지 저금통'이 된다.

위의 조언대로 하면 당신이 뽑은 주요 키워드를 헤드라인, 본문, 사진에 통틀어 다섯 번 쓸 수 있다. 두 번째 키워드는 본문에 두 번 언급된다. 그러면 검색엔진 최적화에 상당한 도움이 될 것이다. 한마디 더! 600단어가 넘는 게시물을 쓰고 싶다면 1부, 2부로 나누어 쓰라(헤드라인은 동일해야 한다). 검색엔진 혜택을 두 배로 누릴 수 있다.

인간적이며 색깔 있는 블로거 되는 법

사업상 목적의 블로그 게시물 작성과 관련하여 재미있는 역설이 있다. 비즈니스에 대해 말하면서도 사람들이 계속 읽고 싶을 만큼 재미있는 글을 써야 한다는 것이다. 완전히 '회사 이야기'인 블로그만큼

지루하고 안 읽히는 것도 없다.

블로그는 잠재 고객 또는 기존 고객과 일대일로 대화를 나누는 느낌으로 읽혀야 한다. 삶에서 우러나오는 이야기를 나누면 관계 구축에 필수적인 '알고, 좋아하고, 믿는' 요소가 강화된다. 이를 위해서는 당신의 일상에서 일어났던 일을 집어넣고 그것을 사업과 연관 지어야 한다.

이를테면 얼마 전 휴가차 간 바닷가에서 네 살짜리 딸내미랑 조개껍질을 줍다가 고객들과 나누고 싶은 중요한 메시지가 떠오른 일이라든지 아니면 방금 본 영화, 조금 전 음식을 먹었던 식당, 고객과 나누었던 대화도 좋다. 다시 말해서 이러한 인생의 순간들을 양념 치듯 여기저기에 뿌리면 블로그에서 당신의 인품이 배어나올 것이다.

한 가지 더 제안하자면, 유머 구사하기를 두려워 말라. 아주 약간은 야해도 좋다. 내 친구는 자기가 첫 대필 계약을 따낸 이야기를 들려줄 때(그 책은 머리카락 색에 대한 책이었다) 여자들을 위한 글쓰기가 어떠해야 하는지에 대해 이해하게 된 배경을 이렇게 설명한다. "어릴 적, 나는 닥치는 대로 읽었다. 우리 엄마가 사놓은 여성잡지 〈코스모스〉도 읽었다. 그때는 물론 '남자들이 갈망하는 전희'가 무슨 뜻인지 알지 못했다." 하지만 이렇게 농을 살짝 친 뒤 그는 곧바로 비즈니스로 돌아간다. "나는 그렇게 일찍이 여성들과 공감하는 목소리로 글을 쓰는 법을 배웠다."

당신도 이렇게 할 수 있다. 농담의 수위는 얕아야 하며 반드시 단

시간 내에 비즈니스 이야기로 돌아가야 한다.

전략적 마케팅 부스트 3: 첫 번째 게시글 쓰기

블로그가 있으면 왜 좋은지 아는 데서 그쳐서는 안 된다. 실제로 하나 가지고 있어야 한다. 자, 이제 당신의 블로그를 만들고 첫 번째 글을 올려보자.

일단 블로그를 만들고 첫 블로그 게시물을 작성하라. 첫 게시글은 300~500단어 정도의 길이가 적당하다. 게시물을 작성할 때는 제6장에서 설명한 지침을 따른다. 사람들이 당신의 블로그 게시물을 읽고 싶은 마음이 생기도록 호소력 있는 낚싯바늘을 만드는 것이다.

가장 먼저 쉽게 쓸 수 있는 게시물로는 "나는 어떻게 (당신의 직업/직위)이/가 되었나?"가 있다. 사람들은 게시물이 언급하는 직업/직위를 검색하면서 검색엔진 최적화의 혜택을 누릴 수 있을 것이다. 그리고 이런 종류의 글은 호기심을 불러일으킨다. 아주 안성맞춤이다.

내가 그 내용과 딱 맞아떨어지는 템플릿을 제공할 수는 없지만 다음의 것들을 고려해보기 바란다. 반드시 당신의 목소리가 들리는 글로 각색해야 함을 잊지 말라.

- 시작할 때 "나는 내가 _____이/가 되리라고는 꿈에도 몰랐다"(경우에 따라서 "나는 _____을/를 들어본 적도 없었다" 같은 말을 덧붙일 수도 있다)라거나 "_____살 때부터 나는 _____이/가 되고 싶었다. 왜냐하면……" 이라고 쓰면 좋은 출발점이

된다. 예를 들면 "나는 내가 척추지압사가 되리라고는 꿈에도 몰랐다. 나는 그런 직업을 들어본 적도 없었다"라는 식으로 말이다. 혹은 다음과 같이 쓸 수도 있다. "나는 15살 때부터 척추지압사가 되고 싶었다. 왜냐하면 어느 척추지압사가 우리 형의 인생을 바꾸었기 때문이다."

- 여정에 대해 이야기한다. 여기에는 두 가지 방식이 있다. "그 길은 쉽지 않았습니다." 아니면 "이 직업과 관련된 모든 것이 순리대로 잘 풀렸습니다."

- 교육 배경에 대해 이야기한다. 교수나 스승이 했던 말이 당신이 이 일을 해야 한다는 확신을 갖는 데 영향을 미쳤는가? 오늘날까지 당신의 인생에 영향을 주는 교훈을 얻었는가?

- 처음 일군 대성공을 언급하고 어떻게 그렇게 할 수 있었는지 말하라. 성공으로 가는 길에 겪은 시련에 대해서도 말할 수 있다. 그렇게 하면 글에 인간미가 더해지고 잠재 고객은 당신을 다가가기 쉬운 사람으로 느낄 것이다.

- 마무리를 할 때는 "그 이후 오르내림이 있었지만 이 직업을 선택한 것을 결코 후회한 적이 없습니다. 고객이 (결과 성취)하도록 도울 때마다 나는 늘 보람을 느낍니다"라는 식으로 말한다.

이건 모두 나의 제안일 뿐이다. 그대로 따라 할 이유는 없다. 그대로 하면 필요 이상으로 글이 길어질 수도 있다. 다음은 "나는 어떻게 _____이/가 되었는가"식의 게시물 사례다.

나는 어떻게 중역 전담 헤드헌터가 되었나

나는 중역 전담 헤드헌터가 되리라고는 꿈도 꾸지 않았다. 그 직업이 뭔지는 우리 아버지를 통해 알고 있었다. 아버지는 종종 리쿠르터 또는 헤드헌터라는 사람들에 대해 이야기하곤 했고 그들은 아버지께 전화를 걸어 일자리를 제안하곤 했다. 내가 열 살 때, 한 헤드헌터가 아버지께 새 일자리를 구해주었고 그 일로 우리는 볼티모어에서 뉴욕으로 이사를 갔다. 아버지께서는 헤드헌터들 덕에 경력상 중요한 결단을 몇 차례 내리셨다.

스물여덟 살 때 나는 산타크루즈 사의 중역 전담 헤드헌터 구인 공고를 보고 지원 서류를 넣었다. 커미션을 제외한 연봉이 얼마인지 듣고서는 면접에 가지 않기로 했는데, 깜빡하고 면접 약속을 취소하지 않는 바람에 면접 자리에 가게 됐다. 원래는 10분만 있다가 일어나려고 했지만 면접은 한 시간으로 길어졌다.

내 상사가 될 사람의 설명을 듣고 보니 그 자리는 바로 나를 위해 마련된 자리 같았다. 특정 업계를 둘러치는 네트워크를 구성하고 짚더미에서 바늘 찾기처럼 어려운 사람들을 찾아내기. 나는 이미 그런 경험이 많았다. 대학을 졸업하자마자 네트워킹을 통해 혼자서 음반회사로의 취업 길을 뚫었던 것이다. 수입에 대해서는 걱정이 많았지만 결국 나는 그 일을 하기로 결심했다.

산타크루즈 사의 신출내기 중역 전담 리크루터로서의 첫걸음은 일요신문들의 구인 광고를 훑고, 관심 가는 회사를 몇 곳 고르고, 요리조리 길을 뚫어 구인 광고를 낸 회사의 HR 부서가 아닌 해당 부문 관리자와 직접 이야기를 나눠서 일을 따내는 것이었다.

그러다가 어둠 속의 빛과 같은 광고를 만났다. 군을 상대로 하는 기업에서 광 통신망 엔지니어를 구한다는 광고였다. 방위 업체와는 일하기 싫어서 그 광고는 제쳐두었는데, 이상하게도 일요신문에 난 100개가 넘는 광고 중에서 내 상사가 그걸 콕 집어서 말했다. "여기 전화 좀 걸어보지 그래요?"

우연치고는 너무 절묘하여 무시하지 못하고 전화를 걸었다. 두 달 뒤 나는 그 방위 업체에 네 명의 엔지니어를 취업시켰다. 단 60일 만에 나는 그 전해에 올렸던 수입의 60퍼센트를 벌어들였다. 우리 회사에서 신입으로서는 기록적인 실적이었고, 그 기록은 오래도록 깨지지 않았다.

그 이후 내 커리어는 오르내림을 거듭했지만 나는 이 직업을 선택한 걸 결코 후회한 적이 없다. 새로운 일자리로 고객의 인생이 밝아지는 것을 볼 때마다 내가 이 세상의 수많은 사람들 중 적어도 몇 명은 더 행복하게 만들었다는 보람을 느낀다.

이 글을 블로그 게시물로 이용할 뿐 아니라 당신에 대해 말해주는 페이지로서 웹사이트에 추가할 수도 있을 것이다.

첫 블로그 게시물에 이어 올리게 될 게시물들에 대해 몇 가지 제안을 하자면 다음과 같다.

1. 해당 주제에 관한 한 누구나(고객이든 아니든 상관없다) 주기적으로 할 법한 일들을 3~5가지 골라서 게시물을 작성한다. 널리 알려진 게 아닐수록 좋다. 예를 들어 당신이 치과의사라면 이렇게 말할 수 있다. "하루에 세 번 이를 닦고 치실질을 해야 한다는 것은 이미 알 것이다. 하지만 이건 아마 모를 것이다." 그러고는 "치약 대신 과산화수

소수와 가글액을 반반 섞어서 사용하면 훨씬 좋다"와 같이 말한다. 이렇게 하면 뭐가 좋은지 알려줌과 동시에 당신을 보러오면 어떤 혜택을 누릴 수 있는지 충분하게 설명해준다.

2. 그다음 게시물은 사람들이 물을 만한 질문들과 답변들의 모음이어야 한다. 이런 게시물은 수월하게 작성할 수 있다.

3. 그러고는 고객과 함께 일했던 이야기와 그 결과로 달성한 혜택에 대해 쓴다.

4. 그다음에는 해당 분야의 전문성과 관련된 '최악의 실수 세 가지' 또는 '최악의 습관 세 가지'에 대해 게시물을 작성해보도록 한다.

게시물 작성을 위한 열 가지 아이디어

일단 블로그를 시작하면 여러 가지 주제에 대해 글을 쓰게 될 것이다. 글을 시작할 때 다음의 아이디어들을 활용할 수 있다.

이야기를 통해 풀어나가라

현재 업계가 실제로 당면한 문제, 또는 가상의 회사가 당면한 문제와 어떻게 하면 그 상황을 개선할 수 있는지를 이야기로 풀어나가라. 혹은 당신 업계의 트렌드에 대해 이야기하거나 그 트렌드로 인해 펼쳐질 가까운 미래(혹은 10년 뒤의 미래)에 대해 이야기한다.

고정관념을 깨라

근거 없는 믿음을 바로잡을 때가 되지 않았는가? 진실의 외침이 당신으로부터 시작되게 하라.

일기를 쓰라

"이게 무슨 말이지?" 싶겠지만 많은 사람들은 인간으로서의 당신에게 관심이 있어서 당신의 블로그 게시물들을 챙겨 읽을 것이다. 바로 내가 이런 유형의 게시물에 감히 도전한 적이 있는데, 시작할 때는 관심을 받을 거라고 상상도 하지 못했다. 그런데 놀라울 정도로 엄청난 긍정적 반응을 거두었다.

당신의 세상을 보여주어라

당신이 일하는 곳은 어떤 모습인가? 사진을 찍어서 올리고 사진에 설명을 달아라. 영상을 찍어서 올리면 더욱 좋다. 이렇게 하면 사람들은 당신에게서 더욱더 인간적 매력을 느낄 것이다. 사람들은 단순히 일을 해낼 수 있기 때문에 당신에게 일을 주는 것이 아니다. 능력과 더불어 '정감'이 가야 한다. 당신의 세상을 보여주면 사람과 사람 사이의 유대감이 더 잘 구축된다.

업계에서 존경하는 사람이나 스승에 대해 말하라

나는 처음에는 내 블로그에서 다른 사람들을 언급하면 나의 신용을 갉아먹을 줄 알고 꺼렸다. 그러나 내가 틀렸다. 다른 이들이 당신의 삶에서 어떤 역할을 했는지 말하면 당신의 존재는 더 실감 나게 느껴지고 당신은 늘 배우고 성장하는 사람으로 비춰질 것이다. 사람들은 이런 특성을 보이는 사람과 계약하기 원한다.

실수담을 교훈과 함께 이야기하라

당신이 어떻게 실수를 헤쳐 나갔고, 오늘날 당신의 모습에 실수가 어떤 영향을 주었는지 이야기하라. 잠재 고객이 겪는 고통을 당신이 몸소 겪었음을 보여주면 당신의 지식이 이론에만 머무르지 않음을 효과적으로 전달할 수 있다.

예고편을 만들라

영화관에서 원래 보려던 영화보다 예고편을 더 즐기고 올 때가 있다. 사람들은 다음에는 뭐가 올지 궁금해 한다. 그러니 다음 편에 대한 맛보기를 던져줘라. 인터넷 마케터인 라리언 다이스는 자신이 주말에 무엇을 읽을 것인지 금요일마다 블로그에 게시한다. 나도 읽을거리가 산더미지만 참새가 방앗간 들르듯 그의 블로그에 들르곤 한다.

서베이를 실시하고 결과를 보고하라

이렇게 하면 게시물을 두 편 작성할 수 있다. 한 편에서는 서베이를 실시하고 다른 한 편에서는 결과를 보고한다. 내가 아는 결혼 중개 회사는 데이트 관련 서베이를 실시한 덕에 〈타임〉과 〈U.S. 뉴스&월드 리포트〉에 실렸다. 서베이는 복잡할 필요가 없다. 아주 간단하게 만들 수 있다. 사람들에게 이메일로 응답을 보내달라고 요청하라.

유명인사와 당신의 비즈니스를 연관 지어라

어느 유명인사에게 뉴스에 나올 만한 일(실수, 업적, 사망 등)이 터지면 많은 사람들이 그 사람의 이름으로 검색을 한다. 당신의 비즈니스와 관련하여 그 사람에 대해 무언가 말할 거리를 찾아낸다면 블로그 트래픽이 탄력을 받을 것이다. 예를 들어 스티브 잡스가 사망했을 때 나는 그가 스탠퍼드 대학교에서 했던 그 유명한 연설 영상을 내 블로그에 올렸다. 나의 전문 분야 중 하나가 '스토리로 영향력 행사하기'이므로 그 게시물은 나의 비즈니스와 연관이 있었다.

독자들에게 유용한 목록이나 명단을 작성하라

당신의 틈새시장 구성원들과 관련성을 가지며 그들에게 도움이 될 명단이나 목록을 만들 수 있는가? 책이나 기사의 목록도 좋지만 소셜미디어도 잊지 말라. 당신의 틈새시장 구성원들이 가입해야 할 페이스북 그룹의 명단을 만들 수도 있다. 내 고객 중 한 명은 문학 에이전트들을 위해 리트윗이 많이 되는 트위터 이용자들의 명단을 만들었다.

주기적으로 영상을 블로그에 올리는 것도 해볼 만하다. 블로그에 영상을 게시하는 것은 정말로 쉽다. 먼저 유튜브에 영상을 올리고 퍼가기나 공유를 통해 블로그에 갖다 붙이면 된다. 유튜브는 오늘날 구글에 버금가는 검색엔진이므로 영상을 올릴 때마다 그 설명에 키워드들을 꼭 챙겨넣도록 한다.

끊임없이 소재를 발견하고 모으라

이제 당신은 첫 10편의 게시물에 대한 아이디어를 알게 되었다. 한 달에 한 편의 게시물만 올릴 계획이라면 거의 1년 치의 주제가 마련된 셈이다. 하지만 블로그의 효과를 경험하려면 한 달에 한 편은 너무 적다. 이상적인 숫자는 한 주에 한 편 이상 올리는 것이다.

정기적으로 블로깅을 하는 사람들은 새로운 주제를 찾아내기 위해 골머리를 앓는다. 조언을 하나 해주자면, 어떤 생각이 떠오를 때마다 혹은 좋은 게시물의 재료가 될 만한 것을 읽을 때마다 무조건 기록으로 남겨라. 나는 에버노트Evernote라는 프로그램을 이용하는데, 그것을 사용하면 이 모든 아이디어를 즉각적으로 사용 가능하게 만들 수 있다. 검색엔진 최적화 및 블로그 컨설턴트인 타데우슈 쉐브칙Tadeusz Szewczyk의 말은 귀 기울일 만하다.

비즈니스 블로깅은 '가치'에 대한 것임을 기억하라. 이것이 바로 개인적 블로그와 비즈니스 블로깅의 가장 결정적인 차이점이다. 사적인 블로그에서 사람들은 자신을 '표현하기' 원한다. 비즈니스 블로거들은 다른 사람들을 위해 '가치를 창출하기' 원한다. 그래서 비즈니스 블로그 게시물을 작성할 때는 언제나 이 질문을 마음에 두어야 한다. "이 글이 잠재 고객, 업계 관련자, 일반 대중에게 어떤 쓸모가 있을까?"

나는 위의 말에 전적으로 동의하지만 한편으로는 당신의 인간적인 면 또한 드러나야 한다고 생각한다. 그리고 약간의 유머로 풍미를 더하면 금상첨화다.

유머와 관련해 나의 경험을 하나 들려주겠다. 몇 년 전, 나는 마케팅 시스템 구축에 대한 영상을 찍고 있었다. 나는 보통 카메라 앞에서 말을 잘하는 편이어서 테이크를 두 번 넘게 가는 일이 드물다. 그런데 그날은 어찌된 일인지 말이 중구난방으로 나왔다. 결국 여덟 번의 재촬영 끝에 제대로 해낼 수 있었다. 그러나 안도의 한숨을 쉬기가 무섭게 경악하고 말았다. 나도 모르는 사이 우리집 고양이 샘이 내가 앉아 있는 소파의 등받이 위로 기어올라 내 머리 위에서 하품을 하고 사라졌던 것이다. 마음 한구석에서는 '다시 찍어야 해'라고 말하고 있었다. 나는 마케팅 컨설턴트고 마케팅에 대해 진지하게 이야기하는 것이 내 일이 아닌가. 하지만 나는 피곤했고 다시 찍기가 정말로 귀찮았다. 그래서 영상 편집 프로그램을 이용하여 고양이가 나타나는 부분에 "이건 좀 프로페셔널하지 않네요, 그렇죠?"라는 글귀를 넣는 걸로 스스로와 타협하고 넘어갔다.

그런데 이것이 폭발적인 반향을 불러일으켰다. 놀랍게도 반응은 하나 같이 긍정적이었다. 물론 내가 앞으로 이 수법을 또 쓰지는 않을 것이다. 그러나 일이나 당신 자신을 너무 심각한 모습으로 포장하는 것에서 한 발짝 물러날 때 어떤 긍정적 효과를 거둘 수 있는지 이 사례에서 잘 알 수 있다.

꾸준함이 관건이다

블로깅은 꾸준히 할 가치가 있다. 재미있게 하라. 내가 아는 사람 중에 '블로그와 목요일 아침식사'라는 모임을 통해 사람들과 어울리는 친구가 하나 있다. 그들은 모여서 베이글을 먹고 수다를 떨고 글을 쓴다. 보통 서로의 블로그에 대해 평을 하고, 트윗을 하고, 게시물을 쓴다.

헤어질 때는 배만 부른 게 아니라 블로그도 이야깃거리로 가득 찬다. 소셜미디어에 진정한 사회성을 불어넣는 활동이 아닐 수 없다. 당신이 블로그를 혼자서 한다 해도 새로운 방문객을 끌어들이면서 모든 종류의 사람들을 당신의 비즈니스 세상으로 불러모을 수 있다.

제8장에서는 블로그와 유튜브에 올릴 영상 제작법에 대해 알아볼 텐데, 원하지 않는다면 카메라 앞에 당신을 드러내지 않아도 얼마든지 영상을 만들 수 있다. 자, 모든 걱정은 접어두고 다음 장으로 넘어가 보자.

CHAPTER

08

영상 마케팅

유튜브 활용으로
마케팅을 극대화시켜라

사람들은 말한다. 사진 한 장이 천 마디 말보다 낫다고. 사진이 그럴 정도면 영상은 오죽할까? 사실이든 아니든 인터넷 마케팅 측면에서 이 질문에 대해 답을 한 사람이 있다. 포레스터 리서치Forrester Research의 제임스 맥퀴비James McQuivey 박사는 1분짜리 영상이 180만 단어보다 낫다고 말한다.

어느 정도 과장이 들어갔을 수도 있지만 검색엔진 최적화 및 리드 창출과 웹사이트로 잠재 고객을 불러들이고 관심 있게 웹사이트를 살펴보게 하며 궁극적으로 유료 고객으로 전환시키는 데 있어서 텍스트보다 비디오가 낫다는 연구결과들은 속속 나오고 있다.

유튜브는 구글에 뒤이어 두 번째로 검색이 많이 이루어지는 사이트다. 영상의 중요성을 여기서 더 이상 설명할 필요는 없을 것이다. 페이스북, 트위터, 링크드인 등의 소셜미디어에 영상이 포함된 게시물을 올리면 수만 혹은 수십만 명의 사람들에게 보일 수 있다. 좋든 싫든 이제는 독자의 시대가 아닌 시청자의 시대다. 그렇다고 글이 죽었다는 말은 아니다. 여전히 텍스트만으로도 매우 효과적인 마케팅을 할 수 있다. 하지만 당신과 함께 비즈니스를 할 고객의 수를 극대화하길 원한다면 영상은 필수 도구다.

당신이 카메라 앞에만 서면 '얼음'이 되는 사람이라고 해도 걱정할 필요 없다. 직접 모습을 드러내지 않고도 충분히 영상 마케팅을 활용할 수 있으니 말이다. 이미 유튜브에 올라온 많은 영상들이 글과 소리 또는 글과 음악으로만 만들어져 있다.

부담감을 줄이기 위해 대본 작성, 촬영, 게시 등 세 부분으로 나누어 이를 살펴보도록 하자. 첫째, '전략적 마케팅 부스트 4'에서는 주제를 정하고 대본을 쓸 것이다. 당신은 주목받는 무료 리포트와 이메일 작성을 이미 해보았다. 대본 쓰기도 이와 별반 다르지 않다. 그리고 내가 차근차근 설명해주겠다.

둘째, '전략적 마케팅 부스트 5'에서는 영상을 제작할 것이다. 카메라 앞에 직접 서서 촬영하거나 텍스트로만 된 영상을 만든 뒤 거기에 오디오를 입힐 수 있다. 대부분의 사람들은 직접 영상을 촬영하고 편집한다. 그만큼 여러 프로그램이 잘 되어 있고 별로 어렵지 않다. 그러나 누군가 고용하여 그 일을 처리하고 싶다면 저렴하게 외주를 주는 방법도 있다.

셋째, '전략적 마케팅 부스트 6'에서는 영상을 유튜브에 올릴 것이다. 즉, 당신의 유튜브 채널을 만들고 시청자를 많이 모으기 위한 몇 가지 기술적인 작업을 할 것이다. 내 말을 믿으라. 하나도 어렵지 않다. 한 발 한 발 내가 인도해주겠다.

그럼, 이제 대본 쓰기부터 시작해보자.

전략적 마케팅 부스트 4: 영상 대본 작성하기

오늘의 과업은 2분짜리 영상 대본을 쓰는 것이다. 그러려면 우선 이 영상을 통해 달성하고자 하는 '목적'이 무엇인지 정의해야 한다.

앞서 언급했듯이, 무료 리포트를 얻기 위해 구독 신청을 할 수 있는 곳으로 사람들을 이끄는 것보다 효과적인 리드 창출법은 없다. 결국에 가서는 정보 전달의 방안으로서 영상을 활용할 수 있겠지만 지금은 처음 시도해보는 단계이므로 관계 구축 과정에서 이 중요한 걸음(즉, 구독 신청)을 떼도록 동기부여하는 데 초점을 둔 짧은 영상을 만들어보자.

영상에서는 사람들을 따뜻하게 맞아들이고, 그들이 직면한 문제를 당신이 이해한다는 사실을 전달하며, 행동을 취하도록(즉, 당신에게 연락을 취하도록) 유도해야 한다. 다시 말해서, 따뜻한 환영의 메시지를 전하는 동시에 당신이 그들에게 원하는 행동이 무엇인지에 대해 매우 구체적으로 요구해야 한다. 2분(또는 그 이하)의 시간은 이 양면적 목적을 달성하기에 짧게 느껴지겠지만 내가 제시하는 다소 간단한 구조를 활용한다면 아무 문제 없이 도달할 수 있을 것이다.

전설적인 카피라이터 존 칼튼[John Carlton]이 이런 영상의 대본 작성과 관련하여 내게 소중한 조언을 몇 가지 해주었다. 그는 다른 사람에게 무언가를 하도록 설득하는 것은 근본적으로 다음 세 가지에 대한 것이라고 말한다.

- 내가 무엇을 가지고 있는지 말해준다.
- 상대가 무엇이 필요한지 말해준다.
- 상대가 무엇을 하기를 내가 원하는지 말해준다.

많은 영업 상황들은 이 조언을 크게 벗어날 필요가 별로 없는 게 사실이다. 그러나 지금 만들 영상에서는 먼저 시청자들에게 그들이 처한 구체적인 난관과 문제가 무엇인지 당신이 알고 있다는 점을 말해주도록 하자.

여기서 제공하는 대본 템플릿을 활용하면 어렵지 않게 시도해볼 수 있다. 이 템플릿은 기본적인 대본으로서 당신의 첫 영상 제작에 상당히 유용하게 쓰일 것이다. 대본을 쓸 때는 당신의 목소리가 들리는 듯 생동감 넘치게 쓰는 것이 중요하다. 그러므로 이 템플릿은 출발점으로만 사용하고 그대로 따라 해야 한다는 부담감은 갖지 말길 바란다. 어투는 대화체를 사용하는 것이 좋다.

　이제 당신의 대본을 써보라. 쓴 뒤 소리 내서 몇 번 읽어보라. 당신이 말하는 것처럼 느껴진다면 괜찮게 만들어진 것이다. 어색하게 들린다면 입에 착착 붙을 때까지 표현을 수정한다.

　안녕하세요? 저는 (당신의 이름)입니다. 영상을 시청해주셔서 고맙습니다. 여러분이 (당신의 틈새시장 구성원)이시라면, 지금 (구체적인 문제)에 직면해 계실 것입니다. 지난 (햇수)년 동안 저는 여러분 같은 사람들에게 어떻게 하면 (그 문제의 해결)을/를 할 수 있는지 그 방법을 정확히 알려드리는 일을 해왔습니다. 그리고 여러분에게도 도움을 드리고 싶습니다.

　그래서 (리포트 이름)을/를 썼습니다. (웹사이트 이름)을/를 방문하시면 무료로 리포트를 받아보실 수 있습니다. 그 리포트에는 이런 내용이 들어 있습니다.

1. 혜택 No. 1
2. 혜택 No. 2
3. 혜택 No. 3

(웹사이트 이름)에 가서 양식을 작성하시면 리포트를 즉시 보내드리겠습니다. 읽어보면 그 내용이 얼마나 유용한지 알게 되리라고 확신합니다. 지금까지 (당신의 이름)이었습니다. 다시 한번 시청에 감사드리며 리포트를 통해 곧 여러분을 만나뵐 수 있기를 바랍니다.

전략적 마케팅 부스트 5: 영상 제작하기

대본 작성을 마쳤으니 이제 영상을 만들 차례다. 첫 번째로 내릴 결정은 당신이 영상 속에 등장할지 여부다. 나는 당신이 꼭 나와야 한다고 말하고 싶다. 글과 목소리로만 영상을 제작하는 법도 알려주겠지만 당신이 카메라 앞에 직접 서면 좋은 점이 훨씬 더 많다.

고객들은 크게 두 가지 기준에 따라 당신에게 일감을 줄지 말지를 결정할 것이다. 첫째 기준은 당신이 그 일을 할 수 있는가이다. 이것은 신뢰하고 일을 맡겨도 되는지를 의미하는 것인데, 그런 이유로 구체적인 틈새시장에 집중하는 것과 후기를 들려주는 것이 매우 중요하다.

하지만 고객들은 머리만 가지고 결정을 내리지 않는다. 가슴도 결정에 끼어든다. 사람들이 당신을 좋아하고 믿을 수 있느냐가 지극히 중요하다. 바로 이런 까닭에 연설이 비즈니스 개발에 그토록 강력한 도구인 것이다. 누군가 단상에 서 있는 모습을 직접 볼 때 사람들은 인쇄된 글자를 통해서는 절대 가질 수 없는 방식으로 강한 연대감을 느낀다. 그래서 영상이 강력한 것이다. 당신이 프레젠테이션하는 모습을 직접 보는 것만은 못하겠지만 그에 버금가는 형식임에는 틀림없다. 당신의 웹사이트에 간단한 환영 영상만 걸어놓아도 관계 구축 과정이 대단히 단축될 수 있다. 퀄리티가 높을 필요도 없다. 그냥 '카메라 앞에서 지껄이는' 스타일의 영상으로도 충분하다. 카메라 앞에 서기만 해도 얼음이 되는 스타일이 아니라면 당신이 주인공이 되기를 강력히 권한다(그러나 직접 나서는 게 영 내키지 않는 사람들을 위하여 잠시 후 글과 내레이션만으로 영상을 제작하는 법도 알려주겠다).

촬영 전 알아두면 좋을 준비 사항 7

본격적인 영상 촬영에 들어가기 앞서 준비할 게 몇 가지 있다.

가장 첫 번째로 필요한 것은 당연히 카메라다. 대단한 성능의 카메라가 필요하진 않지만 나는 개인적으로 휴대폰에 내장된 카메라 사용은 자제해야 한다고 생각한다. 물론 휴대폰에 내장된 카메라만으로도 충분히 전문가 수준의 영상을 만들 수 있으며 그렇게 찍어 성공을 거둔 케이스도 많다. 그러므로 판단은 각자의 몫이지만, 전문적인 사람들을 대상으로 하거나 B2B 영역에서라면 내장 카메라보다는 영상 촬영용 카메라를 쓰길 권한다. 한 가지 기쁜 소식은 카메라 장비에 어마어마한 돈을 투자할 필요가 없다는 것이다. 조금만 부지런을 떨면 쓸 만한 카메라를 싼 가격에 장만할 수 있다.

둘째, 삼각대를 장만하라. 실용적인 면에서 볼 때 책을 쌓아놓고 아슬아슬하게 균형을 잡는 것보다 삼각대를 이용하면 촬영이 훨씬 쉽다. 난 이 교훈을 몸소 얻었다. 어느 날 촬영이 중반쯤 갔을 때 책더미 위에 올려놓았던 카메라가 슬슬 미끄러지더니 바닥으로 떨어져버렸다. 그 뒤로 나는 책상에 앉아 촬영을 할 때면 인터넷에서 10달러에 구매한 5인치짜리 작은 삼각대를 이용한다.

셋째, 사운드를 체크한다. 사운드는 매우 중요하다. 동굴 속에서 말하는 것처럼 들리면 곤란하지 않겠는가. 불행히도 카메라에 달린 마이크는 프로페셔널한 수준의 오디오에는 적합지 않다. 두꺼운 카펫이 깔린 방에서 녹음을 하면 좋은 사운드를 얻을 수도 있다. 카펫이 소리의 산란을 잡아 메아리 효과를 없애주기 때문이다. 뭐니 뭐니 해도 가장 좋은 것은 옷깃에 꽂는 소형 마이크다.

넷째, 적합한 의상을 준비한다. 의상에 있어서 좌우명은 '업종에 어울리는 옷을 입는다'이다. 영업 목적으로 어딘가를 방문할 때 말쑥하게 양복을 차려 입고 넥타이를 맨다면 카메라 앞에서도 그렇게 빼입어라. 일반적으로 지나치게 화려한 옷은 좋지 않으며 단색이 무난하다. 넥타이도 그렇다. 너무 화려하거나 시선을 분산시키는 보석류는 착용하지 않는다. 어떻게 입을지에 대한 아이디어를 얻고 싶다면 뉴스나 아침 토크쇼에 나온 앵커들의 옷차림을 참고하도록 한다.

다섯째, 어디서 찍을 것인지를 정한다. 배경이 너무 복잡하면 안 된다. 벽에 아무것도 없다면 이상적이지만 시선을 뺏는 미술품이 걸려 있지 않는 정도로도 충분하다. 예스미디어웍스의 케이티 퍼치[Catie Foertsch]에 따르면 피부색이 어두울수록 배경이 밝으면 안 된다. "포커스가 배경에 맞춰지게 됩니다. 배경은 피부색보다 어두워야 합니다. 그래야 카메라가 뒤의 흰 벽이 아니라 얼굴에 포커스를 맞추게 됩니다."

여섯째, 조명에 투자하라. 퍼치에 따르면 영상을 그럴싸하게 보이게 하는 데 쉽게 활용할 수 있는 요소가 바로 조명이다. 그녀의 조언을 들어보자. "창을 배경으로 찍지 마십시오. 포커스가 외부의 자연광에 맞춰져서 당신이 너무 어둡게 나옵니다. 전등 바로 아래도 피해야 합니다. 그렇게 하면 눈이 지저분한 너구리 눈처럼 나올 것입니다. 빛이 이마에 비춰지면서 그림자가 지기 때문입니다." 대신 광원이 얼굴을 직접 향하게 한다. 그러면 머리 위에서 비추는 빛이 만드는 그림자를 상쇄할 수 있다. 엄청난 조명 장비 따윈 필요 없다. 퍼치가 손쉬운 방법을 제안한다. "테이블 스탠드의 갓을 제거하면 빛이 얼굴을 비추게 됩니다. 아니면 책상 스탠드 빛이 당신을 향하도록 각도를 조정하십시오. 눈이 부실 정도로 너무 가까이 두지는 마십시오. 빛이 얼굴을 가득 비추기만 하면 됩니다. 그렇게만 해도 결과가 확 달라질 것입니다."

마지막으로 대본을 준비하라. 안타깝게도 우리 중 대부분은 대본을 외운 것처럼 느껴지지 않게 연기할 만큼 연기력이 뛰어나지 않다.

작성한 대본이 있으니 무엇을 말할지 당신은 미리 알고 있다. 토씨 하나 안 틀리고 대본대로 해야 한다는 강박은 버려라. 영상이 주는 진정한 힘은 관계 구축의 가속화에 있다. 앵무새가 말하듯이 들린다면 역효과가 날 것이다. 완전히 망치면 다시 찍으면 된다. 단어를 하나 버벅거린다 해도 큰일은 아니다. 일상 대화 중에 그런 일은 다반사고, 그래서 오히려 실제처럼 느껴지는 효과가 날 것이다. 나는 내가 이야기할 내용의 포인트만 적어서 카메라 뒤에 걸쳐놓고는 슬쩍슬쩍 보면서 할 때가 많다. 그런 목록이 전체 원고를 보여주는 프롬프트보다 더 좋은 안전망 역할을 한다. 내 마음도 더 편하다. 삶에서 많은 것이 그렇듯 영상 촬영도 많이 해보면 해볼수록 더 편안하고 자연스러워진다.

준비를 모두 마쳤으면 방을 세팅하고, 마이크를 옷깃에 꽂고, 카메라가 당신을 향하게 하고, 촬영을 시작하라. 촬영 후 영상을 컴퓨터에 저장한다. 영상 편집은 시중에 나와 있는 다양한 편집 소프트웨어를 이용하면 된다. 시간적 여유가 없고 어느 정도 비용을 지불할 수 있다면 외주를 주는 방법도 생각해볼 수 있다.

잠시 후 어떻게 영상을 유튜브에 올리는지, 유튜브 채널은 어떻게 만드는지, 조회 수를 올리기 위해서는 어떻게 해야 하는지 살펴보도록 하겠다.

얼굴을 드러내는 것이 부담스럽다면

앞서 말했듯이 카메라 앞에 서고 싶지 않다면 글과 내레이션만 나오는 영상을 만들 수도 있다. 심지어는 내레이션 없이 배경음악과 글로만 된 영상도 만들 수 있다. 이런 텍스트 영상은 손쉽게 만들 수 있다. 파워포인트나 키노트를 이용하여 슬라이드를 여러 장 만들고 내레이션을 녹음해서 덮어씌우면 된다.

내레이션이 있는 텍스트 영상을 만들 때 처음 할 일은 슬라이드를 만드는 것이다. 원하는 그림이나 사진을 추가할 수 있지만 간단한 텍스트도 충분한 효과가 있다. 내 경험상 멋진 그래픽을 첨가한다고 해서 영상이 끝날 때 나의 오퍼를 받아들이는 사람의 비율이 늘어나진 않는다.

영상이 조잡해선 안 되겠지만, 번지르르한 특수 효과와 그래픽과 사진들을 덕지덕지 바른다고 높은 반응이 나오는 것도 아니다. 영상은 단순해야 한다. 그리고 행동을 촉구해야 한다는 점을 잊지 말라. 그러면 시청자들은 당신의 영상에 몰입할 것이다. 결국 잠재 고객들은 멋진 영상보다 문제 해결에 관심이 많다.

파워포인트와 키노트 둘 모두에서 불릿 포인트 프레젠테이션을 쉽게 작성할 수 있다. 슬라이드 한 장에 담을 정보의 양에 대해서는 의견이 분분한데, 한 슬라이드에 단어를 적게 던져주면 시청자들은 내레이션에 집중한다. 반대로 한 슬라이드에 글자가 많으면 시청각적 메시지 전달이 일어난다.

어떻게 학습이 일어나는지를 연구하는 신경언어학적 프로그래밍 옹호자들은 더 다양한 감각에 호소할수록 상대가 정보에 동화 ^{assimilation}할 가능성이 높아진다고 말한다. 이런저런 말들이 있지만 가장 좋은 방법은 당신의 스타일에 맞고 당신이 제일 편안하게 느끼는 방법을 택하는 것이다.

파워포인트 파일로 영상 만들기

작성해둔 파워포인트 슬라이드와 내레이션으로 다음 순서에 따라 영상을 만들어보자.

1. 녹음 시작 시 오디오 녹음 장비와 대본을 원하는 위치에 정확히 배치한다.
2. 파워포인트를 연다.
3. '슬라이드 쇼'를 클릭한다.
4. '슬라이드 쇼' 아래 오른쪽에 있는 '레코드'를 클릭한다.
5. '처음부터 녹음'을 선택한다. 메뉴가 뜨고 녹음할 것을 선택하라고 요구할 것이다. 즉, '녹화를 시작하기 전에 녹화할 항목을 선택하십시오'에서 두 가지 중 하나를 선택할 수 있는데, '설명 및 레이저 포인터'를 클릭하면 간단한 텍스트로 이루어진 영상을 만들 수 있다. 추가 기능들을 이용하여 좀 더 복잡한 영상을 만들고 싶다면 '슬라이드 및 애니메이션 시간'을 클릭하라.

6. '녹화 시작'을 클릭한다. 목소리와 레이저의 움직임을 모두 녹음하게 된다.

7. 적절히 각 슬라이드의 썸네일을 클릭하면서 내레이션 내용에 기초하여 말을 하면서 영상을 제작한다.

8. 녹음을 멈추려면 '나가기' 버튼을 누른다. 영상을 만드는 중간에 멈추었다가 그 자리에서 다시 시작하려 할 때는 앞의 과정을 다시 반복하면 된다. 차이점이 있다면 '처음부터 녹음'이 아닌 '현재 슬라이드에서 녹음'을 선택해야 한다는 것이다.

9. 녹음을 마쳤으면 '파일'을 클릭하고 '동영상으로 내보내기'를 클릭한다.

10. 파일 이름을 입력하고 영상을 저장할 폴더를 선택한다.

11. '저장'을 클릭한다.

12. 페이지의 아래쪽에 '비디오를 만드는 중'이라는 말 옆에 진행을 보여주는 막대표가 나올 것이다. 막대표가 다 채워져서 사라지고 나면 영상이 완성된 것이다.

키노트 파일로 영상 만들기

파워포인트가 아닌 키노트로 영상을 녹음하는 방법도 있다. 다음과 같이 하면 된다.

1. 녹음 시작 시 오디오 녹화 장비와 대본을 정확히 원하는 방식

으로 배치한다.

2. 키노트와 녹음하고자 하는 슬라이드 쇼를 연다. 첫 번째 슬라이드를 선택한다. 선택하는 슬라이드부터 소리가 입혀지기 때문이다.

3. '재생'을 클릭하고, '슬라이드 쇼 녹화'를 클릭한다.

4. 컴퓨터가 전체 스크린 모드로 전환되면서 슬라이드만 보일 것이다. 첫 번째 슬라이드가 나타나면 녹음 중임을 알려주는 빨간 버튼이 보인다. 말하기 시작한다.

5. 마우스를 클릭하면 슬라이드가 바뀐다.

6. 다 마쳤으면 마우스를 더블클릭하여 녹화를 중지한다.

7. 영상으로 내보내기 위해 '파일'을 클릭하고 '보내기'를 클릭한다.

8. 디폴트 설정이 다음과 같이 되어 있을 것이다. 만일 그렇지 않다면 다음과 같이 직접 설정하도록 한다(더 정확한 내용은 애플 홈페이지 내 맥용 키노트 사용 설명서를 참조—옮긴이).

• Quicktime 동영상

• '재생 사용' 옆에서 '기록된 시간'을 선택한다.

• '포맷' 옆에서 '최고 품질, 대용량'을 고른다.

• '오디오' 옆에 '오디오 포함'과 '슬라이드쇼 사운드 트랙 포함'이 있을 텐데, 음악 등 외부 오디오를 슬라이드 쇼에 직접 추가한 경우가 아니라면 후자만 필요하다.

9. '다음'을 클릭한다.

10. 파일을 저장할 곳을 선택한다.

11. 파일을 비디오로 내보내는 과정이 끝날 때까지 기다린다. 이 발소 간판 기둥처럼 생긴 파랗고 하얀 막대가 누워 있고 각 슬라이드가 나타날 것이다. 마지막 슬라이드까지 눈앞에서 사라지면 영상이 완성된다.

키노트를 이용해 영상을 만드는 과정을 직접 보고 싶다면 http://bit.ly/16ndbwc를 참고하라.

전략적 마케팅 부스트 6: 유튜브에 올리고 홍보하기

만약 아직 구글 계정을 만들지 않았다면 유튜브에서 계정을 하나 만들어보자. 이미 계정이 있다면 기존에 입력한 당신의 구글 정보로 로그인하여 유튜브 계정을 만들 수 있다.

계정을 만들려면 YouTube.com으로 간다.

1. 'Sign in(로그인)'을 클릭한다.

2. 다음 페이지의 상단에서 '채널 만들기'를 선택한다.

3. 정보 입력 페이지에서 관련 정보들을 입력한다. 프로필 사진도 요청받을 것이다. 사진을 써도 되고 서비스와 연락처 정보가 담긴 회사 로고를 쓰면 더 좋다. 후자의 마케팅 효과가 더 클 것이다(그런 로고가 없다면 지금은 사진을 넣고 다음에 바꾸도록 한다).

채널이 생성되고 나면 하단에 '동영상 업로드'라고 된 버튼이 있을 것이다. 그 버튼을 클릭하고 업로드할 파일을 선택하라. 직접 컴퓨터에 저장되어 있는 영상을 드래그 앤 드롭으로 끌어오거나 파일을 찾아 넣으면 된다.

업로드할 파일을 선택하면 영상 마케팅에서 가장 중요한 몇 가지를 만들라는 요청을 받게 될 것이다. 제목 설명, 태그 등이다. 각 카테고리에서 할 일은 다음과 같다.

1. 제목^{title}: 영상에 키워드를 포함한 제목을 붙인다. 사람들이 유튜브에서 해당 키워드로 검색할 때 영상이 나타나도록 하기 위함이다. 이때 키워드들을 뜻 없이 나열하지 말고 뭔가 말이 되도록 엮어야 한다. 키워드를 되도록 많이 끼워넣으면서도 제목이 너무 길고 복잡해지지 않게 하려면 부수적 키워드는 괄호 안에 넣는 방법이 있다. 예를 들어 영상 제목을 "뉴헤이븐 척추지압사의 등 통증 안내 해결책(척추, 척추관 협착증, 요추, 하부 요통, 등 경련 등등)"으로 붙일 수 있다. 이 방법에는 장단점이 있다. 괄호 사용은 검색엔진 최적화에는 좋으나 전문성이 떨어져 보인다. 자신에게 맞는 방법을 선택하도록 한다.

2. 설명^{description}: 영상이 무엇에 관한 것인지 서술한다. 사람들은 첫 줄만 읽는 경향이 있으므로 가장 중요한 것(즉, 당신의 웹사이트)을 가장 먼저 언급한다. "(당신의 웹사이트 주소)에 가십시오"라는 말을 제일 먼저 하는 것이다. 그 뒤에는 당신의 회사 이름을 배치한다. 그러

고는 키워드 어구들을 사용해서 영상을 간략하게 설명한다.

3. 태그^{tags}: 이 부분이야말로 키워드 단어들과 어구들로 신나게 한판 놀 수 있는 곳이다. 쉼표로 각각을 분리해주기만 하면 된다. 이 것들이 검색어가 됨을 기억하라. 영상과 관련 있는 모든 용어들을 집어넣도록 하자.

4. 고급 설정$^{advanced Settings}$: 고급 설정에서 대부분의 항목은 그리 중요하지 않지만 댓글과 카테고리에 대한 설정은 중요하다. 댓글 설정은 디폴트 세팅이 '부적절할 수 있는 댓글은 검토를 위해 보류'로 되어 있다. 특별한 이유가 없다면 이를 그대로 둔다. 이렇게 하면 스팸 댓글이 달리는 것을 막을 수 있고 부적절한 불평을 삭제할 수 있다.

또 한 가지 바꿀 세팅은 '카테고리'다. 당신의 비즈니스와 제일 밀접하게 관련된 주제의 카테고리를 선택한다. 오른쪽 화살표를 클릭하면 풀다운 메뉴가 나온다. 주요 주제 중에 당신의 영상과 적합한 카테고리가 있다면 그걸 고른다. 딱 맞아 떨어지는 게 없으면 '노하우/스타일'을 고르면 된다. 사람들에게 무엇을 어떻게 하는지 알려주는 영상의 카테고리이기 때문이다.

5. 개인정보 설정$^{privacy settings}$: 디폴트는 '공개'로 되어 있다. 하지만 사적인 비디오를 만들고 싶다면 '비공개'로 설정을 바꾼다. 나아가 영상 링크를 가진 사람에게만 영상이 공개되게 하려면 '미등록'으로 설정을 바꾼다.

일단 첫 영상을 올리기만 하면 나만의 유튜브 채널을 갖게 된다. 그걸 보려면 프로필 페이지를 클릭하고 '내 채널'을 선택한다. 브라우저 상단의 웹 주소를 마우스로 잡아서 복사하면 다른 사람들과 공유할 수 있다.

CHAPTER

09

퍼 블 리 시 티

이야기의 '각'을 잡아 호소력을 높이는 법

수즈 오먼은 '오프라 쇼' 출연을 계기로 TV 및 저술 경력의 큰 발판을 마련했다. 도널드 트럼프의 성공 또한 미디어를 능숙하게 다루는 솜씨에서 크게 기인했다고 할 것이다. 지금 이 책을 읽는 당신이 트럼프만큼이나 유명해지길 바라는 건 아닐 테지만 간헐적 혹은 주기적으로 라디오, TV, 인쇄 매체에 등장하는 것은 사업에 아주 좋은 일이다.

퍼블리시티publicity에는 크게 세 가지 장점이 있다.

1. 당신의 비즈니스를 모르던 사람에게 노출되어 그들이 당신의

웹사이트를 방문하거나 직접 당신에게 연락을 취할 가능성이 생긴다.

2. 당신의 신용도를 높인다. 특히 공신력 있는 공중파나 주요 일간지 등에 등장할 때는 더욱 그렇다.

3. 트래픽이 많은 매체 사이트에서 당신의 웹사이트로 가는 링크가 있으면 검색엔진에서의 랭킹이 높아진다.

적합한 매체에 등장하면 수백만 명의 사람들에게 또는 겨냥하는 틈새시장의 정의에 딱 들어맞는 잠재 고객들에게 무료로 노출될 수 있다. 매체에서의 가시성^{visibility}이 높으면 광고만으로는 얻을 수 없는 신용을 얻는다.

성공적인 퍼블리시티를 위해서는 제작자들과 기자들의 관심을 끌 만한 '각이 잡힌 이야기^{story angle}'가 있어야 한다. 당신이 참신하고 독특한 분야에 종사하고 있다면 그들은 단지 당신의 비즈니스에 대해 질문하기 위해 인터뷰를 진행하지는 않을 것이다. 특정 매체가 겨냥하는 독자·청취자·시청자가 관심을 가질 만한 이야기 소스를 창의적으로 만들어내야 한다.

내가 이 이야기를 두 가지 전략적 마케팅 부스트로 나누어 풀어가기로 결정한 데는 이유가 있다. 매체의 관심을 끌 만한 '이야기 각'을 만들어낼 시간을 당신에게 벌어주기 위해서다. '전략적 마케팅 부스트 7'에서 당신은 미디어가 좋아할 만한 이야기들에 대해 배운 뒤 이들을 움직이게 할 '떡밥'들을 몇 개 빚어낼 것이다. 당신의 보도자료를 배포할 사이트들을 살펴본 뒤, TV와 라디오 프로듀서들의 눈에 띌 수 있는 사이트들을 들여다볼 것이다. 목적은 TV나 라디오 프로그램 출연 섭외를 받는 것이다. 또한 당신이 다루는 주제나 당신이 속한 시장에서 최고라 인정받는 블로그들을 찾아보고, 리포터나 프로듀서들이 이야기를 찾거나 프로그램에 이용할 인터뷰를 위해 사람들을 물색하는 블로그들에 구독 신청도 해볼 것이다.

'전략적 마케팅 부스트 8'에서는 직접 또는 사람을 고용해서 보도자료를 작성할 것이다(참고가 될 만한 템플릿을 제시해놓았다). 보도자료 작성을 마친 뒤에는 이전에 보았던 서비스 사이트 중 하나를 통해 보도자료를 배포할 것이다. 노출을 극대화하기 위해 당신이 가장 원하는 매체에 개인적으로 연락을 취할 수도 있다.

끝으로, 소셜미디어가 퍼블리시티에서 차지하는 비중이 점점 커지고 있는 점을 감안할 때 당신이 속한 비즈니스 영역에 초점을 둔 파워블로거들에게 이메일을 보내는 것도 멋진 아이디어다.

미디어가 알아서 찾아오는 여덟 가지 스토리 아이디어

역설적으로 들리겠지만, 많은 기업주들이 하는 가장 큰 실수는 보도자료를 만들 때 자신들의 비즈니스와 제품, 서비스에 대한 '정보 전달'에 주력하는 것이다. 그러나 미디어는 당신의 책, 비즈니스, 무료 리포트에는 관심이 없다. 미디어는 자기 채널의 프로그램을 듣거나 보거나 읽거나 방문할 사람들의 관심을 불러일으킬 '스토리 아이디어'를 원할 뿐이다. 그러므로 미디어의 관심을 최대한 얻으려면 그들의 타깃 청취자, 시청자, 독자에게 호소력 있는 방식으로 당신의 비즈니스를 포지셔닝해야 한다. 창의력이 필요하다.

미디어의 관심을 끄는 데 유효한 여덟 가지 스토리 아이디어는 다음과 같은 것들이다.

- 시사와 관련된 또는 구체적 지역과 관련된 이야기

- 명절, 연례행사, 계절과 관련된 이야기

- 유명인사와 관련된 이야기

- 트렌드 소식 및 서베이

- 특정 주제의 랭킹 리스트

- 노하우 이야기

- 논란을 일으키거나 고정관념을 깰 이야기

- 기념일(주요 사건의 기념일과 흥미로운 스토리를 지닌 작은 사건의 기념일)

복잡해 보이지만 실제로는 전혀 그렇지 않다. 이미 당신은 살면서 이런 미디어가 던지는 떡밥들에 수백 번 노출되었다. 뉴스 앵커가 "곧 전해드릴 뉴스는~"이라고 말하거나 토크쇼 아나운서가 "다음 이야기는~"이라고 말할 때마다 당신은 이미 그들이 던진 낚싯바늘을 문 것이나 다름없다.

당신의 스토리 아이디어가 뉴스 가치를 갖는지 시험해보려면

"곧 전해드릴 뉴스는~"이나 "다음 이야기는~"이라는 말을 한 뒤 당신의 아이디어를 요약해서 말해보라. 적합하게 느껴진다면 그 아이디어는 좋은 떡밥이다.

예를 들어보자. "'닥터 필 쇼'에서 전하는 다음 이야기는 '배우자가 바람피울 때 나타나는 일곱 가지 조짐'입니다"는 좋은 떡밥이다. 마치 그 쇼에서 아나운서가 하는 말처럼 들린다. 그러나 "곧 전해드릴 뉴스는 개업 1주년 기념으로 첫 방문 시 50퍼센트를 할인해주는 치과의사 이야기입니다"라고 하면 뉴스나 스토리라기보다는 광고처럼 들린다. 보도자료가 이런 메시지에 초점을 맞추는 것이 대세긴 하지만 말이다. 그 결과가 실망스러울 것은 불 보듯 뻔하다.

그렇다면 이 치과의사는 어떻게 자신을 다시 포지셔닝해야 할까? "곧 전해드릴 뉴스는 개업 1주년 기념으로 소외계층 어린이에게 무료 치과 진료를 해주는 치과의사의 이야기입니다"가 좀 더 흥미로운 이야깃거리다. 미디어는 언제나 자선사업, 특히 어린이 관련 자선사업에 관심이 있다.

뉴스에 당신의 스토리를 엮어라

'망치를 든 사람에게는 모든 것이 못으로 보인다'라는 말이 있다. 시사와 관련해서 퍼블리시티 노력을 기울일 때 바로 그렇게 해야 한다. 즉, 어떤 이슈가 되는 사건이 터질 때마다 '내가 하는 일을 이 사건에 어떻게 연관시킬 것인가?'라는 질문을 던져야 한다.

뉴스 스토리에 엮어보려고 전국적 매체 꽁무니만 쫓아다닐 필요는 없다. 특히 지금이 시작 단계라면 지역 매체를 겨냥하라. 큰 사건이나 이야기가 터지면 지역 뉴스 채널들은 같은 스토리를 다른 시각(특히 지역적인 시각)으로 다루려고 한다. 이런 지역 채널에 접근해서 같은 이야기를 지역적인 시각에 기반해서 다룰 만한 아이디어가 있다고 하면 그들의 귀가 솔깃해질 것이다.

선거 기간 중에 서베이의 일종으로 손님이 공화당 지지자냐 민주당 지지자냐에 따라 피자든 커피든 똑같은 메뉴를 다르게 내놓는 식당을 본 적이 있다. 공화당 지지자의 음식과 음료는 빨간 종이 장식과 함께, 민주당 지지자의 음식과 음료는 푸른 종이 장식과 함께 나왔다. 그리고 보도자료를 두 편 내놓았다. 하나는 음식에 대한 서베이를 한다는 내용이었고, 다른 하나는 서베이 결과를 공개했다. 이런 건 항상 관심을 끌게 마련이다.

명절, 기념일, 연례행사, 계절에 스토리 엮기

이 접근법의 매력은 준비할 시간이 많다는 것이다. 새해, 오스카 시상식, 슈퍼볼 개막은 매년 거의 같은 때 기회가 찾아온다. 거기다가 스토리 아이디어만 적절하면 똑같은 수법을 매년 써먹을 수 있고 똑같은 전국 프로그램에 재차 출연할 수도 있다.

독특하면서도 해당 사건에 편안하게 들어맞는 뭔가를 생각해내야 한다. 유념할 것은 누구나 크리스마스 때 미디어에 노출되기를 바란다는 사실이다. 그러므로 크리스마스에는 기회를 잡기가 어렵다.

나는 나의 저서 《특별한 영업 이야기^{Unique Sales Stories}》를 홍보하기 위해 연례행사 전략을 썼다. 이 책은 이야기를 이용하여 차별화를 이룩하고 더 많은 리퍼럴을 받는 법에 관한 내용을 담고 있다. 틈새시장을 겨냥한 책이었기에 나는 주류 매체의 관심을 끌기 위해 고군분투해야 했다. 슈퍼볼을 코앞에 둔 어느 날, 오직 광고를 보기 위해 슈퍼볼 게임을 시청하는 사람이 많다는 기사를 본 나는 '그렇다면 슈퍼볼 광고 전문가로 나를 알리는 게 어떨까? 어떤 광고가 잘했고 어떤 광고가 순전한 돈 낭비였는지 나라면 잘 이야기할 수 있을 텐데……' 하고 생각했다.

나는 그 즉시 보도자료를 작성하고 〈RTIR〉에 광고를 실었다. 〈RTIR〉은 프로그램에 나올 게스트들을 물색하는 수백 명의 라디오 및 TV 제작자들에게 배포되는 간행물이다. 나의 아이디어는 슈퍼볼이 시작하기 전에 내가 그들의 프로그램에 나가서 과거에 어떤 광고들이 효과가 있었는지 이야기하고, 슈퍼볼 종료 다음 주에 다시 나가서 이번 슈퍼볼 광고들이 어땠는지 평가하는 것이었다.

나는 이것이 성공할지 정말 몰랐다. 하지만 나의 전략은 단순히 뜬 걸 넘어 완전히 하늘로 솟아오른 수준이었다. 나는 슈퍼볼 시작 전 주에 40편의 프로그램에 나갔다. 방송국은 작은 지역 방송에서 ESPN과 ABC까지 다양했다. 그리고 슈퍼볼이 끝난 뒤에는 15편의 프로그램에 출연했다. 책이 날개 돋친 듯 팔렸고 전화를 걸어온 클라이언트들도 많았다.

이뿐 아니라 나의 이메일 구독자 명단에는 수많은 신규 구독 신청자들이 이름을 올렸다. 나는 프로그램 출연 중 광고가 시작하려는 타이밍에 내 책의 한 챕터를 무료로 볼 수 있는 방법을 광고 후 알려줄 테니 종이와 연필을 준비하고 있으라고 말했다. 그리고 광고 후에 구독 신청을 하면 내 책의 일부를 읽을 수 있는 웹사이트를 알려주었다. PDF로 되어 있었기 때문에 내 쪽에서 든 비용은 전혀 없었다. 수많은 요청이 도착했고 결과적으로 도서 매출이 크게 뛰었다.

장외 홈런이었다. 출연했던 프로그램 대부분이 그다음 해에도 나를 불러주었다. 기념일, 명절 및 행사에 기반을 둔 전략의 묘미가 바로 여기에 있다. 매년 같은 걸 반복할 수 있는 것이다.

유명인사를 등에 업고 가기

미디어는 유명인사를 언급만 해도 관심도가 비약적으로 높아진다는 것을 잘 알고 있다. TV 프로듀서들은 언제나 인터뷰를 통해 시각적으로 주목을 끌 방법을 찾는다. 그들은 게스트가 말하는 동안 보여줄 유명인의 사진이나 영상을 쉽게 찾는 법도 알고 있다. 그러므로 유명인에게 업혀갈 방도를 찾아내면 인터뷰를 받을 가능성이 높아진다.

이 전략이 최고로 빛을 발하려면 그 유명인이 이미 뉴스에 등장한 상태여야 한다. 이를테면 소매점 주인은 "산드라 블록이 이번 오스카 시상식에서 입은 2,000달러짜리 의상을 100달러 미만으로 장만

하는 법"이라는 이야기로 손님들을 끌 수 있다. 어떤 정치적인이 특별히 멋진 연설을 한 상황에서 당신이 연설 코치라면 당신이 쏠 떡밥은 "스미스 주지사에게 배우는 5대 연설 비법" 같은 것이 될 수 있다.

뉴스와 모닝쇼를 시청하다 보면 이 전략이 얼마나 자주 쓰이는지 알 수 있을 것이다.

트렌드 소식 및 서베이

트렌드 소식에 기반을 둔 전략은 누구보다도 앞서서 트렌드를 포착해야 한다는 점에서 쉽지 않다. 이 전략은 타이밍이 생명인데, 미디어가 집중적으로 보도하기 전에 알아채야 하지만 반대로 그런 트렌드가 존재한다는 사실을 아무도 모를 만큼 너무 이른 시점에는 이 전략을 써선 안 된다.

고객을 면밀히 관찰하는 것이 트렌드를 포착하기 위한 최고의 방법이 될 때가 있다. 2010년, 실리 밴즈^{Silly Bandz}라는 작은 회사가 동물 및 캐릭터 모양의 실리콘 고무 밴드로 엄청난 매출을 올리고 있었다. 어린이들은 팔에 10여 개의 고무 밴드를 차고 다니면서 점심시간이면 고무 밴드를 서로 교환하곤 했다.

이 트렌드를 제일 먼저 알아차린 건 그런 고무 밴드를 파는 가게들이었다. 새 주문을 내서 판매대에 올려놓으면 몇 시간 내로 물건이 동이 났다. 실리 밴즈는 지역적 이슈로 시작하여 마침내 전국적인 이슈로 떠올랐다. 많은 가게 주인들이 신문과 텔레비전에서 이 트렌드를 처음 포착한 사람으로 소개되었다.

이런 트렌드 혜택은 소매점주에게만 찾아온 게 아니었다. 많은 의사들도 이 이야기를 등에 업고 뉴스에 등장했다. 어떻게? 그들은 꽉 끼는 고무 밴드를 팔에 너무 많이 찰 때 나타날 수 있는 건강 문제에 대해 이야기했다(그들은 이야기를 지어낼 필요가 없었다. 과도하게 많은 밴드를 착용하여 팔에 이상이 나타난 아이들이 이미 병원 문턱을 들락거리고 있었기 때문이다). 덕분에 전국적 TV 프로그램과 주요 뉴스, 잡지에 등장한 의사들도 몇 명 있었다.

트렌드는 업계 관련자에게 분명하게 모습을 드러내서 업계에서 발행되는 간행물에는 실리지만 미디어에서는 여전히 깜깜무소식일 때도 있다. 이런 트렌드를 잡아서 미디어에서 목소리를 높이면 효과적이다. 가능하다면 통계자료를 이용하여 당신의 관점을 증명하도록 한다.

서베이는 그 자체로도 매체의 관심을 끌기에 적격이며 트렌드 감지에도 도움이 된다. '잇츠 저스트 런치It's Just Lunch'라는 데이트 서비스 회사는 데이트에서의 남녀의 역할이 뒤바뀌고 있음을 보여주는 서베이 결과를 여러 차례 발표했다. 이 회사는 데이트에서 남녀 역할에 대한 태도의 변화는 새로운 트렌드이며 "여자보다 일과 데이트하기 원하는 남자들이 늘고 있다"라는 식의 헤드라인이 달린 보도자료를 내놓으며 대중매체에 여러 차례 보도되었다.

서베이가 매체의 관심을 끌기 위해 꼭 새로운 트렌드를 밝혀내야 하는 건 아니다. 누구나 호기심을 가질 만한 내용에 대한 사람들의 생각을 묻는 질문들로 구성되기만 해도 충분하다.

특정 주제의 랭킹 리스트

특정 주제의 랭킹 리스트는 어느 주제와 관련한 영리한 조치, 멍청한 실수, 가장 심각한 선입견 등을 나열하며 미디어의 사랑을 많이 받는 메뉴다.

인터넷부터 신문잡지 가판대에 이르기까지 이런 랭킹 리스트는 어디서나 찾아볼 수 있다. 내가 최근 찾아낸 가짓수 목록을 몇 가지 소개하면 다음과 같다.

- 진정한 리더의 7가지 특징
- 인생을 바꾸는 25가지 자동차 여행
- 효과 빠른 다이어트 요령 6가지
- 50가지 생옥수수 요리법
- 다람쥐 쳇바퀴 같은 인생을 벗어나는 4대 비법

랭킹 리스트는 만들기가 비교적 쉽다. 사람들이 얻기 원하는 이익이나 피하고 싶어 하는 어려움을 찾아내면 된다. 특정 주제에 대해 유용한 팁을 공유하는 훌륭한 도구이기도 하다.

랭킹 리스트의 보도자료 작성에는 크게 두 가지 방법이 있는데 원하는 결과에 따라 선택하면 된다. 주요 웹사이트에 당신의 글이 실리길 희망한다면 5~7가지의 팁을 포함하는 보도자료를 쓰라. 하지만 TV나 라디오 혹은 인쇄 매체의 인터뷰를 원한다면 호기심을 유발하는 티저 형식으로 팁을 써내려 나가라. "주름 없는 피부를 위한 간단한 해결책은 비타민 영양제에 든 것과 같은 항산화제를 함유한 크림을 바르는 것입니다"라는 식의 불릿 포인트 대신에 "놀랍도록 간단한 비타민 포뮬러로 주름 없이 깨끗한 피부를 만드는 법"과 같이 쓴다.

랭킹 리스트는 당신 업계 밖의 사람들은 모르는 내용으로 작성해야 한다. 일반 대중을 위한 매체를 겨냥한다면 당신이 속한 분야의 모든 사람이 이미 아는 것에 대해 작성해도 아무 문제가 없다.

유용한 노하우 이야기

어떻게 할지 모르는 것에 대해 누군가가 노하우를 알려준다고 하면 우리는 모두 귀가 솔깃해진다. 이것이 바로 노하우 이야기의 매력이다.

좋은 노하우 이야기 작성 비법은 약간의 차별화를 시도하는 것이다. 기본적인 아이디어에 적절한 수식어를 더하면 매력이 배가된다. 예를 들어 최근에 나는 "스스로를 옹호하라. 최대한 유쾌한 방식으로"라는 부제목이 달린 커버스토리를 보았다. '최대한 유쾌한 방식으로'라는 두 번째 부분이 이 이야기에 약간의 풍미를 더한다.

노하우 이야기는 다른 전략에 힘을 보탤 수 있다. 예를 들어 당신이 침술사라고 해보자. 당신은 숙취를 빨리 없애주는 약초와 지압점을 알고 있다. 이 경우 당신은 "숙취 걱정 없이 12월 31일날 밤새 술 마시는 법"이라는 헤드라인으로 한 해의 마지막 날을 위한 노하우 이야기를 홍보할 수 있을 것이다. 셋 이상의 유용한 정보가 있다면 가짓수 목록 형식으로 작성할 수도 있다.

논란 유발 또는 고정관념 타파

이 두 가지는 기본 전제가 같다. 기존에 확립된 또는 지배적인 지혜나 기준에 반기를 들어야 한다. 대체의학 전문가나 건강식품 판매자들에게 특히 잘 먹히는 전략이다. 왜냐하면 그런 분야는 많은 경우 전통 의학과 불협화음을 많이 내기 때문이다.

논란을 불러일으키는 헤드라인이나 고정관념 타파 기사들이 많은 웹사이트로는 mercola.com을 꼽을 수 있다. "스타틴(고지혈증 치료에 쓰이는 약물—옮긴이)의 나라: 콜레스테롤의 위대한 진실"이라는 게시물은 첫날 조회 수가 18만 2,000회를 넘었다. 이 게시물은 콜레스테롤이 실은 건강에 좋으며, 심장질환의 진짜 원흉은 설탕이라는 다큐멘터리에 대한 글이었다.

보도자료에서 논란 전략을 쓸 때는 고객 기반 구성원들을 언짢게 하지 않도록 주의해야 한다. 그만큼 미디어의 관심을 끄는 것과 직업을 유지하는 것 사이에서 아슬아슬한 줄타기를 해야 하는 것이다. 특히 욕설을 쓰거나 인신공격을 하면 발이 삐끗하며 줄에서 떨어질 수 있다. "모든 서양의학 의사들은 콜레스테롤에 관한 한 돌팔이들이다"라는 헤드라인은 주목은 많이 받겠지만 당신이 앞뒤로 꽉 막힌 사람이라는 인상을 주어 부정적인 결과를 초래할 수 있다.

햇수와 기념일의 활용

미디어는 기념일을 사랑한다. CBS 머니워치Moneywatch의 톰 서시Tom Searcy에 따르면 주요 뉴스 사건은 1년, 5년, 10년, 20년, 25년 후에 재조명된다. 주요 사건, 탄생, 시대적 아이콘의 50년, 75년, 100년째 되는 기념일에도 미디어는 관심을 쏟는다.

인간이나 개에 대한 흥미로운 '각'이 더해진다면 개인적인 기념일도 충분히 이용할 수 있다. 퍼블리시티 전문가 앤서니 모라는 장기 보건의료 시설 소유자인 어느 고객을 위해 몇 가지 스토리들을 가지고 미디어에 접근했는데, 그 반응이 시큰둥했다. 관심을 갖는 듯하다가도 막상 보도는 꺼렸던 것이다. 치매와 알츠하이머에 대한 우울한 이야기나 장기 보건의료 그리고 노령화되는 베이비부머 세대에 대한 이야기는 흔한 소재라 별 관심을 끌 수 없었던 것이 당연했다. 다른 방안을 고민하던 모라는 그 시설에서 펫 테라피를 위해 함께 사는 개에게 집중하기로 했다. 그는 시설에서 일한 지 1주년을 맞이하는 그 개에 대한 보도자료를 작성했다.

"개의 사진과 함께 환자들의 이야기를 담아냈습니다. 1년 정도 말이 없던 환자의 무릎 위로 뛰어올라 말문을 열게 한 일화도 있었죠.

우리는 그 이야기를 전국적으로 홍보했고 그 결과 〈LA 타임스〉, 〈뉴욕 타임스〉에 실리게 되었죠. 그러자 〈타임〉에도 실리고, 〈NPR〉, 〈디스커버리〉에도 실리고……. 이전에는 우리 얘기에 콧방귀도 안 끼던 매체들이 앞다투어 이 이야기를 보도했습니다. 그전에는 그럴 수밖에 없었던 것이 그들이 들으려 하지 않는 스토리를 들고 가서 승부를 보려 했었어요."

모라가 전하려는 메시지에 귀 기울이기 바란다.

'담당자'의 눈길을 끄는 보도자료 작성 예시

보도자료 작성에 들어가기 전에 많은 미디어의 관심을 받았던 보도자료 하나를 보여주려 한다. 이것은 앞서 사례로 든 데이트 서비스 회사인 '잇츠 저스트 런치'의 보도자료다.

이 회사는 싱글들이 말하는 '데이트 케미'가 무엇을 의미하는지 드디어 알아냈는데, 기대와는 다른 것이었다는 내용의 떡밥을 던졌다. 이것은 끝내주는 후킹 요소였다. 왜냐하면 다들 '케미'에 대해 얘기하지만 그것을 제대로 정의한 사람은 아무도 없었기 때문이다. 여기서 주목할 점은 이 회사가 무료 온라인 매거진에 대해서는 아주 간단히 언급하고, 정작 초점은 다른 데 둔 채로 이야기를 풀어가고 있다는 사실이다.

담당자: 아이린 라코타   즉시 배포 요망

전화: (123)456-7890

이메일: Irene.LaCota@ULCorp.com

새로운 데이트 서베이에서
싱글들이 들려준 '진짜 화학 수업'

72퍼센트의 남녀가
'케미'는 육체적 매력이 아니라
편안함과 좋은 대화라고 답변!

잇츠 저스트 런치가 실시한 새로운 서베이는 대부분의 싱글들이 서로가 통한다고 느끼는 '로맨틱 케미스트리'를 영화에서 그려지는 것과 다르게 생각하고 있음을 밝혀냈다. 특화된 데이트 서비스 회사인 잇츠 저스트 런치는 5,000명의 독신 남녀에게 "첫 데이트의 '케미'와 관련하여 다음 중 어느 것이 가장 중요한 요소라고 생각하십니까?"라는 질문을 던졌다. 20퍼센트의 응답자가 '불꽃 튀는 육체적 매력'이라고 답하고 7퍼센트가 '추파

나 성적 농담'이라고 답했지만, 가장 많이 나온 의견들은 이 둘과 확연히 달랐다. '함께 있으면 편안한 느낌'을 44퍼센트의 남녀가 선택했고, 놀랍게도 남성의 경우 49퍼센트가 그렇게 응답했다. '좋은 대화'가 28퍼센트로 그 뒤를 이었다.

이 질문은 잇츠 저스트 런치에서 새로운 온라인 매거진 〈20년째 첫 데이트: 싱글인 당신이 알길 바라는 것〉을 위해 실시한 조사의 일부였다. 이 온라인 매거진은 회사 창립 20주년 기념으로 상기 사이트에서 무료로 배포하고 있다.

"만나는 순간부터 편안한 사람들이 있습니다. 대부분의 싱글들은 그것이 단순한 육체적 매력보다 더 희귀하고 의미 있다고 생각합니다"라고 잇츠 저스트 런치의 사장 아이린 라코타는 말한다.

이 회사가 실시한 또 다른 서베이에서도 '편안함'은 제일 중요한 요소로 꼽혔다. 첫 데이트의 성공 여부를 어떻게 판단하느냐는 질문에 43퍼센트의 싱글들이 '편안하게 나다울 수 있었다'라는 답을 선택했다. 29퍼센트는 '미소 지으며 헤어질 수 있었다', 15퍼센트는 '대화가 술

새 없이 이어졌다'를 택했다.

"편안한 자세로 데이트에 임하고 대화가 잘 풀리도록 하는 전략이 있습니다"라고 라코타는 말하면서 이렇게 덧붙인다. "하지만 어떻게 하면 두 사람이 함께 편안할 수 있는지는 여전히 정의되지 않고 계획되지 않는 무언가, 즉 케미스트리의 문제이지요."

잇츠 저스트 런치는 바쁜 전문직 싱글들을 위한 개인화된 데이트 서비스 회사다. 1991년 창립 이래 200만 건 이상의 데이트를 주선했다. 데이트의 스트레스는 최소화하고 효율은 극대화하기 위하여 점심식사, 브런치, 또는 업무 후 간단한 술자리에서 부담 없이 가벼운 데이트를 즐길 수 있도록 도와준다. 잇츠 저스트 런치에서는 컴퓨터가 아닌 데이트 전문가들이 데이트할 상대를 골라준다. 회사는 미국, 캐나다 등 국제적으로 150여 곳에 사무실을 두고 있다.

# # #

잇츠 저스트 런치에 대해 더 상세히 알고 싶거나 다른 스토리를 듣고 싶다면 아이린 라코타에게 전화나 이메일을 주십시오.

전화: (123)456-7890 이메일: LaCota@ULCorp.com

어디에, 무슨 내용이 들어가야 효과적일까

성공적인 보도자료의 사례를 읽어보았으니 이제 그 내용을 자세히 살펴보자. 각 요소별로 다음과 같이 분석해볼 수 있다.

1. 헤드라인: 눈길을 끄는 헤드라인이 호기심을 불러일으키는 방식으로 글을 요약하고 있다. '화학 수업'은 멋진 말장난이다. 말장난이 쉬운 건 아니지만 제대로만 하면 효과 만점이다. 헤드라인만 봐도 본문을 읽고 싶어진다. 이것이 훌륭한 헤드라인의 필수 요소다. 독자를 잡아끌어서 돌이킬 수 없는 '미끄럼틀'로 인도해야 한다. 즉, 보도자료 전체를 읽도록 해야 하는 것이다. 헤드라인은 읽는 사람을 미끄럼틀로 데려가는 일만 잘하면 된다. 다른 할 일은 없다. 전체 이야기를 다 말해줄 필요는 전혀 없으며 그건 가능하지도 않다. 보도자료에서 헤드라인만큼 중요한 건 없다는 사실을 기억하라. 미디어는 헤드라인을 보고 더 읽을지 말지를 결정한다.

2. 서브 헤드라인: 서브 헤드라인에 더 많은 정보를 담아 헤드라인의 이해를 돕는다. 잇츠 저스트 런치의 경우에는 헤드라인이 독자들에게 화학 수업에 대해 언급하고, 하위 헤드라인은 화학(케미스트리)의 특정 정의를 받아들이는 72퍼센트라는 통계값과 함께 그 화학 수업이 무엇인지 말하고 있다. 간단한 통계값들은 보도자료에서 언제나 환영받는다. 그리고 서브 헤드라인은 수치를 제시하기에 적합한 곳이다. 서브 헤드라인 역시 읽는 이의 관심을 유지시키고, 계속 읽기로 한 결심을 정당화시켜준다.

3. 첫 문장: 첫 번째 문장이 다시 한번 전체 이야기가 무엇이고, 왜 그것이 뉴스가 되는지 말해준다. 첫 문장은 잇츠 저스트 런치의 예시처럼 일반적이어도 좋고, 더 구체적이어도 좋다. 이야기의 가장 중요한 부분을 첫 문장에 담으라. 뉴스룸의 오래된 격언으로 "첫 문단을 파묻지 말라 Don't bury the lead"라는 말이 있는데, 기사에서 가장 중요한 부분들을 깊이 파묻지 말라는 뜻이다.

첫 문장은 전체 스토리가 무엇인지 파악할 수 있도록 해주어야 하고 독자가 계속 읽어나가도록 관심을 유지시켜줘야 한다. 앞의 예처럼 가벼운 이야기를 하는 경우라면 왜 이것이 뉴스인지도 분명히 하고 넘어간다. "대부분의 싱글들이 로맨틱 케미스트리를 영화에서 그려지는 것과 다르게 생각하고 있다"는 부분은 뭔가 다른 시각이 존재함을 미디어에게 알려준다. 만일 대부분의 싱글들이 케미스트리를 육체적 매력이라고 생각한다는 결과가 나왔다면 그건 뉴스가 아니라고리타분한 소리일 뿐이다.

4. 첫 문단: 첫 문단이 '누가 무엇'을 했는지에 대해 자세하게 설명하고 있다. 당신의 보도자료도 그래야 한다. 첫 문단에서 스토리의 핵심을 들려주고 뼈대를 제대로 보여줘야 한다.

5. 두 번째 문단: 둘째 문단이 '왜, 언제, 어디'를 설명한다. 두 번째 단락은 상세 정보로 살을 붙이는 곳이다. 첫 번째 문단을 통해 어떤 스토리가 전개될지 아는 상태에서 독사는 두 번째 문단에서 유용한 정보를 전달받게 된다.

6. 세 번째 문단: 셋째 문단이 인용을 통해 설명을 추가한다. 인용은 스토리를 더욱 흥미롭게 만들고, 읽는 이는 셋째 단락을 읽을 즈음 인용을 기대하게 된다. 여기서 스토리에 대해 언급한 것을 인용할 수 있다. 왜 이 스토리가 다루는 사건이 벌어지는지 설명하는 것도 좋다. 이 보도자료가 바로 그렇게 하고 있다.

7. 네 번째 문단: 넷째 문단이 관련 정보를 추가적으로 제공한다. 이 경우에는 비슷한 결과를 얻은 다른 서베이가 등장한다. 당신의 보도자료에서는 독자가 알았으면 하는 정보나 이야기를 등장시킬 수 있다. 대화를 할 때 '역시', '~도'와 같은 표현과 함께하게 되는 말이 이 문단의 내용임을 기억하라.

8. 다섯 번째 문단: 다섯째 문단은 앞서 인용되었던 회사 대표가 말한 또다른 문장을 인용함으로써 보도자료 전체를 요약하고 있다. "이것은 결국 ~으로 귀결된다"라든지 "이것이 결국 의미하는 바는 ~

이다"라는 식의 말을 하는 곳이 다섯째 문단이다. 실제 이야기의 마무리가 되는 곳이다.

9. 회사 소개: 마지막 문단에서 회사를 간략히 소개한다. 잇츠 저스트 런치가 무슨 일을 하는 회사인지, 지금까지 업적은 무엇인지, 어떤 혜택을 고객에게 줄 수 있는지, 이 사업을 한 지는 얼마나 되었는지, 사무실이 어디어디에 있는지가 마지막 문단에서 기술되고 있다. 이 모든 것을 당신의 회사 소개에도 꼭 넣도록 한다.

10. 연락처 정보: 맨 밑에는 "잇츠 저스트 런치에 대해 더 상세히 알고 싶거나 다른 스토리를 듣고 싶다면 아이린 라코타에게 전화나 이메일을 주십시오"라고 덧붙이고 있다. 연락처 정보를 마지막에 담아 프로듀서, 편집자, 작가들이 쉽고 빠르게 더 많은 정보를 요청할 수 있도록 만들었다. 이것은 내용이라기보다는 형식 사항이지만 빠뜨려서는 안 되기에 열 번째 항목으로 넣었다. 언론인들은 바쁘다. 그래서 보도자료를 읽고 나서 다시 보도자료의 처음으로 가서 연락처 정보를 찾아도 되지 않도록 눈에 띄기 쉬운 곳에 다시 배치하는 것이 중요하다.

11. 하이퍼링크의 활용: 검색엔진 최적화를 위해 보도자료를 이용하려 한다면 최적화하고자 하는 키워드 어구들을 보도자료에서 각각 두 번씩 사용하라. 그리고는 각각에 대해 한 번씩 커서로 잡은 뒤 웹사이트로 가는 하이퍼링크를 만든다. 해당 어구를 커서로 잡고 오른쪽 마우스를 클릭하여 이때 나타나는 풀다운 메뉴의 아래쪽에 있는

'하이퍼링크'를 선택하면 된다. '하이퍼링크 삽입'이라는 양식이 나타나며 어떤 웹사이트로 연결되기 원하는지 물을 것이다. 웹사이트 주소를 상자에 입력하고 '확인'을 클릭한다. 하이퍼링크가 즉각적으로 생성될 것이다.

바로 써먹는 보도자료 작성 템플릿

잇츠 저스트 런치의 보도자료 예는 당신의 보도자료가 가야 할 길을 정확히 보여준다. 길이는 1~1.5쪽이 적당하다. 다음 사항을 꼭 명심하라.

- 당신의 이름, 전화번호, 이메일 주소는 왼편 상단에 세 줄로 넣는다.
- 보도자료 본문의 끝부분에서 회사를 간략히 소개하고, 가운데 맞춤으로 '#' 기호를 세 개 넣는다. 각 기호 사이는 한 칸씩 띄도록 한다.
- 그다음 줄에는 연락처 정보를 다시 반복해준다.

다음 템플릿을 활용하면 편리할 것이다.

담당자: 이름　　　　　　　　　　　　　　　　즉시 배포 요망

전화: (123)456-7890

이메일: 당신의 이메일 주소

이야기의 핵심을 찌르는
눈길을 끄는 헤드라인은 볼드체로

하위 헤드라인은 보통 굵은 글씨로 쓰며
헤드라인보다는 상세한 내용을 담는다.

첫 문단은 스토리가 무엇이고 왜 뉴스가 되는지 반복한다. 첫 문단의 나머지 부분은 '누가 무엇을' 했는지를 더 상세하게 기술한다. 가능하다면 여기 첫 문단과 둘째 및 넷째 문단에서 당신의 웹사이트로 가는 하이퍼링크를 키워드 어구 몇 개에 걸도록 한다.

둘째 문단은 왜, 언제, 어디를 설명한다. 이 단락은 다소 짧아도 좋다.

"셋째 문단은 당신 회사의 누군가가 한 말을 인용한다"라고 당신 회사의 사장 이름을 말하며 다음과 같이 부연한다. "이 템플릿에서처럼 문장을 정확히 둘로 나눈다."

넷째 문단에서는 관련 정보를 추가적으로 덧붙인다. 대화를 할 때 '역시', '~도'와 같은 표현 뒤에 하는 말이 이 문단의 내용이라고 생각하라.

"다섯째 문단은 두 문장으로 된 인용 단락으로서, 전체 내용을 요약해준다"고 (이름)이 말한다. "여기서 독자에게 모든 것이 결국 무엇으로 귀결되는지 혹은 무엇을 의미하는지 말해준다."

주요 스토리는 끝났다. 이제 이 마지막 단락에서 당신 회사를 소개한다. 어떤 회사인지, 업적은 무엇인지, 고객이 누릴 수 있는 혜택은 무엇인지, 이 업종에 얼마나 오래 있었는지, 사무실은 어디에 있는지 등을 기술한다.

# # #

(당신의 회사)에 대해 더 상세히 알고 싶거나 다른 스토리를 듣고 싶다면 (이름)에게 전화나 이메일을 주십시오.

전화: (123) 456-7890 이메일: 당신의 이메일 주소

상단과 하단의 포맷은 늘 같다.

이런 식으로 템플릿을 이용하면 한 쪽짜리 보도자료 작성이 매우 쉬워진다고 한다. 언제나 바로 지난번 사용했던 보도자료를 꺼내서 인용을 비롯한 여러 가지 스타일 요소는 그대로 둔 채 내용만 새롭게 작성하면 된다.

매체 선정하기: 전국 vs 지역

보도자료를 완성한 뒤에는 보도자료를 보낼 매체를 선정해야 한다. 굿모닝 아메리카, CNN, 〈월스트리트 저널〉, 〈USA 투데이〉와 같은 대규모 주류 매체는 경쟁이 매우 치열하다.

전국적인 매체에 등장하면 신뢰도 상승에는 도움이 되겠지만 새 일감을 따는 데 있어서는 지역 매체나 업계 매체를 통한 캠페인만 못한 결과를 낳을 수도 있다. 그래도 전국적 매체에 등장하게 된다면 매체의 로고와 해당 동영상을 당신의 웹사이트에 반드시 싣도록 한다.

퍼블리시티 캠페인의 시작 단계에서는 지역 방송이나 라디오, 지역 신문에 나오기가 훨씬 쉽다. 지역 매체의 프로듀서와 편집자들은 지역 성공담에 특별히 관심이 많다. 그들에겐 지역 관련 이야기인지 아닌지가 주요 선별 기준이 되기 때문이다.

인쇄 매체의 경우, 미시건의 어느 보건 관련 주간지에 나오는 것이 미국의학협회 웹사이트에 기사가 실리는 것보다 환자 유치에 더 도움이 될 가능성이 크다. B2B 사업을 한다면 일반 대중을 겨냥한 기사에 등장하는 것보다는 해당 고객층을 겨냥한 업계 간행물에 등장하는 것이 나을 것이다.

전국적인 고객 기반을 가지고 있다 하더라도 시작은 지역에서 하는 게 좋다. 해당 지역 신문은 그곳에 사는 사람들에 대한 소식을 전하는 것이 임무이므로 전국적 신문보다 당신에 대한 기사를 실어 줄 가능성이 더 크다. 〈애틀랜타 비즈니스 크로니컬〉과 같은 많은 지역 업계 간행물들은 비즈저널(bizjournals.com) 같은 대기업이 소유하고 있어서 한 신문이 당신에 대한 이야기를 내면 같은 회사에 속한 나머지 간행물들이 뒤따를 가능성이 있다. 처음에는 지역 이야기로 시작해서 이런 식으로 번지면서 전국적인 이야기로 확장하는 것도 좋은 방법이다.

보도자료 배포를 위한 팁

보도자료를 배포하는 가장 쉬운 방법은 보도자료 배포 서비스를 비용을 주고 이용하는 것이다. 이 분야에서 유명한 기업들은 보도자료 한 건당 서비스 이용료를 청구한다. 따라서 큰돈 들이지 않고 아이디어를 시험해보기에 적절하다.

한국에서는 뉴스와이어(http://www.newswire.co.kr)가 대표적이다. 이 밖에도 다양한 보도자료 배포 서비스 회사들이 있으니 여러 조건을 비교해본 뒤 최적의 회사를 선택하는 것이 좋겠다.

물론 직접 보도자료를 배포할 수도 있다. 이때는 미디어 리스트를 작성하는 것이 좋다. 당신이 속한 업종과 관련된 신문·방송 기자, 파워블로거, 전문 칼럼니스트 등의 리스트를 미리 만들어두었다가 필요에 따라 선별적으로 보도자료를 배포하는 것이 효과적이다.

웹사이트에 업로드하기

보도자료를 당신의 웹사이트에 올리는 것도 잊지 말라. 웹사이트에 보도자료만 올리는 페이지를 꼭 만들어 그곳에 보도자료들을 날짜순으로 게시한다. 언제 기자나 프로듀서가 해당 주제로 방송을 제작하기 위해 검색을 할지 알 수 없는 법이다.

이런 식으로 언론이 당신을 찾아내리라는 보장은 없지만, 웹사이트에 보도자료를 게시하는 것이 어려운 일도 아니고 기자나 프로듀서들이 무엇을 보고 전화를 걸지 미리 알 재간도 없으니 굳이 안 할 이유는 없을 것이다. 게다가 이렇게 하면 웹사이트가 더욱 전문성 있어 보이고 해당 분야 전문가로서의 당신의 신용도를 높여준다.

경력 초기에 나는 〈애틀랜타 저널—컨스티튜션〉에 경력 및 직업에 대한 특약 칼럼을 썼다. 데드라인이 수요일 아침 9시라는 걸 알고 있었지만, 늘 화요일 밤이 되어서야 기삿거리를 찾아 헤맸다. 웹사이트들의 보도자료 페이지는 내게 좋은 자료의 원천이었고, 내가 아는 많은 칼럼니스트들에게도 그렇다.

직접 당신의 이야기를 들려주어라

보도자료를 작성하고 원하는 매체를 정한 뒤 할 일은 직접 그곳과 접촉하여 당신의 이야기를 들려주는 것이다.

이메일을 통해 접근하려면 제목의 첫 부분에 '스토리 아이디어' 또는 '프로그램 피치Show Pitch'라고 쓴 뒤 콜론(:)을 찍는다. 스팸 이메일이 워낙 많다 보니 제목만 봐도 당신이 살아 있는 진짜 사람으로서 흥미로운 아이디어를 가지고 이메일을 보냈음을 알 수 있어야 한다. 콜론 뒤에는 헤드라인을 축약해서 넣는다. 잇츠 저스트 런치의 예를 가지고 말하면 '스토리 아이디어: 싱글들이 들려주는 놀라운 화학 수업'이라고 제목을 쓸 수 있다.

이메일 본문에는 보도자료를 복사해서 붙여넣는다. 낯선 사람이 보내온 첨부문서를 무모하게 열어볼 사람은 거의 없기 때문이다. 이제 '보내기'를 누르기만 하면 끝이다!

우편은 조금 구식으로 보인다. 하지만 프로듀서와 편집자들의 이메일 수신함은 각종 이메일로 그득하므로, 시간이 아주 촉박한 경우가 아니라면 우편이 때로는 이메일보다 더 좋은 방법일 수 있다. 정말로 간절히 원하는 매체가 있다면 둘 다 이용하라. 봉투에 보도자료를 넣기만 하면 되니까 어렵지 않다. 점수를 좀 따려면 평범한 흰 봉투에 손글씨로 수신자와 발신자의 주소를 적는다. 발신자 주소에는 당신의 이름도 함께 적는다. 개인적인 향기가 나기 때문에 편지를 열어볼 가능성이 높아진다.

전화를 걸 수도 있다. 처음부터 전화를 걸 수도 있고 보도자료를 보낸 뒤 후속 조치 차원으로 전화를 걸 수도 있다. 여기 세 가지 비법이 있다.

1. 보도자료를 받아보았는지 절대 묻지 말라. 그쪽 사람들은 그런 걸 너무 많이 받다 보니 일일이 기억할 수가 없다. 이런 질문을 하면 아마추어라는 인상만 남길 것이다. 상대가 당신의 보도자료를 기억한다면 먼저 말을 꺼낼 것이다.

2. 당신이 보냈다는 사실을 상대가 모른다는 것을 전제로 대화를 하라. 당신의 아이디어를 알릴 때 돌아올지도 모르는 싸늘한 반응에 대해 마음의 준비를 하고 있어야 한다.

3. 활기차야 한다. 매체 관계자에게 말을 할 때마다 당신은 프로그램 출연을 위한 오디션을 보는 것이다. 인쇄 매체든 방송 매체든 미디어는 활력과 열정에 잘 반응한다.

전화 통화 시작은 이렇게 한다. "안녕하세요, (기자의 이름)님! 저는 (당신 회사)의 (당신 이름)입니다. 아이디어가 있는데 30초 정도 말씀 나누어도 괜찮을지요?" 상대가 안 된다고 말하면 보통 하루 중 어느 때가 좋은지 물어본다. 절대로 우격다짐의 태도로 밀어붙여서는 안 된다.

상대가 된다고 하면 먼저 보도자료의 중요 부분을 말하며 시작한다. 인용부는 뺀다(30초 내로 마칠 수 있도록 미리 연습해둔다). 왜 당신이 이 주제의 전문가인지를 알리는 문장으로 마친다. 그러고는 상대의 반응을 기다린다.

'노'라는 반응은 즉각적으로 나오지만 '예스'라는 반응을 얻는 데는 시간이 걸리곤 한다. 상대가 총괄 프로듀서에게 당신의 아이디어를 전달해야 할 수도 있고 더 많은 자료를 요청할 수도 있다. 당신의 설명이 간단명료하게 잘 전달되기만 한다면 매체는 흥미로운 아이디어에 솔깃하기 마련이다. 기자의 시간을 낭비하고 있다는 걱정 따위는 접어둔다. 당신이 언론 노출을 원하는 것만큼 그들도 간절히 스토리 아이디어를 원한다.

이런 식으로 며칠에 한 번씩 전화한다. 그들이 명확하게 거절 의사를 말할 때까지는 계속해도 된다. 거절의 말을 들으면 그만두고 다른 보도자료 아이디어를 생각해내야 한다.

기억할 점은 언제나 정중하고 다정해야 한다는 것이다. 이번에는 상대를 설득하지 못한다 해도 관계를 구축하고 좋은 인상을 남겨야 한다. 시간 예약이 잡히면 손수 고마움을 표현하는 카드를 써서 보내는 것도 좋은 방법이다.

전략적 마케팅 부스트 7, 8: 미디어와 접촉하기

퍼블리시티라는 땅의 지형을 파악했으니 이제 전략적 마케팅 부스트의 구체적인 과제를 수행할 때가 왔다.

마케팅 부스트 7: 보도자료 아이디어 구상

• 미디어 설득에 사용할 '떡밥' 아이디어를 3~5가지 작성한다. 이 장을 시작할 때 언급했던 각이 잡힌 이야기를 적어도 세 가지는 이용한다. 머리로만 생각하지 말고 손으로 적는다.

• 출연 또는 보도되기 원하는 간행물이나 프로그램을 적어도 일곱 개 정도로 추려서 목록으로 만든다. 연락할 사람들의 이름을 입수하기 위해 검색을 실시한다. 지역 인쇄 매체를 포함시키는 것을 잊지 말라.

• 보도자료 배포 서비스 웹사이트 하나를 골라 계정을 만들고 웹사이트를 잘 익혀두라. 그런 웹사이트에서는 보도자료를 쓰는 데 도움이 될 만한 자료들도 제공하고 있으니 꼭 읽어보도록 한다.

• 해당 주제를 잘 다루고 있는 알찬 블로그를 몇 개 찾아낸다. 구글에서 검색을 하고 앞으로 한 달 동안 관심이 가는 블로그들을 읽고 코멘트를 단다. 그렇게 하면 그 블로거들과 관계를 효과적으로 형성할 수 있으며 추후에 도움을 받을 수도 있다.

마케팅 부스트 8: 보도자료 작성 및 배포

어쩌면 이 과제에 이틀을 할당해야 할 수도 있다. 첫날은 보도자료를 쓰고 둘째 날은 그것을 편집하고 마케팅 과업을 수행하는 것이다. 보도자료 초안을 하룻밤 묵히면 다음 날 다듬을 때 좀 더 객관적인 시각을 가질 수 있으니 꼭 시도해보길 바란다. 구체적인 과제는 다음과 같다.

- 적어놓은 이야기들 중에 하나를 선택해서 보도자료를 작성한
다. 직접 하거나 외주를 줄 수도 있다.

- 보도자료가 게재되길 원하는 매체에 편지를 쓰거나 전화를
건다.

- 보도자료 배포 서비스 회사를 이용하여 보도자료를 배포한다.

CHAPTER
10

다 이 렉 트 메 일

돈 낭비 없이 고객을 불러들이는
DM의 모든 것

이 장에서는 두 가지 전략적 마케팅 부스트를 위해 다이렉트 메
일direct mail(백화점 등에서 가정으로 직접 보내는 광고용 우편물—옮긴이)로 몇
가지 실험을 진행할 것이다. 다이렉트 메일이 고릿적 얘기처럼 들릴
지도 모른다. 하지만 오늘날 같은 이메일, 텍스트 메시지, 소셜미디어
의 시대에도 다이렉트 메일은 여전히 일을 아주 잘하는 힘센 황소와
도 같다.

거기에는 몇 가지 이유가 있다. 첫째, '받은편지함'보다 우편함
이 덜 복작거린다. 오늘날 이메일은 필수 의사소통 수단이 된 반면,
실물 우편은 점점 더 감소하고 있다. 기껏해야 청구서와 전단지가 대

부분이다. 그럼에도 우리는 우편함에서 무언가 흥미로운 것을 발견하기를 언제나 희망한다. 그래서 누구나 받는 일반적인 광고 우편물과 다른 '세일즈 레터'를 작성한다면 관심을 끌고 새로운 고객을 유치할 수도 있다.

둘째, 이메일보다는 물리적 형체를 갖는 우편물에 사람은 더 높은 몰입도를 보인다. 리서치 에이전시인 밀워드 브라운^{Millward Brown}이 실시한 설문조사에 따르면 "물리적 매체, 즉 다이렉트 메일이 사람의 뇌에 '더 깊은 발자국'을 남긴다"고 한다.

이 말은 물리적 우편물의 유형성이 '측정 가능한 정서적 펀치measurable emotional punch'를 이메일보다 더 강력하게 날린다는 뜻이다. 이것은 매우 중요하다. 그리고 가치 혹은 가격이 높은 제품이나 서비스를 판매하는 사람에게는 더더욱 중요하다. 잠재 고객의 우편함에 도착한 1~2쪽의 편지는 이메일이 결코 흉내 낼 수 없는 우아함과 품격을 전달한다. 종이의 질감과 봉투와 편지지 상단의 회사 이름과 로고는 당신이 제공하는 제품과 서비스의 가치를 효과적으로 전달한다.

셋째, 다이렉트 메일에게 승리를 안겨주는 또 한 가지 요인은 면도날보다 정밀하게 타깃 고객을 겨냥할 수 있다는 것이다. 끝으로, 한 번에 봉투 하나만 보게 되므로 똑같은 글씨체의 제목이 빼곡히 늘어선 이메일 수신함보다 물리적 우편물은 정보 과부하의 정도가 미미하다.

다이렉트 메일의 효과를 제대로 보려면 우선 마케팅이 낭비 감소에 대한 것임을 이해해야 한다. 무슨 말인고 하면, 매출을 올려주거나, 일감을 주거나, 리퍼럴을 해주지 않을 사람을 마케팅 대상으로 삼아서는 안 된다는 말이다. 고객이 될 가능성이 없는 사람에게 커뮤니케이션 비용을 쓰는 것은 쓰레기통에 돈을 던져넣는 것과 같다. 반면 다이렉트 메일을 이용할 때 적절한 잠재 고객 명단을 구매한다면 해당 서비스나 제품에 흥미를 가질 가능성이 가장 큰 사람들에게만 우편물을 보낼 수 있다.

다이렉트 메일의 뛰어난 장점으로 강력한 비용 통제도 들 수 있다. 이 장점은 매체를 통한 광고와 비교할 때 더 뚜렷이 부각된다. 다이렉트 메일은 100통을 보낼지 혹은 1,000통, 1만 통을 보낼지 선택할 수 있다. 이런 비용 통제력 덕분에 메시지 효과도 쉽게 테스트해볼 수 있다. 테스트 결과 어느 메시지가 효과적이라고 밝혀지면 더 많은 사람들에게 내보내면 되고, 효과가 시원찮다고 밝혀지면 새로운 메시지를 시험해보면 된다.

이제부터 다룰 두 가지 전략적 마케팅 부스트는 다이렉트 메일 캠페인의 구상 및 실행에 대한 것이다. '전략적 마케팅 부스트 9'에서는 우편 수신자 명단의 세상을 들여다볼 것이다. 내가 준비한 포맷을 이용하여 이상적인 고객을 수신자로 하는 세일즈 레터를 작성해보자. 내가 제공하는 템플릿을 이용하면 수신자가 당신의 웹사이트로 가서 무료 리포트를 다운로드하도록 동기를 부여하는 데 도움이 될 것이다.

세일즈 레터를 완성한 뒤에는 두 가지 할 일이 있다. 첫째, 지난 한 달 동안 당신이 받은 모든 세일즈 레터들을 열어 꼼꼼히 읽는다. 앞으로도 습관처럼 수신하는 모든 다이렉트 메일을 읽도록 한다. 전체 또는 일부분에서 호소력 있는 내용이 눈에 띄면 스크랩을 한다. 위대한 마케팅 카피라이터라면 누구나 이러한 스크랩 노트를 하나씩은 가지고 있다. 이 스크랩 노트가 있으면 세일즈 레터 작성이 누워서 떡먹기처럼 쉬워진다. 거기서 필요한 부분을 따서 갖다 쓰면 되기 때문이다.

둘째, 세일즈 레터 작업을 하면서 우편 수신자 명단을 확보해야 한다. '전략적 마케팅 부스트 10'을 수행할 즈음이면 메일링 캠페인의 실천 단계에 접어들어야 하므로 우편 수신자 명단이 필요하다. 설마 당신이 일일이 우편물을 부쳐야 한다는 생각은 하지 말길 바란다. '전략적 마케팅 부스트 10'에서는 다이렉트 메일 벤더들에게 연락을 취하고 인쇄 및 발송을 해줄 이를 구하는 방법을 보여주겠다. 이런 회사들과 함께 일하는 것은 어렵지 않다. 원하는 포맷으로 편지의 사본을 보내주거나 아예 포맷도 잡아달라고 요청할 수 있다. 일단 견적이 들어오면 시험적으로 100~250통 정도만 발송해본다. 다이렉트 메일로 효과를 보려면 시작은 작게 하고 결과를 모니터링하여 성공적일 때 그 양을 늘려가야 한다.

타깃 고객은 누구인가?

시작이 반이라면 그 시작의 절반은 적합한 우편 수신자 명단을 확보하는 것이다. 그럼 이제 때로는 혼란스럽기까지 한 우편 수신자 명단의 세상을 파헤쳐보자.

다이렉트 메일에 대해 귀에 못이 박히도록 듣는 소리가 타깃 고객을 정밀하게 정의할수록 성공 확률이 높아진다는 말이다. 당신의 메시지에 큰 반응을 보일 사람들의 명단을 확보할 확률은 당신의 틈새시장 구성원들을 좁게 정의할수록 높아진다. 여기에는 나이, 거주지역, 성별, 수입, 소속(회사), 직위 등이 포함된다. 당신이 판매하는 제품이나 서비스가 무엇이냐에 따라 각 항목의 중요도도 달라질 것이다. 우편 수신자 명단들은 점점 더 세밀하게 작성되는 추세로, 잠재 고객을 잘 정의하면 할수록 더 적합한 명단을 확보할 수 있다. 잠재 고객에 대한 명확한 이해는 세일즈 레터 작성을 수월하게 만들어준다는 점에서도 필요하다.

우편 수신자 명단은 일단 당신의 웹사이트나 소셜미디어, 무료 리포트 다운로드 고객들로부터 시작한다. 이후 잠재 고객이 모여 있는 서비스나 사이트와의 제휴를 통해 합법적으로 확보한다.

세일즈 레터 작성의 키포인트

그럼 지금부터 세일즈 레터 작성법을 단계별로 살펴보자. 이에 앞서 '엽서보다 편지가 더 효과적인가'라는 질문에 답을 해볼 필요가 있다. 둘의 장단점은 너무나 명확해서 한 번쯤 짚고 넘어가야 할 문제다.

우선 엽서는 편지에 비해 비용이 덜 든다. 그리고 엽서는 이미지만 잘 선택하면 눈길을 단번에 사로잡을 수 있다. 그러나 메시지를 적어 넣을 공간이 한정적이다. 당신의 타깃시장이 기업들이라면 한눈에 봐도 홍보성이 짙은 엽서는 의사결정자들에게 전달되기 전에 이미 우편 검열자(예를 들면 비서)의 손에 의해 분리수거함으로 직행할 것이다. 반면 소비자에게 직접 마케팅하는 경우라면 한 번쯤 시도해볼 만하다.

나의 경우에는 프로페셔널한 모습을 띤 세일즈 레터의 효과가 제일 컸다. 우리 회사에서 실험을 해보았는데 엽서에 비해 세일즈 레터의 성과가 상당히 도드라졌다. 그러니 안심하고 세일즈 레터를 작성해보자.

어찌할 바 모르고 빈 종이를 펼쳐놓고 뚫어져라 쳐다보거나 빈 워드 문서를 열어놓고 멍하니 앉아 있을 필요 없다. 내가 강력한 세일즈 레터 작성 과정을 차근차근 안내해줄 테니까. 템플릿을 그대로 사용할 수도 있고 창의성을 발휘해서 적절히 수정해도 괜찮다. 다이렉트 메일의 장점 중 하나는 반응을 쉽게 추적할 수 있다는 것이다. 반응이 바라는 만큼 나와주지 않으면 돈을 더 쓰기 전에 멈추면 된다.

사고 과정은 무료 리포트를 작성할 때와 같지만 세일즈 레터는 애초부터 당신 자신(또는 회사)이나 서비스, 제품이 아닌 읽는 이에 초점을 둔다. 그런 까닭에 수신자가 무엇을 갈구하고 두려워하는지와 관련한 정서적 방아쇠^{emotional trigger}들을 십분 활용할 것이다. 정서적 방아쇠는 읽고 던져버리는 세일즈 레터와 읽고 행동으로 옮기는 세일즈 레터를 나누는 역할을 한다.

이익에 대한 갈망과 고통에 대한 두려움이 잠재 고객에게 당신이 바라는 행동을 취하게 하는 데 매우 강력한 도구가 된다는 점은 앞서 여러 번 반복해 말한 바 있다. 이익에 대한 갈망에 초점을 맞춘다는 얘기는 세일즈 레터를 읽는 이의 열망, 야망, 목표 등 수신자가 간절히 원하는 긍정적 성과에 집중하는 것이다. 이 방법은 희망과 밀접한 관련이 있다는 점에서도 매우 강력하다. 사람을 움직이게 하려면 희망을 심어주어야 한다.

읽는 이가 목표 달성이 불가능하며 그 성취가 자기 능력 밖이라고 느낀다면 무력감에 사로잡힐 것이다. 이건 치명적이다. 편지를 다 읽고 나서 수신자가 행동을 취할 '의욕'이 생겨나야 한다. 편지가 언급하는 '이익'을 향한 희망과 열망을 느끼지 못하면 수신자는 꼼짝도 안 할 것이다. 그러므로 편지는 '행동'을 취함으로써 얻을 수 있는 '이익'을 강조하는 '감성적인 말'로 장전되어야 한다.

이익이 정서적 측면에서 호소력이 크다면 고통은 초반 관심 집중에 효과적이다. 세일즈 레터를 쓰기 시작할 때는 우선 고통에 초점을 맞추어야 한다. 그렇다면 어떻게 고통을 소통할 것인가? 두 단계의 지극히 효과적인 방법이 있다. 첫째, 수신자가 직면하고 있는 문제를 말한다. 틈새시장 구성원들에게 편지를 쓰거나 이보다 더 광범위한 잠재 고객들에게 매우 구체적인 서비스를 제안한다고 가정해보자. 사람들은 자기들이 겪고 있는 문제와 같거나 비슷한 것에 관심을 보이기 마련이다. 그러므로 잠재 고객층을 세분화할수록 유리하다.

그러나 문제를 기술하는 것만으로는 충분치 않다. 그걸 발판으로 더 나아가야 한다. 행동을 취할 마음이 생길 때까지 수신자를 끌고 나가야 한다. 그렇게 하려면 문제 방치 시 초래될 결과를 소통해야 한다. 앞서 이야기한 대로, '문제를 해결하지 않으면 어떻게 될까?'에 대한 답을 제공하기만 하면 된다. 상상이 가겠지만 이 지점에서 편지를 읽는 이의 마음은 진정으로 그 문제에 쏠리게 된다.

이 두 가지에 초점을 맞추면 고객이 마지막 줄까지 읽고 당신이 원하는 행동을 취하도록 하는 세일즈 레터를 작성할 수 있다. 그러면 다 되는 것이다.

무료 리포트 작성 때와 같이 책상 앞에 앉아 세일즈 레터를 작성하기 전에 해야 할 숙제가 몇 개 있다. 이 단계에서 시간을 투자한 만큼 높은 품질의 마케팅 메시지를 작성할 수 있을 것이다.

제4장에서 말했듯이 메시지의 스타일과 어투는 잠재 고객에게 직접 말하듯이 하면 된다. 다시 말해 개인적인 느낌이 묻어나야 한다. 사람이 아니라 회사가 말하는 것으로 들리는 인간미 없는 어투의 '회사 가라사대' 느낌이 나면 안 된다. 이런 세일즈 레터들은 읽는 이가 필요로 하는 것, 원하는 것, 소망하는 것, 갈망하는 것을 당신이 진정

으로 이해하고 있음을 전달하지 못한다.

적절한 수준의 친밀감이 배어 있는 세일즈 레터를 작성하려면 다음 세 가지 질문에 답해야 한다. 제2장에서 무료 리포트를 작성할 때 했던 활동과 비슷하다.

1. 누구에게 쓰는가?

2. 당신이 해결책을 제시하는 수신자가 직면한 구체적인 문제가 무엇인가? 모든 사람이 자기는 남과 다른 문제를 가지고 있다고 생각한다는 점을 명심하라. 문제를 세밀하게 나누어 언급할수록 편지가 읽힐 가능성이 높아진다.

3. 문제를 해결하지 않고 방치할 때 어떤 결과가 발생할 수 있는가? 수신자의 마음에서 문제를 부각시켜서 그것이 중요하다고 느끼도록 만들어줘야 한다. 이렇게 하기 위해 문제를 해결하지 않으면 초래될 수 있는 결과에 대해 소통해야 한다. (주의할 점: 문제 방치 시 초래될 결과의 중요성을 간과해서는 안 되지만 너무 새가슴처럼 굴어서도 안 된다. 문제 방치의 결과를 전달할 때 하늘이 무너질 것처럼 말하지 말고 행동을 취함이 마땅하다는 점을 부각시킨다.)

첫 문장에 승부를 걸어라

다이렉트 메일의 첫 문장을 쓸 때는 두 가지 중요한 목적을 마음에 새겨두어야 한다. 첫째, 전설적인 카피라이터 존 케이플스John Caples

가 말했듯 "첫 문장의 목적은 두 번째 문장을 읽게 만드는 것"이다. 여기에 내가 한마디 덧붙이자면, 읽는 이의 관심을 낚아채는 데 더하여 첫 문장은 메일 작성자(회사든 개인이든)의 신용을 구축해야 한다.

여기 템플릿으로 이용할 수 있는 간단한 첫 문장이 있다. 위의 두 가지 목적을 모두 달성할 뿐 아니라 나의 경험상 효과도 아주 훌륭하다.

○○님, 안녕하십니까?
(틈새시장의 사람들)과 대화를 나누면서 많은 분들이 (문제의 내용) 문제로 걱정이 크다는 걸 알게 되었습니다.

이를 실제로 적용했을 때 어떻게 되는지 몇 가지 예를 살펴보자.

• 보스턴의 소매업자들과 대화를 나누면서 많은 분들이 재고관리 문제로 걱정이 크다는 걸 알게 되었습니다.
• 지역 은행 임원들과 대화를 나누면서 많은 분들이 기술비용 감축 문제로 걱정이 크다는 걸 알게 되었습니다.
• 소기업인 분들과 대화를 나누면서 많은 분들이 신규 고객 유치 문제로 걱정이 크다는 걸 알게 되었습니다.

이것은 내가 좋아하는 첫 문장 유형 중 하나로, 지금까지 매우 성공적이었다.

이 첫 문장과 관련한 또 한 가지 흥미로운 사실은 비서 등 '우편 검열자'들을 잘 통과하여 의사결정자에게까지 전달되는 확률이 높다는 것이다. 그 이유는 이 문장이 당신이 그들의 업계에 집중하는 사람이며 당신의 말을 그 분야의 높은 사람들이 경청한다는 사실을 명확히 전달하기 때문이다.

첫 문장이 한 문단을 이루게 하라. 그래야 눈길이 분산되지 않고 읽힐 가능성이 높아진다. 그리고 읽는 이가 다음 문장으로 나아갈 확률도 커진다. 〈다이렉트 마케팅 뉴스〉에 의하면, 둘째 문단까지 읽는 데 성공하면 '미끄럼틀'을 타고 내려갈 확률이 급격히 높아진다.

둘째 단락에서는 첫 문장에서 언급한 문제를 좀 더 파헤친다. 무료 리포트를 작성할 때 문제 방치 시 초래되는 결과를 생각해보았던 연습이 상당히 도움이 될 것이다. 문제가 존재한다고 말하는 것만으로는 사람들을 움직일 수 없다. 행동을 이끌어내려면, 나무늘보마냥 뭉그적거리며 필요한 조치를 취하지 않으면 벌어질 수 있는 사태에 대해 보완 설명을 해야 한다. 예를 들어 내가 다이렉트 메일에 대해 쓴다고 해보자. 나는 설득력 있는 메일 쓰는 법에 대해 모르면 당신의 비즈니스가 '끼리끼리만 아는 비밀' 신세가 될 가능성이 크다는 점을 강조할 것이다. 우수한 제품이나 서비스가 있어도 아무도 그것에 대해 알지 못한다면 무슨 소용이겠는가(한 연구에 따르면, 리퍼럴과 구전에 대한 과도한 의존이 독립 컨설턴트와 소기업들의 가장 흔한 파산 이유라고 한다). 그리고 나서 어떻게 대부분의 다이렉트 메일이 비서의 검열을 받고, 첫 문장만 읽힌 채 분리수거함으로 던져지고, 다시는 세상 빛을 보지 못하게 되는지 이야기할 것이다.

이제 어떻게 쓸지 감을 잡았으리라. 문제 방치 결과를 논할 때 불릿 포인트 사용을 고려해보기 바란다. 텍스트를 여러 덩이로 나누어 메시지의 시각적 호소력을 높여준다. 시각적 배치를 절대 간과하지 말라. 별것 아닌 이런 단순한 요소가 편지를 끝까지 읽게 하는 데 한몫한다.

관심을 유도하고 신뢰를 심어주어라

이 다이렉트 메일의 목적은 한마디로 수신자들이 당신의 웹사이트를 방문하게 하거나 무료 리포트를 요청케 만들려는 데 있다. 이것이 전형적인 세일즈 레터와 다른 점이다. 전형적인 세일즈 레터는 전통적으로 추가 정보를 위해 전화를 걸라든지 '우리 영업 사원과 이야기를 나누라'고 권한다.

안타깝게도 누군가에게 연락을 해달라고 요청하면 보통은 별 반응을 이끌어내지 못한다. 편지의 수신자들은 전화를 걸면 끈덕진 구매 권유의 변을 들어줘야 할 것이라 여긴다. 잠재 고객에게 첫 연락을 취할 때 '부드러운 제안soft offer'만을 해야 하는 이유가 바로 거기에 있다. 상대가 쉽게 '예스'라고 말할 수 있는 것을 권유해야 한다.

두려움, 고통, 희망 등에 초점을 맞추어 읽는 이의 관심을 유도

하는 한편, 문제를 해결하는 데 필요한 기술과 방법을 당신이 갖고 있음을 안심하고 믿을 수 있도록 당신의 신용에 대해 진술해야 한다.

상대의 구체적 문제에 대해 이해하는 태도만 보여도 신용을 상당히 얻을 수 있지만 거기서 한발 더 나아가 보자. 틈새시장 구성원들이 무엇을 가장 인상 깊게 받아들일지 판단하여 그것을 강조하도록 한다. 이를테면 학력이라든지 특별한 프로그램이라든지 '몇 년 동안 해당 분야에서 종사했는지' 등을 포함시킬 수 있을 것이다. 전문 분야의 주제에 대해 책이나 기고문을 쓴 것이 있다면 그런 것도 언급해준다. 비즈니스 종류와 경험의 많고 적음에 따라 회사의 전문성에 어느 정도 초점을 맞출지 결정한다. 회사의 전문성을 부각시키는 경우에는 회사가 그 사업을 해온 지 몇 년이 되었는지, 고객들이 어떤 성과를 거두었는지, 지사의 수와 위치 등 잠재 고객이 중요시할 만한 정보를 언급한다.

신용 구축을 위한 자기 소개 혹은 회사 소개를 할 때 자문해봐야 할 질문이 있다. 바로 "왜 고객들이 나를 고용하지 않는가?"이다. 이러한 걱정을 신용 진술에서(영업 카피의 다른 부분에서도) 더 많이 다루면 다룰수록 거절의 횟수가 줄어든다. 잠재 고객의 우려를 불식시키는 짧은 고객 후기가 있다면 그것을 세일즈 레터에 포함시키는 것도 도움이 된다.

행동을 촉구하는 '추신'의 놀라운 힘

많은 연구에 의하면 추신P.S.은 세일즈 레터 중 두 번째로 가장 많이 읽히는 부분이다(가장 많이 읽히는 부분은 첫 문장이다). 수신자가 행동으로 옮겼으면 하는 부분을 추신에서 반복하라. 그렇게 하면 무료 리포트가 총 두 번 등장하는 것이다. 한 번은 편지의 본문에, 한 번은 추신에. 우리 회사가 실시한 실험에 의하면, 추신에서 다시 한번 행동을 촉구하면 반응률이 무려 33퍼센트나 높아진다.

당신만의 목소리를 담은 세일즈 레터 작성 연습

자, 새로운 잠재 고객들을 더 불러들일 세일즈 레터에는 무엇이 들어가야 하는지 다 살펴보았다. 그러나 무슨 내용을 세일즈 레터에 넣어야 하는지를 아는 것과 실제로 발송할 편지를 작성하는 것은 별개의 일이다. 그러니 이제 실제로 한 장 작성해보자.

다음 세일즈 레터 템플릿은 당신이 필요로 하는 거의 모든 것을 담고 있다. 적절히 수정해서 당신만의 목소리가 들리도록 만든다. 템플릿은 가이드일 뿐 여기에 연연해서 창의력을 제한해서는 안 될 것이다.

그럼 이제 시작해보자.

세일즈 레터 No. 1

_____ 님, 안녕하십니까?

(틈새시장의 사람들)과 대화를 나누면서 많은 분들이 (문제의 내용) 문제로 걱정이 크다는 걸 알게 되었습니다. (가장 심각한 방치 결과)가 종종 일어나므로, 그런 우려를 하시는 것이 당연합니다. 사실 우리가 관찰한 바에 따르면 (틈새 분야)에서 다음과 같은 상황은 매우 흔하게 일어납니다.

- 방치 결과 1
- 방치 결과 2
- 방치 결과 3

그래서 우리가 최근에 발행한 (무료 리포트 제목)을 읽으시면 흥미로울 것이라고 생각합니다. 끝까지 읽는 데 채 15분이 걸리지 않는 이 리포트는 다음과 같은 내용을 담고 있습니다.

- 혜택 1
- 혜택 2
- 혜택 3

(당신의 회사 이름)의 전문가들은 가장 큰 문제를 해결하는 데 있어서 (틈새시장)을 돕고 있습니다. 저 또한 개인적으로 (몇 년 동안 틈새시장 고객들과 함께 일한 경험)을 가지고 있습니다. (필요시 그들의 이름 또는 수상 경력, 간행물 등을 언급한다.)

귀하께서 (리포트 제목)을 읽으시면 수익 창출을 도와주는 유익한 정보와 새로운 아이디어와 통찰을 얻게 되리라 확신합니다. 우리 웹사이트(당신의 웹사이트 주소)를 방문하시거나 (당신의 전화번호)로 전화 주시면 리포트를 무료로 받으실 수 있습니다.

귀한 시간을 내어 이 편지를 읽어주셔서 고맙습니다. 빠른 연락 기다리겠습니다.

(당신의 직위)(당신의 이름) 드림

추신: (특정 문제)가 반드시 해결해야 할 문제라면 (당신의 웹사이트 주소)에서 무료로 제공되는 정보를 이용하시기 바랍니다. 고맙습니다.

첫술에 배부를 수는 없다

한 편의 세일즈 레터는 좋은 출발이지만 세 편을 연달아 보내면 훨씬 더 좋은 반응을 얻을 수 있다. 우리 고객들의 경우에는 자그마치 85퍼센트나 더 높은 반응률을 경험했다. 마케팅 대상이 기업들이라면 두 번째 세일즈 레터는 첫 번째를 발송하고 30일이 지난 뒤 보내며, 세 번째 세일즈 레터는 두 번째 편지 발송 후 30일이 경과한 뒤 보내도록 한다. 소비자를 대상으로 마케팅을 하는 경우라면 그 간격을 2주로 한다. 누가 반응을 보였는지 추적하여 피드백이 온 수신자는 다음 세일즈 레터에서 제외시킨다.

두 번째 및 세 번째 세일즈 레터를 위한 템플릿은 다음과 같다.

세일즈 레터 No. 2

_____님, 안녕하십니까?

지난 (첫 서신을 보낸 달)에 우리의 최신 리포트인 (리포트 제목)을 무료로 받아보실 것을 권하는 편지를 보내드렸습니다.

보통 하루에 받아보시는 우편물의 양을 감안할 때 아마도 제가 보내드린 서신을 못 읽으셨거나 너무 바빠서 응답을 못하신 것 같습니다. 우리가 (틈새시장)에 특화되어 있기에, 다시 한번 이렇게 편지를 씁니다. 리포트에 담긴 정보가 귀하에게 특별히 가치 있는 정보임을 확신하기 때문입니다.

(틈새시장의 사람들)과 이야기를 나누는 가운데 (문제 해결)을 위한 아이디어가 귀하께 얼마나 중요할지 알게 되었습니다. (리포트 제목)을 읽으시는 데는 채 15분도 걸리지 않을 것입니다. 그 리포트가 다음에 대해 생각하시는 데 좋은 자극제가 될 것입니다.

• 구체적 혜택 1

- 구체적 혜택 2
- 구체적 혜택 3

(당신의 회사 이름)의 전문가들은 (가장 큰 문제)를 해결하는 데 있어서 (틈새시장)을 돕고 있습니다. 저 또한 개인적으로 (몇 년 동안 틈새시장 고객들과 함께 일한 경험)을 가지고 있습니다. (필요시 그들의 이름 또는 수상 경력, 간행물 등을 언급한다.)

우리 웹사이트(당신의 웹사이트 주소)를 방문하시거나 (당신의 전화번호)로 전화 주시면 리포트를 무료로 받으실 수 있습니다.

귀한 시간을 내어 이 편지를 읽어주셔서 고맙습니다. 빠른 연락 기다리겠습니다.

감사합니다.

(당신의 직위)(당신의 이름) 드림

세일즈 레터 No. 3

_____님, 안녕하십니까?

두 (편지를 받는 회사의 유형) 회사를 예로 들어보겠습니다. 둘 다 (특정 면)에서 비슷합니다. 두 회사 모두 (특정 과업)을 달성하기 위해 애씁니다. 한 (편지를 받는 회사 유형) 회사는 그럭저럭 비즈니스를 꾸려나가지만 '더 잘할 수 있을 텐데'라는 느낌을 떨쳐버리지 못합니다.

반면 다른 (편지를 받는 회사 유형) 회사는 꾸준히 (특정 성과)를 달성합니다.

왜 한 회사는 성공적인데 한 회사는 평균밖에 하지 못할까요?

제가 아는 한 정답은 (당신의 회사가 하는 일의 유형)이 가진 힘 그리고 잠재력과 관련이 있습니다. 무엇이 (편지를 받는 회사의 유형)의 성공을 가능케 하는가를 파헤쳐보면 핵심적인 차이는 (어떻게 효과적으로 특정 해결책을 이용 또는 실행하는가)에 있습니다. 결론적으로 올바른 유형의 (해결책)을 이용하면 크든 작든 경쟁사를 능가하는 막강한 경쟁 우위를 가질 수 있습니다.

바로 그런 까닭에 마지막으로 다시 한번 귀하에게 우리의 특별 무료 리포트 (리포트 제목)을 권하고자 이 편지를 씁니다. 리포트를 읽으시는 데 채 15분도 걸리지 않을 것이며 다음에 대해 생각하시는 데 좋은 자극제가 될 것입니다.

- (특정 문제 해결)을 위해 해야 할 일
- 귀하의 (현 해결책)의 (비용 또는 비효율성)을 증가시키는 것들
- (벌어질지도 모르는 상황) 중에 집중해야 할 가장 중요한 요소
- 가장 혁신적인 (해당 업계 기업들)이 새로운 비즈니스 성과를 내기 위해 하는 일

(당신의 회사 이름)의 전문가들은 (특정 목표/목적 달성)을 위해 분투하는 (해당 업계 기업들)을 돕고 있습니다. 결국에 가서는 귀하의 가장 성가신 문제들의 해결책을 찾는 것만큼 신경 쓰이는 일도 없을 것입니다.

설사 귀하께서 현재 (특정 비즈니스 문제에 대한 접근법)에 대해 완전히 만족하신다 하더라도 우리 리포트에서 수익 창출에 도움이 되는 유익한 정보를 발견하시리라 확신합니다. 리포트는 무료이며 우리 웹사이트 (당신의 웹사이트 주소)를 방문하시거나 (당신의 전화번호)로 전화 주시면 받아보실 수 있습니다.

조만간 연락 주시길 기다리겠습니다.

고맙습니다.

(당신의 직위)(당신의 이름) 드림

다이렉트 메일 인쇄 및 발송

세일즈 레터 작성을 마쳤다면 인쇄해서 발송해야 한다. '보험 대리점 관계자 앞'이 아니라 개별 잠재 고객에게 맞춤 형식의 모양을 갖춘 편지를 보낼 것이므로 다이렉트 메일 인쇄 서비스를 이용해야 한다. 이런 회사는 'DM 인쇄 업체' 또는 'DM 서비스'와 같은 검색어로 검색해 찾는다.

일반적으로 회사 공식 편지지에 인쇄하는 게 가장 바람직하다. 공식 편지지가 없거나 다른 모양의 편지지를 원한다면 저렴한 비용으로 디자인까지 해주는 인쇄 회사를 이용하는 것도 좋은 방법이다.

전략적 마케팅 부스트 9, 10: DM 보내기

지금까지의 내용들을 살펴보고 구체적인 과제를 수행해보도록 하자.

마케팅 부스트 9: DM 작성하기

- 수신자 명단을 확보한다.
- 다이렉트 메일 마케팅의 결과는 수신자 명단의 품질에 크게 좌우됨을 기억하라. 적합한 명단을 확보하기 위해 시간을 투자하는 것을 아까워하지 말라.
- 조사 결과에 기초하여 적합한 수신자 명단을 선택하고 이름과 주소를 최소로 구매한다.
- 템플릿을 이용하여 세일즈 레터를 작성하거나 당신만의 편지를 쓴다. 행동 촉구를 통해 무료 리포트를 요청하도록 동기를 부여해야 함을 명심한다.

마케팅 부스트 10: DM 발송하기

- 작성한 세일즈 레터를 검토하고 필요한 수정을 가하여 개선

한다. 나는 이때 직접 소리 내어 읽어보는 편이다. 대화적 어조를 추구하므로 당신이 실제로 말하고 있는 것 같은 느낌이 들면 괜찮다는 신호다.

- 'DM 인쇄 업체' 또는 'DM 서비스'와 같은 검색어로 검색을 하고 전화를 걸어 견적을 받아본다.
- 외주를 줄 인쇄 회사를 결정한다.
- 세일즈 레터 레이아웃을 위탁하거나 원하는 포맷으로 된 세일즈 레터를 그곳에 보낸다.
- 시험 삼아 50~100부만 인쇄하여 즉시 발송한다.
- 발송 후 2주 내에 성과가 만족스럽다는 느낌이 온다면 명단의 나머지 사람들에게도 세일즈 레터를 보낸다.

이제 당신은 다이렉트 메일에 대해 알아야 할 모든 것을 알았다. 앞서 말했지만 다이렉트 메일은 구식으로 보일지 모르나 비즈니스 성장의 밭을 가는 믿음직하고 우직한 황소인 것만은 분명하다.

CHAPTER

11

조 인 트 벤 처

파트너십으로 마케팅 활동에
시너지 일으키기

내가 이 두 가지 전략적 마케팅 부스트를 거의 마지막까지 남겨 둔 데는 다 이유가 있다. 내 경험상 조인트벤처는 초기 마케팅 캠페인이 자리를 잡고 잘 돌아갈 때에야 비로소 효과를 기대할 수 있기 때문이다. 조인트벤처 관계에는 여러 가지 유형이 있는데, 어떤 것들은 상당한 구독 신청자를 확보해야 가능하다. 여기서 '상당한'이라는 말은 당연히 상대적인 것이며 어떤 틈새시장이냐에 따라 달라진다. 명단이 길어지면 길어질수록 마지막 두 가지 전략적 마케팅 부스트의 효과가 더욱 탄탄해질 것이다.

조인트벤처는 함께 돈을 벌 목적으로 누군가와 손을 잡고 협력

하는 것을 말한다. 좋은 조인트벤처 파트너를 알아보려면 먼저 자신에게 물어봐야 한다. "내가 고객으로 원하는 사람들과 관계를 맺는 사람은 누구인가?"

이런 사람들과는 공동으로 당신의 서비스를 마케팅할 방법이 있는지 찾아보기 위해 함께 손을 잡아볼 만하다. 이런 사람들을 어떻게 알아보고 관계를 구축할 수 있는지 잠시 뒤 알아보기로 하자.

이런 관계를 발전시키고 나면 여러 가지 공동 마케팅 활동을 펼칠 수 있다. 예를 들면 이렇다.

- 박람회 등에서 부스를 함께 사용할 수 있다.
- 웨비나webinar(web과 seminar의 합성어로, 웹상에서 행해지는 세미나) 혹은 텔레세미나teleseminar(전화로 진행되는 라이브 세미나)를 함께할 수 있다.
- 각자 제공하는 제품이나 서비스를 결합하여 협력 프로그램을 새롭게 내놓을 수 있다.
- 서로 비즈니스를 소개해주고 소개료referral fee를 받을 수 있다.

그 과정은 간단하다. 조인트벤처 파트너에게 그쪽이 가진 연락처의 사람들에게 당신을 소개해달라고 하고 당신도 상대에게 그렇게 하면 된다. 아니면 완전히 새로운 사업을 시작하고 그것을 함께 마케팅하는 방법도 있다.

내가 교육 프로그램 사업에 뛰어든 데는 조인트벤처 관계가 커다란 역할을 했다. 나에게는 콘텐츠가 있었고 나의 파트너는 교육 훈련 전문성을 갖추고 있었다. 우리는 함께 수익성이 높은 세미나 비즈니스를 개발했는데, 그것은 스토리를 이용해 서비스 판매의 효율을 높이는 법에 관한 나의 저서를 기반으로 한 것이었다.

뒤에 나올 '전략적 마케팅 부스트 11'에서는 조인트벤처 파트너를 선택하기 위한 조사 및 준비 작업을 할 것이다. 누군가와 함께 비즈니스를 하기에 앞서 누가 적합한 조인트벤처 파트너가 될지 확인하려면 많은 것을 알아봐야 한다. 이러한 실사 과정의 일환으로 그들의 구독자가 되어보고, 예산이 허락하는 한 그들의 제품이나 서비스를 구매해본다. 그들이 제공하는 제품이나 서비스를 양심에 거리낌 없이 추천할 수 있어야 하니까 말이다.

'전략적 마케팅 부스트 12'에서는 이러한 잠재적 조인트벤처 파트너들과 관계를 구축하기 시작할 것이다. 전화나 이메일로 직접 연락을 취하거나 그들이 참석할 법한 콘퍼런스에 가거나 좀 더 적극적으로는 당신의 구독자들에게 그들의 제품이나 서비스를 추천하는 방법이 있다(이 전략은 관계 구축을 희망하는 상대에게 직접 연락을 취하기 힘들 때 매우 효과적이다). 전략적 마케팅 부스트 12의 궁극적인 목적은 이 사람들에게 신뢰를 심어주어 당신의 제품 및 서비스를 추천하도록 만드는 것이다.

조인트벤처 관계의 성공은 신뢰에 달려 있고, 신뢰 구축에는 시간이 걸린다. 단순히 전화를 걸어 서로의 제품이나 서비스를 홍보해주자고 말한다면 긍정적 결과를 기대하기 무척 어려울 것이다. 그러나 올바른 관계를 개발할 수만 있다면 조인트벤처는 수익을 크게 늘려줄 아주 좋은 기회가 된다.

경쟁자가 아닌 윈윈할 수 있는 사람을 찾아라

이상적인 조인트벤처 파트너는 당신과 같은 고객 기반을 가지면서 보완석인(직접 경쟁관계인 제품 및 서비스가 아닌) 제품이나 서비스를 판매하는 사람이다. 이런 사람들을 찾으려면 우선 이런 질문을 던져보아야 한다. "누가 나의 타깃시장에서 이미 판매를 하고 있는가?", "그들이 그 시장에서 판매하고 있는 제품이나 서비스가 나의 제품이나 서비스와 잘 어울리는가?"

애초에 찰떡궁합일 수밖에 없는 관계도 있다. 부동산 업자는 대출 중개업체와 잘 맞는다. 금융 컨설턴트는 재산상속 계획 변호사와 꼭 맞는다. 그리고 척추지압사는 개인 상해 변호사 또는 스포츠 코치와 어울린다. 이런 연결 관계는 한눈에 보일 때도 있고 묻혀 있어서 조금 깊게 들여다보아야 드러날 때도 있다.

유의할 점은 내 눈에 확연히 드러난 조인트벤처 관계는 내 경쟁자의 눈에도 그렇게 보인다는 사실이다. 부동산 업자 중 대출 중개업체와 상호 협력 관계를 맺으면 좋다는 걸 모르는 이는 거의 없다. 이렇게 협력 관계가 한눈에 보이는 관계에서 파트너십을 맺으려면 당신이 눈에 띌 수 있게 창의적이거나 설득력 있는 방법을 생각해내야 한다. 그러니 그보다는 협력 관계가 확연히 드러나지 않는 조인트벤처 파트너들의 명단을 만드는 데 시간을 들이는 것이 더 좋다. 아무래도 경쟁이 느슨하기 때문이다.

나는 이것을 흔히 낚시터에 비유하곤 한다. 물고기도 많고 그 사실을 아는 사람도 많아서 낚시꾼들이 빼곡히 들어찬 곳에서 낚시를 하기 원하는가, 아니면 물고기는 많지 않아도 경쟁이 훨씬 덜한 곳에서 낚시하기를 원하는가? 각각 장단점이 있지만 관계의 어울림이 확실치 않은 잠재 조인트벤처 파트너들의 명단을 작성하는 것은 해볼 만한 일이다.

어떻게 해야 할지 골치가 아프다면 고객들과 한번 이야기를 나누어보라. 어떤 유형의 제품이나 서비스에 당신의 고객들이 관심을 가질까? 당신의 제품이나 서비스를 구매하기 전에 끼어들면 고객에게 도움이 될 만한 것이 있는가? 당신의 제품이나 서비스를 구매한 뒤에 고객들이 필요로 할 만한 것이 있는가? 현재 고객에게 이러한 '전'과 '후'의 상황에 대해 물어보면 잠재적 조인트벤처 파트너에 대한 창의적인 생각의 물꼬가 트일 것이다.

예를 들어 사람들은 집을 사면 으레 집을 다시 꾸민다. 그러므로 인테리어 업자가 부동산 중개업자와 관계를 구축하는 것은 지극히 합리적인 발상이다. 척추지압사와 건강식품 가게 주인은 어떤가? 대안적 치료 방법에 대해 열려 있는 사람이라면 자연식과 건강식에 관심이 많지 않겠는가.

최근 몇 년 동안 많은 새로운 일감이 조인트벤처의 형태로 우리 회사에 들어왔다. 우리 회사가 고객을 위한 마케팅 캠페인 개발 및 실행에 초점을 두고 있다 보니, 우리에게 적합한 조인트벤처 파트너들은 소위 '노하우' 정보를 소기업들에게 판매하는 마케팅 컨설턴트들이다. 그들의 책과 오디오 프로그램을 구매하거나 그들의 세미나에 참석하는 고객들 중에는 자기들을 위해 실제로 그 일을 해줄 사람을 필요로 할 이들이 있다. 이러한 조인트벤처 파트너들은 이런 고객들에게 우리를 추천해준다. '윈윈' 정도가 아니라 '윈윈윈'인 것이다. 조인트벤처 파트너는 소개료를 받고 우리는 새로운 일감을 얻으며 고객은 사업을 키울 마케팅 프로그램을 얻는다. 이 모델에 대해 생각하다 보면 어떤 유형의 회사들에 연락을 취해야 할지 아이디어들이 떠오를 것이다.

잠재적 조인트벤처 파트너들이 소속된 협회를 들여다보는 방법도 있다. 놀랍도록 쉽다. 사업 명칭과 함께 '협회'라는 단어를 검색하기만 하면 된다. 대부분의 협회들은 회원들의 명단을 발간한다. 그런 명단을 직접 확보할 수도 있고, 회원이 되어야 명단을 입수할 수도 있다. 나는 함께 조인트벤처를 할 가능성이 있는 회원들이 많은 그룹을 발견하면 곧장 가입한다. 그렇게 하면 많은 유익을 누릴 수 있다.

의외로 많은 사람들이 잘 모르는 방법이 있는데, 각종 회의와 콘퍼런스에 참가하는 것이다. 나는 앞에서 콘퍼런스 참가가 대개는 시간 낭비일 뿐이라고 말한 적이 있다. 하지만 그건 '고객'을 찾는 것이 목적일 때 그렇다. 조인트벤처 파트너를 찾기 위해서라면 시간을 투자할 만한 가치가 충분히 있다. 예를 들어 판촉 산업이 조인트벤처 관계로 훌륭한 가능성이 있겠다는 판단이 섰다고 치자. 판촉 산업의 콘퍼런스에 참가하는 사람들은 대부분 그 업계 사람들일 것이다. 홀과 회의실은 펜을 팔고, 티셔츠를 팔고, 커피 컵을 팔아 생계를 유지하는 사람들로 그득할 것이다. 당신이 영업사원이거나 온라인 마케터거나 카피라이터라면 해당 분야의 참가자로서는 당신이 아마 유일할지도 모른다.

산업 콘퍼런스에서 그 업계 사람들이 가장 답답해하는 일 중 하나는 하루 종일 경쟁자만 만난다는 것이다. 함께 손을 잡아서 서로의 비즈니스를 어떻게 키워갈 수 있을지에 대한 이야기를 가지고 그런 콘퍼런스에 참가하면 당신은 따뜻한 환영을 받을 것이다.

잠재적 파트너의 마음 들여다보기

생각해보면 조인트벤처를 시작하는 것은 그리 어려운 일이 아니다. 그런데 왜 제대로 된 성과를 내는 조인트벤처는 그리도 적은 걸까? '고객에게 서로를 추천해주며 함께 돈을 벌자'라는 금전적 명제는 반박하기 어려울 만큼 설득력이 있다. 그러나 조인트벤처의 성공을 가로막는 커다란 장벽이 있으니, 바로 '불신'이다.

내가 처음으로 조인트벤처 관계를 구축하려 시도했던 때를 떠올려보자면 이제야 깨닫는 건데, 애초에 전략에 허점이 있었다. 나는 '관계'에 전혀 초점을 두지 않았다. 나는 나의 제안이 강력한 금전적 유익을 지니고 있기 때문에 그래서 두 번 생각할 필요도 없는 결정이라고 여겼다(살짝 덧붙이자면 두 번 생각할 필요도 없이 좋다고 여겨지는 아이디어가 떠올랐다면 그건 충분히 깊이 생각하지 않았다는 증거일 수도 있다).

실망스럽게도, 나의 두 번 생각할 필요도 없는 조인트벤처 비즈니스 제안은 씨알도 안 먹혔다. 오랫동안 나는 뭐가 잘못되었는지조차 몰랐다. 그러다가 그나마 성공적이었던 몇 안 되는 '조인트벤처 관계'가 다름 아닌 '관계'에서 비롯됐다는 것을 깨달았다.

이 점은 매우 중요하다. 예외도 있지만 가치 있는 조인트벤처 파트너십은 비즈니스를 함께하기로 결정하기 전에 이미 '관계'가 존재할 때 가능하다. 이것은 이 책의 주제이기도 하다. 우리는 곧장 사람들에게 이 물건을 사고 이 서비스를 구독하라고 말하지 않는다. 그러면 다들 겁먹고 도망갈 것이다. 대신 우리는 먼저 관계를 확립하고 신뢰를 구축하는 데 초점을 둔다.

같은 교훈이 조인트벤처에도 적용된다. 당신의 현재 고객들에 대해 생각해보자. 그들을 얻기 위해 당신은 많은 수고를 했을 것이다. 그런데 일면식도 없는 내가 갑자기 당신에게 전화를 걸어 이런 식으로 얘기한다 치자. "안녕하세요. 절 모르시겠지만, 제가 얼마나 일을 잘하는지도 전혀 모르시겠지만 저희 기술 서비스가 정말로 끝내주거든요. 사장님 고객들에게도 제공할 수 있도록 추천 좀 해주시겠어요? 소개료는 진짜 넉넉히 드릴 수 있는데……."

물론 실제라면 이것보다는 품위 있게 말하겠지만 어쨌든 내 말 뜻이 무엇인지 알아들었을 것이다.

상식적으로 이해가 가지 않겠지만 이 다소 과장된 예는 많은 사람들이 조인트벤처 관계 구축을 시도할 때 저지르곤 하는 흔한 실수다. 순전히 금전적인 거래로만 생각하고 기업과 고객 간의 신뢰의 끈이 얼마나 중요한지는 까맣게 잊어버린다. 물론 우리는 모두 돈을 벌기 원한다. 하지만 내가 형편없는 서비스를 제공해서 당신이 열심히 쌓아놓은 고객과의 관계를 해칠 수도 있는데 그런 위험을 감수하면서까지 돈 몇 푼 더 벌자고 나를 추천하겠는가?

관계 구축에 대한 "천천히 가면 오래 간다"라는 옛말은 하나 틀린 것이 없다. 내일이라도 당장 여러 상대와 멋진 조인트벤처 관계를 구축하고 싶은 마음이 굴뚝 같아도 현실적으로 그런 일은 일어나지 않는다. 모르는 사람에게 '콜드 콜링'을 해서 왜 당신과 조인트벤처를 해야 하는지 말하는 것은 별 소용없는 짓이다.

모든 조인트벤처 파트너들과 얼굴을 대고 만나야 하는 건 아니지만 직접적인 만남은 확실히 도움이 된다. 이런 면에서도 잠재적 조인트벤처 파트너들이 모인 콘퍼런스와 이벤트에 많이 참가하는 것은 가치 있는 일이다. 그런데 흔히 간과하는 효과적인 활동이 있는데, 바로 타인의 마케팅 활동을 위한 자원봉사다. 예를 하나 들어보겠다.

당신의 서비스에 대해 입소문을 내는(그리고 기존 고객을 유지하는) 방법 중 하나로 웨비나와 텔레세미나가 인기몰이를 하고 있다. 이 방법을 사용하는 사람들은 자기들의 프로그램에 게스트가 될 사람들을 항상 물색한다.

금융 자문가이자 마케팅 전문가인 어네트 바우와 조인트벤처 관계를 구축할 때 나는 이 전략으로 성공을 거두었다. 잠재적 조인트벤처 파트너 조사를 통해 나는 바우가 내가 초점을 두고 있는 틈새시장 중 하나인 금융 자문가들을 대상으로 자신의 서비스를 마케팅하지만 소위 '고객 맞춤형Done For You' 서비스를 제공하지는 않고 있음을 알게 되었다. 바우는 엄청난 성공을 거두어 추종자들이 무척 많았다. 그래서 나는 처음부터 "당신의 고객에게 내 서비스 좀 소개해주십쇼"라고 말하면 아무런 관심도 보이지 않을 거라고 예상했다.

먼저 나는 구독 신청을 통해 바우의 우편 수신자 명단에 이름을 올렸다(이것의 중요성은 아무리 강조해도 지나침이 없다). 구독 신청 후 바우가 텔레세미나를 자주 한다는 것을 알게 되었다. 조사를 좀 더 해보니 바우의 청취자들에게 내가 가치를 제공해줄 수 있는 분야이면서 아직 그녀가 다루고 있지 않은 영역 두어 개가 보였다. 그래서 나는 바우에게 처음 다가갈 때 내가 텔레세미나에 참가해서 어떻게 그녀를 도울 수 있는지만 집중적으로 이야기했다. 이 접근법으로 나는 긍정적인 반응을 얻을 수 있었다.

이러한 접근법에는 두 가지 장점이 있다. 우선, '당신이 무엇을 할 수 있는지'보다 '상대를 어떻게 도울지'에 초점을 맞추면 긍정적인 결과를 이끌어낼 확률이 높아진다. 게다가 다소 은근한 방식으로 조인트벤처 관계의 씨를 뿌릴 수 있다. 다시 말해서, 나의 텔레세미나 참석이 바우에게 큰 위험 부담을 안겨주는 것도 아니었고, 텔레세미나 도중 내가 아는 게 별로 없어 보일 때면 바우가 대화를 주도해 나갔다. 어쨌거나 텔레세미나 중에 나는 나름의 가치를 제공했고 덕분에 상당한 신용을 쌓을 수 있었다. 금세 나는 바우가 신뢰하는 사람이 되었다.

그랬던 까닭에 나중에 그녀의 구독자들에게 내 서비스를 홍보하면 어떻겠냐고 제안했을 때 긍정적인 반응을 얻어낼 수 있었다. 현재바우와 나의 조인트벤처 관계는 서로에게 큰 이익을 가져다주고 있다. 나는 그러한 관계의 기폭제가 나의 첫 텔레세미나 참가였다고 생각한다. 하지만 그보다 앞서 내가 바우에게 어떤 도움을 어떻게 줄 수있는지 제안하지 않았더라면 그 후 거둬들인 수익 창출의 열매들은절대 맺히지 않았을 것이다.

사람들은 "받기 전에 주라"고 말하곤 한다. 솔직히 말하자면 조인트벤처를 시작하기 전 나는 그 말의 의미를 제대로 이해하지 못했다. 어떻게 받기 전에 준단 말인가. 그러나 시간을 내서 잠재적 조인트벤처 파트너들을 연구하다 보면 당신이 그들에게 어떤 도움을 줄 수 있는지 그 방법이 보일 것이다.

다른 사람의 텔레세미나나 웨비나의 게스트 출연을 자원할 수도있지만 반대로 잠재적 조인트벤처 파트너들을 당신의 텔레세미나나 웨비나에 초대하거나 당신의 블로그를 위해 인터뷰를 실시할 수도 있다. 해당 분야의 유명인사라면 이런 초대를 시답지 않아 할 수도 있지만 대부분의 사람들은 지식과 통찰을 공유해달라는 요청을 받으면 자신에게 관심을 가져주는 것 자체에 감동한다. 세미나 중에 그들의 웹사이트나 제품 또는 서비스를 많이 홍보해주면 호감을 더 살 수 있다.

그러나 이런 전략이 잘 안 먹힐 때가 있다. 당신의 비즈니스를 한 차원 높여줄 역량을 가진 사람일지라도, 수많은 사람들이 텔레세미나나 웨비나에 출연해달라, 콘퍼런스에서 한말씀해달라 하면서 그 사람에게 구걸하고 있다면 애초에 관심조차 끌기 힘들 것이다. 하지만 그럼에도 이 사람이랑 관계를 맺었을 때 당신 사업이 극적으로 향상되는 게 확실하다면 어떻게 해야 할까? 올림포스산에 올라 제우스를 비롯한 신들과 놀려면 어떻게 해야 할까?

사실 간단한 방법이 있다. 문제는 간이 작은 사람은 못할 짓이라는 점인데, 바로 돈을 쓰는 것이다. 특급 선수들과 조인트벤처 관계를 구축하려면 때로는 수표책을 꺼내들 필요가 있다. 자선단체에 가입하여 기부금을 내고 위원회 위원이 되어 아주 매력적인 잠재적 조인트벤처 파트너들과 어울리는 방법은 구식이지만 여전히 먹히는 방식이다.

여기서도 처음에는 관계 구축에 초점을 두어야 한다. 기부금을 내고 위원회에 이름을 올리고는 아무 일도 하지 않을 수는 없다. 동료 위원들은 당신이 얼마나 진지하고 성실하게 자원봉사 과업들을 실행하는지 볼 것이고, 그것은 당신이 평소에 자기 직무를 어떻게 수행하는지를 알게 해주는 리트머스 시험지가 될 것이다.

또는 돈을 써서 지도자급 인사들의 모임에 가입하거나 특화된 교육 훈련 프로그램을 이수함으로써 그런 사람들과 어울릴 수도 있다. 예를 들어 나는 저술가이자 코닥의 전 최고 마케팅 경영자^{CFO}인 제프리 헤이즐렛^{Jeffrey Hayzlett}을 간절히 만나보고 싶었다. 조사를 해보니 그는 잠재적 조인트벤처 파트너로서 매우 이상적인 사람이었다.

하지만 헤이즐렛을 직접 알지 못했을 뿐 아니라 한 다리 건너서도 아는 사람이 없었다. 그래도 포기하지 않고 트위터로 가서 헤이즐렛이 팔로우하는 사람들을 팔로우하기 시작했다. 그러다가 래리 베넷이라는 사람이 내 레이더망에 걸렸는데, 그는 지도자급 인사들의 모임을 하나 조직하고 있었다. 가입비가 비싸지 않았고 더 알아보니 헤이즐렛과 전설적인 마케터인 제이 에이브러햄, 도서 퍼블리시티 전문가인 스티브 해리슨과 빌 해리슨이 모두 회원이었다. 이들은 모두 내가 무작정 접근했더라면 만날 수조차 없었을 사람들이었다. 그 모임의 회원으로 1년을 함께 보내면서 나는 그들과 상호 유익한 관계를 구축해 나갔다.

여기서도 '관계'라는 단어가 핵심이다. 이 계획을 실천에 옮길 때 간과하기 쉬운 요소가 하나 있다. 당신은 꾸준히 자주 연락을 취할 각오가 되어 있어야 한다. 콘퍼런스에 참가하여 훌륭한 사람들과 연락처를 주고받는 것은 첫걸음에 불과하다. 6개월이나 연락을 안 하다가 뜬금없이 전화를 걸어 "절 기억하시나요?"라고 묻는 건 말도 안 된다. 드립 마케팅 시퀀스를 통해 잠재 고객들과의 관계를 닦아나갈 때처럼 잠재적 조인트벤처 파트너들과의 소통은 적극적으로 해야 한다. 블로그 게시물을 자주 작성하면 그만큼 유익하다. 조인트벤처 파트너와 잠재 고객들을 나의 블로그 배포 명단에 올리기만 해도 나는 내 분야에 있어서 그들에게 툭 치면 생각나는 이름이 된다.

상대를 먼저 홍보해주기 위한 메일 작성법

앞서 언급했듯 장기적인 조인트벤처 관계 구축을 위한 최선의 전략 중 하나는 당신의 제품이나 서비스를 상대에게 홍보해달라고 요청하기 전에 당신이 먼저 상대의 제품이나 서비스를 홍보하는 것이다. 손쉬운 방법 중 하나는 상대의 제품이나 서비스를 소개하는 이메일이나 우편을 당신의 구독자들에게 보내는 것이다. 꽤 효과가 좋은 템플릿을 하나 소개하겠다.

○○님, 안녕하십니까?
최근 저의 많은 고객분들께서 여러 고민거리들을 제게 말씀해주십니다. 그분들은 (어떤 유형의 결과 성취)를 원하지만 (특정 이유) 때문에 그렇게 못하고 계십니다.
조금이라도 도움이 되고 싶은 심정에 조사를 좀 해보던 중 (잠재적 조인트벤처 상대)님의 웹사이트에서 나누고 싶은 자료를 찾았습니다. 아시다시피 저는 쉽게 추천 같은 걸 하는 사람이 아닙니다. 그런데 ○○님에게 (잠재적 조인트벤처 상대의 제품이나 서비스)에 대해 알아보실 것을 권하고 싶습니다.

(해당 문제)을/를 해결하는 데 어려움을 겪고 계시다면 (잠재적 조인트벤처의 웹사이트)에 가서서 정보를 얻어보시면 좋을 것 같습니다. 저는 (제품이나 서비스의 이름)이 크게 도움이 된다고 생각하는데, 아마 ○○님도 그렇게 생각하실 것입니다.

일단 조인트벤처 관계가 확립되고 서로 소개료를 주고받게 되면 이 방법은 매우 큰 효과를 발휘한다. 인터넷을 통해 제품이나 서비스를 판매하는 많은 기업들이 이른바 '제휴 코드affiliate code'라는 것에 당신을 엮어놓을 것이다. 제휴 코드는 웹사이트 주소 형태의 URL로서 조인트벤처 파트너가 일감을 소개하는 사람들의 구매 이력purchase history을 추적한다. 당신의 구독자들에게 보내는 이메일에 그 제휴 링크를 넣어 보낼 수 있다. 그냥 상대가 양심껏 소개료를 지급할 것이라 믿어주는 식으로 운영되기도 한다. 내 경험상 대부분의 조인트벤처 파트너들은 이 면에서 상당히 정직하다. 돈 몇 푼 더 벌자고 장기적인 수익 창출을 가져다줄 수 있는 관계를 위험에 처박는 소탐대실의 행위를 할 바보는 별로 없기 때문이다.

기브 앤 테이크, 더 많이 주고 많이 얻어라

지금까지 이야기한 것처럼 조인트벤처는 여러 가지 형태를 띨 수 있다. 당신의 제품이나 서비스를 주로 인터넷에서 홍보하기 위해 조인트벤처 파트너를 찾고 있다면 몇 가지 유의할 점이 있다.

당신의 구독자 명단이 얼마나 긴지(즉, 당신의 무료 리포트를 받고자 구독 신청한 사람의 수가 얼마나 많은지)가 당신이 끌어들일 수 있는 조인트벤처 파트너의 유형을 결정짓는 데 큰 역할을 한다. 대개는 명단 길이가 비슷한 사람과 파트너가 되길 원한다. 내 명단에 100명밖에 없는데 구독자를 1만 명이나 거느린 사람이 나와 손을 잡으려고 안달을 할 리 없지 않은가. 계속해서 구독자를 확보하는 것이 이런 면에서도 중요하다. 구독자 명단이 길어질수록 놀 수 있는 물이 달라진다.

이것은 데이트 외모 척도와 비슷하다. 보통 10점 만점에 10점 남자가 10점 여자와, 8점 남자가 8점 여자와 데이트를 한다. 당신의 명단에 1만 명의 이름이 올라와 있다면 1만 5,000명의 구독자를 가진 사람에게 접근하는 게 최상이다. 당신의 구독자가 4만 명이면 5만 명을 확보한 사람 정도는 쉽게 접근할 수 있다. 구독자가 1,000명이면 2,000명까지는 괜찮다. 명단이 짧을 때는 융통성을 조금 더 발휘할 수 있다. 구독자가 2,000명 미만인 사람은 거의 누구의 제의든 받아들일 것이다. 이런 시점에서는 구독자 한 명 한 명이 몹시 소중한 법이다.

그렇다고 자신보다 점수가 높은 사람과는 데이트를 전혀 할 수 없느냐 하면 그건 아니다. 로맨스의 세상에서처럼 조인트벤처의 세상에서도 관계가 더 굳건할수록, 상대의 호감을 더 많이 살수록, 구독자 명단의 상대적 길이는 덜 중요해진다. 또한 당신의 틈새시장이 매우 구체적이라면 구독자 명단의 길고 짧음과 무관하게 그 틈새시장에 매진하는 이들의 마음을 사로잡을 수 있을 것이다.

인터넷을 통해 조인트벤처를 홍보할 때, 사람들을 끌기 위해 제공하는 금전적 인센티브는 적절해야 한다. 당신의 10달러짜리 전자도서에 대해 10퍼센트의 커미션을 제공하면 큰 효과를 기대할 수 없을 테다. 더 비싼 제품과 서비스에 대해 훨씬 높은 커미션을 제공할 수 있도록 제품이나 서비스를 기획하는 것이 좋다. 이렇게 하는 데는 세 가지 방법이 있다.

1. 몇 가지 제품이나 서비스를 묶어서 더 높은 가격의 고가치 제품을 만들어낸다. 이렇게 하면 더 많은 커미션을 줄 수 있다. 이러한 묶음 상품의 가격은 최소 500달러는 되어야 한다.

2. 모객을 위한 미끼 상품^{loss leader}으로 쓰기 위해 100달러짜리 제품이나 서비스를 만들어낸다. 파트너에게 100퍼센트 커미션을 지불한다. 물리적인 제품이라면 배송료는 별도로 하여 추가적인 출혈이

발생하지 않도록 한다. 이 전략은 '제품'이 물리적인 제품이 아닐 때가 제일 좋다. 전자도서, PDF, 팟캐스트, 웨비나 영상 자료 등을 적절히 묶어서 99달러 패키지를 구성할 수 있을 것이다. 이러한 전자적 제품을 이용하면 비록 매출로 버는 돈은 포기하더라도 주문 이행 비용은 발생하지 않는다는 장점이 있다.

3. 고객이 제품이나 서비스의 지속적인 이용으로 매달 청구서를 받게 되는 제품을 개발한다. 예를 들어 주요 제품main product이 하나 있으면 거기에 월간 텔레세미나를 묶어서 매월 50달러를 청구한다. 그 텔레세미나에서 업계 사람들을 인터뷰하여 고객들에게 업계 관련 정보를 제공한다. 만약 당신이 척추지압사라면 척추지압 프로그램 추가 구매 시 무료 시술 1회와 할인을 제공한다. 당신의 조인트벤처 파트너가 초기 매출 발생 시에는 20달러만을 받는다 하더라도 고객이 계속 그 프로그램을 이용하는 한 매달 20달러씩 챙길 수 있다. 1년이면 240달러나 된다. 이것은 20달러의 커미션을 한 번 받고 마는 것보다 훨씬 더 돈이 된다.

추천을 해주는 파트너에게 얼마의 비율로 수수료를 떼어줘야 할지 정해진 규칙 같은 것은 없다. 물리적인 형태가 있는 제품에 대해서는 보통 40~50퍼센트를 준다. 콘퍼런스, 세미나, 그룹 코칭 참여를 권해주는 파트너에게는 20~50퍼센트가 일반적이다. 그러나 개인 코칭처럼 당신이 상당한 수고를 해야 하는 서비스나 직원이나 계약직을

붙여야 하는 서비스에 대해서는 대개 10퍼센트를 준다.

어떤 사람들은 총 지불액을 비율보다 중시한다. 내가 아는 사람 중에는 여러 사람과 조인트벤처 파트너십을 맺으면서 커미션을 최소 800달러로 요구하는 사람이 있다. 그는 800달러가 소매가의 10퍼센트가 되든 24퍼센트가 되든 크게 상관치 않는다. 자신의 구독자들에게 파트너의 프로그램을 홍보하는 데 대해 받는 절대 액수가 중요하다고 나름 믿는 사람이기 때문이다. 예외적인 경우이긴 하지만 커미션에 있어서 협상의 여지가 늘 있음을 보여주는 사례다.

늘 마음 한구석에 유의해야 할 것이 하나 있다. 조인트벤처가 대단한 성공을 구가한다면 파트너는 자기의 구독자들에게 당신의 제품이나 서비스를 자신이 직접 제공하면 파이의 조각이 아닌 전체를 삼킬 수 있지 않을까 궁리할 수 있다. 그렇게 되면 동업자가 한순간에 경쟁자가 되어버리는데, 불행히도 이런 일은 종종 일어난다.

이것을 막는 쉬운 방법이 하나 있다. 조인트벤처 파트너에게 군이 경쟁자로 돌아설 필요를 못 느끼도록 충분한 인센티브를 제공하는 것이다. 예를 들어 치과 용품 공급업체와 내가 파트너십을 맺고 '치과 업계에 마케팅하는 법'이라는 프로그램을 성공적으로 홍보하고 있다고 하자. 내가 5만 달러짜리 제품에 1,000달러의 커미션만 준다면 그 업체는 '음, 고객을 추천해줄 때마다 4만 9,000달러는 저쪽 주머니로 가는 거네. 수고롭더라도 프로그램을 하나 만들어서 그 돈까지 우리가 긁어오는 것도 해볼 만한데'라고 생각할 것이다. 하지만 내가 매출한 건당 1만 5,000달러를 커미션으로 준다면 '굳이 수고롭게 그럴 필요가 뭐가 있어. 거기에 들어가는 시간과 돈을 따지면 내 핵심 사업에 열중하는 게 더 나아'라고 생각할 공산이 더 크다.

이 이야기의 교훈은 조인트벤처 파트너십을 진정한 윈윈 관계로 끌고 가면 갈수록 오래도록 지속될 장기 관계로 굳혀질 가능성이 더 커진다는 것이다.

오래 가고 싶다면 함께 가라

장기적으로 함께 일할 사람들을 만난다는 점에서 비즈니스는 멋진 것이다. 사람으로서도 맘에 들고, 윤리의식도 강하고, 당신의 비즈니스와 보완적인 비즈니스를 운영하는 사람이라면 조인트벤처 관계에 적격이다. 게다가 당신이 약한 데 강하고 당신이 강한 데 약한 사람이라면 더더욱 좋다. 운이 좋아 그런 사람을 만난다면 서로의 제품이나 서비스를 판매하는 것 이상의 관계를 발전시키는 것도 생각해봄직하다. 새로운 제품을 만들어 그것을 공동 판매하는 사업을 시작할 수도 있을 것이다.

백지장도 맞들면 낫고, 성품과 능력이 보완적이라면 혼자일 때보다 더 많이, 더 빨리, 더 잘할 수 있을 것이다. 각자 보유한 구독자 명단이 있으므로 함께하면 더 많은 사람을 대상으로 신제품이나 서비스를 출시할 수 있다. 게다가 각자 조인트벤처 네트워크를 가지고 있으니 능력이 배가된다.

물론 누군가와 당장 이렇게 하기는 힘들다. 그러나 조인트벤처 관계를 구축할 때 늘 미리 염두에 두어야 한다.

조인트벤처와 아웃소싱의 차이

어떻게 보면 아웃소싱, 즉 하도급은 매우 구체적인 조인트벤처 유형이다. 당신의 사업이 확립되고 나면 당신이 제공하는 서비스의 세부적인 부분들을 수행하는 하도급 업자를 여럿 둘 수 있다. 아니면 당신이 하도급 업자가 되는 경우도 있을 것이다. 하도급 업자들은 '자기 고객'이 없지만 이런 식으로 밥벌이를 하는 사람들이 적지 않다.

큰 바다로는 못 나가고 물장구나 치는 사업 초창기에는 하도급도 하나의 훌륭한 사업이 될 수 있다. 원하는 일을 하면서 시장에 대해 배우고 여전히 돈도 벌 수 있기 때문이다. 나 역시 소기업인들을 위한 연설자로서 첫걸음을 내딛었을 때 '스킬패스'라는 회사의 하도급 업자로 일했다. 그 회사는 기업 교육 훈련 세미나에 연설자들을 제공하고 다양한 제품을 판매했다. 나는 돈도 좀 벌었을 뿐 아니라 전문적인 연설자가 어떠해야 하는지에 대해 배우는 소중한 경험을 할 수 있었다. 그 경험으로부터 여러 사람들을 앉혀놓고 말을 하는 것이 내 적성에 맞지만 그 직업의 라이프스타일이 장기적으로는 내게 적합지 않다는 사실을 깨닫게 되었다. 이것은 내가 첫발을 하도급 업자로서 내딛지 않았더라면 결코 얻을 수 없었을 지극히 소중한 깨달음이었다.

하도급의 문제는 재정적인 데 있다. 고객이 내 고객이었다면 벌었을 액수의 일부분만을 손에 쥐게 되는 것이다. 더욱이 고객과의 관계 구축에서도 제약이 따르곤 한다.

여러 고객과 많은 일을 한다고 해도 그 고객이 당신의 고객이 아니라는 게 차가운 현실이다. 당신이 찾아내서 계약서에 서명을 받아낸 고객이 아닌 것이다. 결과적으로 돈도 덜 벌고, 소중한 고객에게 서비스를 제공했다는 말을 남에게 할 수도 없다. 하도급으로만 일하는 사람들의 가장 큰 좌절이 여기에 있다. 닭고기 수프에서 가장 중요한 게 뭐냐는 오랜 농담이 떠오르는 대목이다. 물론 닭고기가 가장 중요하다. 일단 틈새시장을 정의하고 나면 원 위크 마케팅을 시행하여 자신의 고객을 확보해야 한다.

전략적 마케팅 부스트 11: 함께 갈 사람 물색하기

조인트벤처 관계를 맺는 데 필요한 것을 알았으니 다음 과업들을 수행해보자.

- 경쟁관계가 아닌 보완관계에 있는 회사들의 명단을 뽑아본다.
- 이미 알고 지내는 사람들 중 사업적 관점에서 함께할 가능성이 있는 사람들은 없는지 생각해본다.
- 구글에서 검색하거나 공공도서관으로 가서 이러한 사람들이 소속된 협회를 찾는다.
- 좋은 조인트벤처 파트너가 될 만한 사람들을 고른다. 페이스

북, 트위터, 링크드인 등에서 팔로우하거나 그들의 뉴스레터와 블로그를 구독한다.

즉시 해야 할 일은 이게 전부다. 하지만 전략적 마케팅 부스트 11에는 숙제가 있다. 시간을 들여서 잠재적 조인트벤처 파트너인 이들이 보내오는 정보를 숙지하고 분석해야 한다. 프로그램이나 제품을 제안해올 때 형편이 된다면 투자를 아끼지 말라. 내게 다가오는 사람들에게 내가 처음 묻는 질문들 중 하나는 그들이 내 책을 읽었는지, 내가 만든 콘텐츠에 돈을 들였는지다.

그렇게 하지 않았다는 답을 들으면 큼지막한 경고의 빨간 깃발이 내 머릿속에서 펄럭이게 된다. 이 사람이다 싶은 사람이 발견되면 그 사람과의 상호작용을 시작하라. 내가 제안한 아이디어들을 활용하고 그 사람의 블로그와 소셜미디어 게시물에 주의를 기울여라. 가능한 힘이 되는 영리한 댓글을 달라. 그 사람이 댓글을 읽을 테고 이것은 관계 구축에 있어서 훌륭한 첫걸음이 되어줄 것이다.

전략적 마케팅 부스트 12: 관계 키워 나가기

다음 단계는 조인트벤처를 함께하고 싶은 사람들 중 한둘에게 실제로 다가가는 것이다. 인터뷰에 응해달라고 하거나 일정을 잡아둔 웨비나나 텔레세미나에 참여해달라고 초청을 할 수도 있다. 그들의 제품이나 서비스를 당신의 구독자들에게 홍보하는 것에 대해서 이야기를 나누어보라. 케네디 대통령의 말을 응용해서 이렇게 생각해보자.

"잠재적 조인트벤처 파트너가 당신에게 무엇을 해줄 수 있는지 묻지 말고, 당신이 잠재적 조인트벤처 파트너에게 무엇을 해줄 수 있을지 물어라."

상대가 당신의 제품이나 서비스에 대해 물어오면 말해줘도 좋지만, 아직은 그들의 구독자들에게 당신을 홍보해달라 요청하지는 말라. 상대에게 당신을 알아갈 시간을 주어야 한다(그러나 그쪽에서 홍보를 해주겠다고 먼저 요청하면 사양할 필요는 없다). 목적은 장기적인 관계의 구축이며 원하는 것보다 약간 더 천천히 관계를 키워나가다 보면 장기적으로 더 좋은 성과를 얻을 것이다. 당신을 홍보해달라고 요청해도 좋을 만큼 충분한 신뢰가 쌓이면 그때가 왔음을 느낄 수 있을 것이다.

위와 같은 방식으로 다가가는 것이 어렵다면 협회 회의나 콘퍼런스에 꾸준히 참가하여 잠재적 조인트벤처 파트너들로 구성된 인맥을 꾸준히 키워나가는 것도 방법이다.

앞으로 1년,
당신의 비즈니스는
완전히 달라질 것이다

축하한다. 이 책에서 제시하는 계획을 그대로 밟아왔다면, 지금쯤 당신의 마케팅 시스템이 막 굴러가기 시작했을 것이다. 지금까지 함께 이것저것 살펴보고 해보면서 의욕이 불끈 솟고 마케팅에 대한 불확실함의 안개가 걷혔기를 바란다.

그러나 발을 담그고 헤엄치기 전에 그냥 책을 처음부터 끝까지 읽기만 하는 독자들이 많다. 당신이 그런 사람 중 한 명이라면 일단 신나게 첫걸음을 내딛길 바란다. 두말하면 잔소리지만, 마케팅 책을 읽는 것은 수영하는 법에 대한 책을 읽는 것과 비슷하다. 실제 물에 뛰어들지 않으면 아무 소용이 없다. 그런 의미에서 다음 두 가지를 꼭 명심하길 바란다.

첫째, 내가 잠시 전 넌지시 비친 이야기인데, 가장 큰 장애물 중 하나는 내가 지금까지 이야기한 시스템을 실제로 구축하고 시행하는 것이다. 이 책을 내려놓고 "와, 좋은 아이디어가 꽤 많네!"라고 말하는 건 쉽다. 내 아이디어들을 흥미롭다고 느낀다니 나야 고맙지만, 그렇게 덮고 끝낼 거라면 왜 애초에 이 책을 사서 읽느라 돈과 시간을 투자했는지 의아할 뿐이다. 추측건대, 당신이 그런 투자를 한 데는 특정 분야에 대해 '숨겨진 비법'이라 하는 것들에 신물이 났기 때문 아니었나? 고객들을 잡으러 쉴 새 없이 쫓아다니는 데 질렸기 때문 아니었나? 이럴 때 느끼는 절망감이란 정말로 뼈저리며 꽤 많은 사람들이 이러한 고통을 겪는다. 특히 마케팅 시스템이 아직 구축되지 않은 사람들이라면 말할 것도 없다.

어쩌면 당신은 과거에 마케팅 프로그램을 구축해보려고 하다가 포기했었는지도 모른다. 다시 말하지만 흔히 겪는 일이고 전반적인 시스템보다는 보통 각각의 활동에 초점을 둘 때 벌어지는 일이다. 그러나 이 책을 여기까지 읽은 지금쯤이면 새로운 잠재 고객을 모으고 그들을 유료 고객으로 전환시키는 요소들이 어떻게 서로 맞물려 작동하는지 알고 있을 것이다. 또한 그것이 복잡할 필요도 없고 시간과 돈이 많이 들 필요도 없다는 점을 알고 있을 것이다.

하지만 이런 깨달음도 중요하지만 실제로 무언가를 '하는' 것이야말로 결정적으로 중요하다. 첫발을 내딛는 방법은 첫째 날, 즉 제1장으로 돌아가 내가 준 과제들을 수행하는 것이다. 그 과제가 하루만에 끝나지 않는다면? 그게 뭐 어때서? 중요한 건 시작하는 것이다. 행동으로 옮기는 것이다.

한 가지 더 해주고 싶은 이야기가 있다.

마케팅 시스템을 구축하기로 마음먹었다면 기업을 운영하거나 소유하는 한 마케팅을 삶의 일부로 삼겠다는 다짐을 해야 한다. 마케터로서 막 발을 들인 사람들은 특히 더 그래야 한다. 그만두고 싶은 마음이 굴뚝같이 밀려들 때가 분명 올 것이다. 새로운 잠재 고객들이 당신의 무료 리포트를 받겠다고 구독 신청까지만 하고 유료 고객이 되지 않을 수도 있다. 그만두고 싶은 그런 유혹을 물리쳐야 한다.

마케팅 시스템 구축을 정말로 진지하게 원한다면 최소한 6개월 동안은 흔들림 없이 매진할 각오가 되어 있어야 한다. 끌어들인 잠재 고객의 수가 어느 정도의 임계치를 넘어서야 원하는 방향으로 움직이기 마련이다. 모아들인 잠재 고객이 셋뿐이면 찬밥 더운밥 가릴 처지가 아닌지라 어떻게 해서든 그 적은 수의 구독자를 유료 고객으로 전환하고자 무진장 애쓰게 될 것이다. 이 프로그램을 고작 30일 동안 시도해보고 즉각적인 성과가 없다고 그만두면 절대 아무것도 이룰 수 없다. 안타깝게도 너무도 많은 기업가, 컨설턴트, 소기업인들이 낙담하여 조금만 더 버티면 성공의 모퉁이를 돌 수 있을 때 그만둬버리곤 한다.

6개월 후에도 신규 잠재 고객들이 꾸준히 들어오지 않으면 무료 리포트에 문제가 있거나 틈새시장이 적절치 않은 것으로 해석할 수 있다. 그런 경우라면 둘 중 하나 또는 둘 다를 바꿔보길 바란다. 이 책에서 내가 기술한 시스템은 그 효과가 증명된 마케팅 방법으로서 미국의 다이렉트 마케팅 협회Direct Marketing Association가 1917년 세워진 이래 지금까지 수많은 기업들이 이 방법을 사용해왔다.

이 마케팅 시스템의 매력은 어떤 규모로든 원하는 대로 비즈니스를 구축할 수 있다는 것이다. 뿐만 아니라 나와 나의 많은 고객들이 체험했듯, 누구와 함께 일할지를 선택할 수 있다. 이상한 진상 고객을 경험한 사람이라면 이 말이 무슨 뜻인지 정말 잘 알 것이다. 마케팅 시스템이 있으면 또 무엇이 좋은가 하면 "저 사람의 비즈니스에 관심이 가. 내가 원하는 것이긴 한데, 내게 꼭 필요한 건 아냐"라고 생각하는 모든 잠재 고객들에게 접근할 수 있다.

기억하라. 영업 과정 중에 사람들이 어떻게 행동하는지를 보면 그들이 고객으로서 어떻게 행동할지를 미리 짐작할 수 있다. 영업 과정 중 '서로를 알아가기' 단계에서 밥맛없게 행동한다면 고객이 되었을 때 다르게 행동할 리 만무하다. 일단 마케팅 시스템을 구축하고 나서 매일 당신의 시스템으로 새로운 사람들이 들어오면 찬밥 더운밥 안 가리고 돈만 있으면 누구든 고객으로 받아들여야 한다는 중압감도 사라질 것이다.

당신의 파이프라인에 고객이 딱 하나뿐이고 그 일감을 꼭 따야 한다면 절체절명의 간절함이 드러날 수밖에 없다. 상대는 그걸 느끼고 가격을 낮추려고 흥정을 하거나 지나친 간절함이 싫어서 계약을 꺼릴 것이다. 아주 큰 글로벌 컨설팅 회사의 파트너와 동석을 한 적이 있었는데 그가 한 말이 무척 기억에 남는다. 그는 이렇게 말했다.

"컨설팅 비즈니스의 나쁜 점은 고객들이 별로 맘에 안 든다는 겁니다." 정말 슬픈 일 아닌가? 나는 내 고객들이 정말로 좋다. 그들이 가끔씩 나를 좌절에 빠뜨리기도 하지만 나는 내 고객들과 즐겁게 일한다. 앞에서 이야기했듯 나는 수락하는 일감보다 거절하는 일감이 더 많다. 왜냐하면 이 마케팅 시스템이 1년 365일 하루 24시간 늘 돌아가고 있기 때문이다.

순전히 금전적인 시각에서만 본다면 원 위크 마케팅을 이용하여 10만 달러에서 20만 달러로, 20만 달러에서 50만 달러로, 혹은 더 많이 수입을 늘릴 수 있다. 그러나 우리 대부분은 돈에 있어서 효과가 점점 떨어지며 안정기 혹은 정체기에 접어드는 고원 효과^{plateau effect}를 경험하게 된다. 돈도 돈이지만 흥미롭고 재미있는 고객들과 함께 일하는 것이 점점 더 중요해지게 된다는 얘기다. 하지만 당신이 주로 돈과 더 나은 고객 중 어디에 더 관심이 있는지, 혹은 더 많은 자유 시간을 중시하는지에 상관없이 원 위크 마케팅 플랜은 당신의 비즈니스 여정과 함께할 수 있다.

당신이 그것을 실행하기만 한다면 말이다.

'원 위크 마케팅'을 완성하는 실행의 힘

1년 동안 마케팅 시스템을 실행한 뒤 이 책을 다시 읽는다면 당신의 비즈니스는 1년 전보다 훨씬 더 나은 상태에 있을 거라고 나는 단언한다. 아마도 그렇게 안정적으로 새로운 잠재 고객과 고객들을 유치한 적은 과거에 없었을 것이다.

그러나 모든 성공의 이정표에는 새로운 도전들이 기다리고 있다. 여기서 생각할 게 두 가지 있다.

첫째, 개인적으로 얼마나 일에 관여하고 싶은지 생각해봐야 한다. 당신의 비즈니스가 제품이나 서비스를 제공하는 데 당신에게 얼마나 의존하고 있는가? 어떤 사람들은 자신의 비즈니스 방정식에서 자신을 완전히 또는 거의 빼버리고 자신은 개인적으로 거의 관여치 않으면서 돈을 벌 수 있기를 바란다. 이런 경우라면 "내가 나타나지 않고도 돌아가게 하려면 이 비즈니스를 어떻게 다듬어야 할까?"라고 자문해봐야 한다.

사실을 말하자면, 그럴 수 있을 때도 있고 없을 때도 있다. 강연 전문가인 내 친구 하나는 자신이 단상에 서서 말을 해야 돈을 벌 수 있다는 사실에 좌절했다. 연사로서의 삶을 여러 면에서 사랑했지만 그는 점점 더 이런 질문을 자주 던지게 되었다. "'나'를 직접 보여주지 않아도 비즈니스가 굴러가도록 내가 지금 하는 일을 재구성하거나 서비스를 추가할 수는 없을까?"

그가 찾은 답은 고객 서비스에 대해서 말하고 다니는 것에 더하여 고객 서비스 훈련 프로그램을 개발하는 것이었다. 프로그램을 이수한 기업들이 그에게서 라이선스를 받아서 직접 실행하면 되도록 말이다. 이제 그 친구는 연사 노릇을 덜 하면서도 이 추가적인 보조 서비스로 더 많은 돈을 벌어들이고 있다.

또 한 가지 생각해봐야 할 영역은 어떻게 당신의 원 위크 마케팅을 다음 차원으로 끌고 갈 것이냐다. 마케팅은 끊임없이 진화하고 변화하며 우리 같은 '마케팅 샌님'들을 쉴 새 없이 자극한다.

기술은 예측할 수 없는 방향으로 놀랍게 진화하면서 몇 년 전이었다면 꿈도 꾸지 못했을 방법으로 틈새시장에 다가서는 방법들을 내놓고 있다. 내가 1990년대에 회사를 시작했을 때 오늘날 고객들과의 상호작용 도구로서 이용되는 소셜미디어의 힘을 그 누가 상상이나 했겠는가?

반대로 법률의 변화는 고도로 효과적인 방법들을 제거해버리기도 한다. 여러 수신자에게 하나의 팩스 메시지를 한꺼번에 보내는 브로드캐스트 팩스broadcast fax 기능은 한때 감탄스럽도록 강력한 리드 창출 도구였다. 팩스 한 번 보내는 데 몇 푼 들지 않았고, 사람들이 실제로 그걸 읽었으며, 반응률도 믿기 힘들 정도로 높았다. 그러던 어느 날, 그것이 불법이 되어버렸다. 그래서 당신의 마케팅 계획을 다음 차원으로 높이고자 하는 목표를 달성하려면 늘 학생으로서의 자세를 가져야 한다. 나의 많은 고객들은 단순히 비즈니스 성장을 위해 마케팅 시스템을 도입했다고 끊임없이 새로운 고객들이 몰려온다는 사실에 매료되었다. 바라건대 당신도 마케팅 학생이 되길 바란다.

좀 더 피부에 와닿게 말하자면, 최고의 성과를 낸다고 증명된 방법을 단순히 따라 하는 것만으로도 마케팅 프로그램을 성장시킬 수 있을 때가 많다. 마케팅과 관련한 오래된 농담이 하나 있다. 마케팅은 "단순히 이것저것 많이 해봐서 효과 있는 것을 더 많이 하는 것"이라는 말이다. 이 말은 어느 정도 진실이다. 그래서 더더욱 당신은 당신의 무료 리포트를 늘 홍보하고 '무엇이 효과가 있는지 시험해봐야' 한다.

하나의 틈새시장을 위한 원 위크 마케팅 플랜을 가지고 다른 틈새시장에 맞추어 수정할 수도 있다. 예를 들어 지난 1년간 공인 재무사들에 집중했다면 이제는 보험 영업인들을 가지고 시작해볼 수 있을 것이다. 어떤 틈새시장에 초점을 두느냐와 상관없이 모델은 동일하다. 사실, 내 고객들은 첫 원 위크 마케팅 플랜을 세울 때가 제일 어렵다고들 말한다(뭐든 새로운 것을 시도할 때는 늘 그렇기 마련이지만). 그렇게 어렵던 것이 다른 틈새시장으로 확장해 들어갈 때는 거의 제2의 천성처럼 쉽게 처리할 수 있다.

그리고 혼자서 다 할 필요가 없다는 점도 명심하라. 앞에서 아웃소싱에 대해서 이야기한 바 있다. 당신이 스스로 즐겁게 할 수 있는 업무는 직접 하고 그렇지 않은 것은 외주를 준다. 중요도가 높지만 반복적인 업무라면 이 역시 아웃소싱으로 빼면 좋다. 소셜미디어 사이트에 게시물 올리기, 트윗하기, 보도자료 내보내기 같은 일이 이런 반복적 업무에 속한다. 개인적으로 얼마나 하고 싶은가에 대해 조금만 생각해보면서 직접 처리하는 업무와 그 정도를 정하도록 한다.

내가 실행해보고 효과를 봤던 방법들

많은 사람들이 나에게 "이 시스템을 당신의 회사인 젠틀레인 마케팅에서는 어느 정도나 사용합니까?"라고 묻는다. 내가 늘 역설적이라고 느끼는 게 있다면 대부분의 마케팅 회사들이 정작 자기들은 마케팅을 별로 하지 않는다는 점이다. 그들에게 새로운 고객들을 어디서 얻는지 물어보라. 그러면 이런 말을 자주 들을 것이다. "입소문과 리퍼럴이죠." 입소문과 리퍼럴이 본질적으로 잘못된 방법은 아니지만 마케팅 회사라면 모름지기 '마케팅'을 해야 하는 것 아닌가? 나는 우리의 마케팅 방법을 믿는다. 이 책에서 권한 것 중 우리 회사가 해보지 않은 것은 하나도 없다.

우리가 쓰는 방법은 당신이 이 책을 통해 배운 것과 전혀 다르지 않다. 전반적인 전략은 우리의 주요 웹사이트나 블로그로 사람들을 몰고 오는 것이다. 그리고 많은 잠재 고객을 모으려면 나의 틈새시장 구성원들이 있는 곳에서 최대한 눈에 많이 띄어야 한다. 그러기 위해 우리는 구글, 페이스북, 링크드인에 광고를 걸어 사람들이 우리의 홈페이지(GentleRainMarketing.com)로 오게 한다.

그리고 적어도 일주일에 두 번, 새 블로그 게시물을 작성하고 사이트에 올린다. 이들 중 약 20퍼센트는 영상 콘텐츠다. 영상 콘텐츠를 올리면 단순히 텍스트 게시물을 올리는 것과는 다른 차원의 관계를 방문객들과 맺을 수 있다.

솔직히 말해 무슨 주제로 게시물을 작성해야 할지 떠오르지 않아 골머리를 앓을 때가 있다. 그러나 참고할 만한 뉴스 기사나 게시물들이 있고 그런 것들이 좋은 출발점을 제공한다. 그래서 구글 알리미 Google alerts를 설정해놓으면 엄청난 도움이 된다. google.com/alerts에서 특정 주제에 대해 알림 설정을 해놓으면 그 주제에 대한 뉴스가 바로바로 이메일로 자동 발송된다.

영상 외의 블로그 게시물을 쓸 때는 중독성 있는 헤드라인을 만드는 데 집중한다. 이렇게 해서 만들어진 게시물은 150여 개의 링크드인 그룹에 게시된다. 링크드인에서는 한 사람이 최대 50개의 그룹에 가입할 수 있기 때문에 팀원들의 지원을 받아 그들이 가입한 그룹에도 헤드라인을 건다. 그룹에 속한 사람들은 헤드라인을 읽고 링크를 클릭하여 내 블로그의 해당 게시물로 오게 된다. 게시물을 읽거나 시청하고 맘에 들면 무료 리포트를 비롯한 다양한 정보들을 얻기 위해 구독 신청을 할 것이다. 바로 이것이 우리가 새로운 잠재 고객을 끌어오는 데 쓰는 가장 효과적인 방법 중 하나다.

그 외에도 페이스북과 같은 SNS에 중독성 있는 헤드라인과 블로그 게시물로 향하는 링크를 걸고 트위터에 하루에도 몇 번씩 그것들에 대해 트윗을 한다. 또한 일주일에 두 번 구독 신청자들에게 새로운 블로그 게시물에 대해 알려준다. 사람들과 관계를 유지하는 것은 우리에게 매우 중요한 요소이기 때문이다.

여기까지 읽고 나면 "그래, 계속 연락을 취하는 건 좋단 말이지. 그런데 이런다고 돈이 나오나?"라는 의문이 들 수도 있을 것이다.

우리는 원 위크 마케팅 방식의 캠페인을 고객들을 위해 개발하고 실행함으로써 돈을 번다. 누구나 아주 효과적인 마케팅 시스템을 구축할 수 있다고 나는 확고히 믿는다. 하지만 개중에는 이 과정을 아웃소싱하는 걸 선호하는 사람들도 있다. 잠재 고객을 유료 고객으로 전환시키는 방법적 측면에서 우리가 사용하는 방법이 상당히 수동적임을 인정한다. 내가 처음 사업을 시작했을 때 나는 무료 리포트를 요청하는 모든 사람들을 추적했다. 세월이 흐르면서 나의 잠재 고객 명단이 길어졌고, 내 서비스에 관심을 갖는 잠재 고객들이 먼저 연락을 취하도록 하기 위해 드립 마케팅 이메일 시스템에 의존하는 정도가 높아졌다.

수년 동안 나는 그런 식으로 잠재 고객을 끌어오고 유료 고객으로 전환시켰다. 그러다가 뭔가 흥미로운 걸 발견했다. 그건 '무료 상담'이 축복과 저주의 두 얼굴을 가졌다는 사실이었다. 축복은 부담을 주지 않으면서 잠재 고객들과 대화를 할 수 있다는 점이었다. 나는 상담의 성격을 지닌 전화 통화를 즐겼다.

그러나 무료 상담을 신청한 수많은 사람들이 모두 내 고객이 되지는 않았다. 어떤 사람들은 순전히 금전적인 이유로 무료 상담을 신청했다. 다시 말해 그들은 우리 서비스를 유료로 이용할 형편이 안 되었던 것이다. 또 어떤 이들은 그냥 무료로 조언을 듣기 원했다. 불행히도, 내가 점잖게 '시간 잡아먹는 하마'라 부르는 사람들과 이야기하는 데 보내는 시간이 길어져만 갔다. 나는 고객으로 전환되는 사람들의 비율을 따져보기 시작했고, 고작 15명 중 한 명에 불과하다는 사실을 알고 풀이 죽었다. 꽤 비참한 통계치였고, 변화의 필요성이 절실했다.

한참을 고민한 끝에 나는 무료 상담을 없애기로 했다. 그 대신 유료 상담으로 정책을 바꿨다. 유료 상담을 마칠 때면 다음 세 가지 중 하나로 결론이 나곤 했다. 첫 번째는 고객이 내가 제공하는 아이디어가 맘에 들어서 스스로 실행하기를 결심하는 경우다. 두 번째는 고객이 내가 제공하는 아이디어가 맘에 들어서 나를 고용하여 실행을 맡긴다. 이런 경우, 상담료는 우리가 맡는 프로젝트에 포함된다. 세 번째는 가능성도 낮고 전례도 없지만, 고객이 시간 낭비였다고 느끼는 경우다. 이때는 묻지도 따지지도 않고 즉시 상담료를 환불해준다.

이렇게 유료 상담 쪽으로 방향을 튼 후 상담 신청자의 수는 급격하게 줄었다. 그러나 상담을 받은 사람들 세 명 중 둘은 우리 고객이 되었다. 이전과 비하면 크나큰 개선이었다.

이 시스템은 효과가 무척 좋다. 그래서 나의 잠재 고객 파이프라인은 늘 가득 차 있다. 처음에 잠재 고객이 별로 없을 때는 효과가 시원찮았다. 어떤 마케팅 시스템이든, 어떤 사업이든, 계속적으로 진화하기 마련이다. 당신도 변하고 당신의 사업도 변한다. 당연히 마케팅도 변한다. 개인적으로 나는 그래서 마케팅이 늘 흥미롭고 신선하다고 생각한다.

책을 끝마치며 이 책을 읽는 데 시간을 내어준 당신에게 진심으로 감사를 표한다. 원 위크 마케팅 플랜은 나와 나의 고객들이 매우 효과를 본 방법이었다. 그러므로 단언하건대, 당신에게도 효과가 있을 것이다. 일단 시작하라. 당신의 틈새시장을 찾고 마케팅 시스템 구축을 위한 과제들을 하나하나 수행하라. 당신의 성취를 나와 공유해준다면 정말 기쁠 것이다. 당신의 비즈니스에 언제나 성공이 이어지기를 기원한다.

알고도 실천하지 못하는
심드렁한 마케터에게

사람들은 대부분 자신의 제품이나 서비스를 마케팅하는 데 대해 이중적인 생각을 갖고 있다. 한편으로는 마케팅을 해야 한다는 사실을 잘 알고 있다. 또 다른 한편으로는 고객들이 자기 제품이나 서비스를 알아서 '발견'하고 자기 웹사이트로 벌떼처럼 몰려들기를 바란다. 이런 이중적인 마음가짐은 종종 마케팅 계획을 실행하는 데 걸림돌로 작용하곤 한다.

그런데 일단 그 저항을 이겨내면 이렇게 간단한 일을 그동안 왜 그렇게 하기 싫고 어려운 일로 느꼈을까 의아해하게 될 것이다.

라이프 코치로 일하는 내 아내는 사람들이 이런 문제를 극복하도록 돕는다. 아내의 말에 따르면, 우리가 무의식적으로 스스로를 방해하는 이유는 여러 가지인데, 어떤 것들은 어린 시절 부모로부터 받은 메시지와 관련이 있다고 한다. 예를 들어 어떤 남자들은 아버지보다 더 잘하면 안 된다는 무언의 메시지를 받는다. 어떤 여자들은 사업적으로 성공하면 남자들에게 덜 매력적으로 비치고 그래서 사랑받을 수 없을 것이라는 무의식적인 메시지를 받는다.

어려서 어떤 메시지를 받았는지보다는 무언가가 당신을 뒤로 잡아끌고 있다는 사실이 중요하다. 이런 걸 극복하려면 내가 '뇌 지리학 geography'이라고 부르는 방법을 쓰면 좋다. 어린 시절 받은 무언의 메시지들은 뇌의 특정 부분들에 들어가 있으므로 사고 과정을 뇌의 다른 부분으로 옮겨놓으면 손에 잡히지 않던 일이 잡히게 된다는 원리다. 도움이 될 만한 두 가지 기법을 알려주겠다.

Solution 1
성공의 느낌 되새기기

나는 이 기법을 아내에게서 배웠다. 아주 간단하지만 효과는 대단하다.

1. 해야 할 일을 미루고 있을 때 당장 하고 있는 게 뭐든(SNS 보기, 휴대폰 게임 하기, 이메일 답장 쓰기 등 일을 미루면서 그 시간에 하던 다른 일) 그것을 그만둔다. 그리고 눈을 감는다.

2. 과거에 이루었던 큰 업적을 떠올린다. 마음의 눈으로 그 결과를 본다. 그 성취감을 회상한다. 뿌듯했던가? 스스로 강하다고 느꼈던가? 기쁨이나 평화가 있었던가? 세상에 가치를 더했다는 보람을 느꼈

던가? 물론 그랬을 것이다.

3. 이제는 해야 할 일을 하는 자신의 모습을 상상해보라. 그것을 완수했을 때의 감정을 느껴보라.

4. 눈을 뜨고 그 감정을 간직한 채 미루던 일을 다시 시작하라. 행동으로 옮기기가 훨씬 쉬울 것이다.

Solution 2
집중 호흡법

나는 스트레스나 갈등 해소를 하는 데 호흡법이 갖는 효과에 대해 무한한 신뢰를 갖고 있다. "무슨 말을 하기 전 숨을 깊게 쉬고 열을 세라"라는 옛말이 있다. 이것은 정말로 좋은 충고다(그렇다고 해서 항상 따르는 건 아니지만).

호흡은 미루기와 저항을 극복하는 매우 효과적인 도구다. 집중 호흡법의 가장 큰 매력은 들숨과 날숨 사이의 휴지기다.

다음의 과정을 천천히 따라해보자.

1. 들이마시기: 속으로 '하나, 둘, 셋, 넷'을 세면서 숨을 들이쉰다. 코로 들이쉬면 더 좋다.

2. 참기: 다시 속으로 '하나, 둘, 셋, 넷'을 세면서 숨을 참는다. 몸이 배배 꼬이거나 신음소리가 터져 나올 때까지 참을 필요는 없다. 그냥 가능한 선에서 숨을 내쉬지 않으면 된다.

3. 내뱉기: 이번에는 속으로 '하나, 둘, 셋, 넷'을 세면서 숨을 내쉰다. 이때는 입으로 길게 내뱉으면 된다.

4. 이 과정을 5~10회 반복한다. 이 호흡법을 실천할 때마다 나는 항상, 즉각적으로, 차분하게 집중력을 회복한다. 일이 손에 잡히지 않을 때마다 나는 이 기법을 이용하여 제 궤도로 돌아온다.

내가 여러 번 말했듯이, 마케팅에 대한 책을 읽는 것도 좋지만 궁극적으로는 '실행'을 해야 한다. 불행히도 우리의 가장 큰 적은 우리 자신일 때가 자주 있으며, 그 주범은 미루기다. 미루기의 시기는 누구에게나 필연적으로 찾아오게 마련이다. 이때 자기만의 방법을 찾아 평정심을 되찾고 다시 현장으로 달려나갈 힘을 얻기를 바란다. 사업을 하는 사람, 마케팅을 하는 사람에게 고객을 만나는 것만큼 즐거운 일은 없기 때문이다. 오늘도 행운을 빈다. 굿럭!

마케터를 변화시키는
일주일의 힘

"요즘 가장 핫한 소셜미디어는 무엇인가요?"

많은 기업들, 특히 스타트업 마케터들이 가장 많이 묻는 질문이
고, 또 요즘 가장 관심 있어 하는 부분이다. 그러고는 소위 뜬다고 하
는 최신 매체를 중심으로 '올인'하듯 모든 리소스를 투입하고 매달
린다.

그림을 잘 그리려면 무엇이 필요할까? 수채화를 그린다면 먼저
좋은 붓, 물감, 팔레트, 연필, 이젤 등의 화구가 필요하다. 그리고 이
화구들을 잘 다루는 방법들, 즉 붓을 잘 쓰는 방법, 물감을 잘 활용하
는 방법, 스케치를 잘하는 방법들을 알아야 멋진 그림을 그릴 수 있을
것이다. 여기서 더 나아가 나만의 그림을 그리기 위해서는 이 모든 방
법들을 '나만의 방법'으로 발전시켜야만 한다.

마케팅도 마찬가지가 아닐까? 성공적인 마케팅을 위해서는 일
단 나와 우리 기업에 가장 잘 맞는 매체들과 이를 활용하는 방법들에

대해 알아야 한다. 그리고 마찬가지로 각 채널별 마케팅에 업종만의 차별화를 담아 자신만의 방법으로 이를 변신시켜야 한다.

다시 질문으로 돌아가 보자. 소셜미디어 마케팅이 등장하면서 많은 마케터들이 두 가지 착각에 빠지곤 했다. 첫째, 소셜미디어 마케팅만이 유일한 대안이라는 믿음, 둘째, 그중 가장 최신의 소셜미디어가 가장 효과적일 것이라는 선입견이 그것이다. 그리고는 곧 자신이 선택한 최신의 소셜미디어 채널에 갇혀버린다.

그러나 결국 소셜미디어도 기업의 성공적인 마케팅을 위한 하나의 채널일 뿐이다. 그림을 잘 그리기 위해서는 좋은 붓만 있어서는 안 된다. 기업의 성공적인 마케팅 그림을 그리기 위해서는 소셜미디어라는 붓도 중요하지만 이메일, 온라인 광고 등과 같은 다른 화구들을 잘 활용하는 것도 중요하다.

그런 의미에서 이 책의 저자 마크 새터필드가 제안하는 성공하는 마케팅 시스템을 만들기 위한 원 위크 마케팅에 주목할 필요가 있다. 장기적으로 고객과 대화하는 마케팅 시스템 구축을 목적으로 하나하나 조각을 맞춰 가는 과정은 다양한 채널이 넘쳐나는 요즘의 시장 환경에서 반드시 필요한 관점이며 방법론이다. 물론 그 조각 하나하나는 업종과 타깃에 따라 달라질 수 있다. 실제로 감수 과정에서도 우리 시장 상황에 맞춰 이러한 조정이 일부 있었다.

기업의 성공적인 마케팅이라는 그림을 잘 그리기 위해서는 자신만의 화구를 찾아 자신만의 차별화된 방법을 적용해야 한다. 그런 의미에서 마케터라면 누구나 한 번쯤 자신만의 '원 위크'를 만들어볼 것을 권한다. 이 과정을 거치고 나면 분명 달라져 있는 자신을 발견하게 될 것이다.

박찬우 왓이즈넥스트 대표

가장 빨리 당신의 비즈니스를 업그레이드하는 가장 쉬운 방법

ONE WEEK | 원 위크

초판 1쇄 발행   2023년 03월 29일

지은이   마크 새터필드
옮긴이   안시열
감수자   박찬우
펴낸이   최현준

편집   이가영, 구주연
교정   최진
디자인   김애리

펴낸곳   빌리버튼
출판등록   2022년 7월 27일 제 2016-000361호
주소   서울시 마포구 월드컵로 10길 28, 201호
전화   02-338-9271
팩스   02-338-9272
메일   contents@billybutton.co.kr

ISBN   979-11-91228-97-7 03320